dtv
premium

Ausführliche Informationen über
unsere Autoren und Bücher
finden Sie auf unserer Website
www.dtv.de

HASNAIN KAZIM

Grünkohl und Curry

Die Geschichte einer Einwanderung

Deutscher Taschenbuch Verlag

In Liebe meinen Eltern
und
in Gedenken meinen Großeltern

Originalausgabe
September 2009
2. Auflage Dezember 2009

www.dtv.de
In Kooperation mit SPIEGEL ONLINE GmbH, Hamburg

Umschlagkonzept: Balk & Brumshagen
Umschlaggestaltung unter Verwendung von Privatfotos des Autors
Satz: Bernd Schumacher
Gesetzt aus der Sabon 9,6/13,5'
Druck und Bindung: Kösel, Krugzell
Gedruckt auf säurefreiem, chlorfrei gebleichtem Papier
Printed in Germany · ISBN 978-3-423-24739-9

Prolog

Auf der Suche nach den eigenen Wurzeln

Meine Eltern haben sich für Deutschland entschieden. Als Kind habe ich gedacht: Schweden wäre besser gewesen. Pippi Langstrumpf kommt da her, ich wäre gerne in der Nähe der »Villa Kunterbunt« aufgewachsen. Außerdem gibt es dort viele Wälder und hübsche Seen, auf denen man Boot fahren kann. Oder Frankreich, wo das Essen so gut ist und die Sprache so elegant. Von mir aus Italien oder Spanien, immer Sonne und möglichst das Meer in der Nähe. Japan fand ich auch irgendwie cool.

Warum ausgerechnet Deutschland, mit dem meine Eltern genauso wenig verband wie mit Schweden, Frankreich, Italien, Spanien oder Japan? Warum nicht England, Kanada oder die USA, wo immerhin Verwandte von uns leben und ein Neuanfang leichter gewesen wäre? Großbritannien hat gegenüber Pakistanern und Indern als ehemalige Kolonialmacht eine gewisse Verantwortung und die beiden anderen Staaten sind Einwanderungsländer. Warum Deutschland, wo alles ein paar Nummern komplizierter für sie war, allein schon wegen der schwierigen Sprache?

Es ist wohl auch das, was man – ein großes Wort – Schicksal nennt, das meine Eltern in ein norddeutsches Dorf geführt hat.

»Ihr habt das Glück, hier aufgewachsen zu sein«, sagt meine Mutter hin und wieder zu meiner Schwester und mir.

Sie schätzt an ihrer selbst gewählten Heimat all das, was man Deutschland jenseits seiner Grenzen nachsagt: Das Land ist sauber und gepflegt. Die Menschen sind fleißig und ordentlich, modern, dennoch traditionsbewusst. Qualität ist ihnen wichtig. Sie haben viele Freiheiten und Chancen. Religion ist Privatsache, jedenfalls für die meisten. Außerdem kommen von hier die besten Autos der Welt, sagt sie, obwohl sie sich für Autos gar nicht interessiert. All diese Klischees, findet sie, treffen im Großen und Ganzen zu.

Wenn man so will, ist Deutschland der Gegenentwurf zu Pakistan, der alten Heimat meiner Mutter.

Mein Vater sieht das ähnlich, auch wenn bei ihm damit kein so kritisches Verhältnis zu Pakistan und Indien, seinem Geburtsland, verbunden ist wie bei meiner Mutter. Ich glaube, meine Eltern sind das, was manche »gute Deutsche« nennen.

Kürzlich war ich wieder in Hollern-Twielenfleth, jenem Dorf im Alten Land, in dem ich meine Kindheit verbracht habe. Ich bin durch die vielen Obstgärten spaziert, bin an die Elbe gefahren und habe über den Deich geschaut, auf die Schiffe, die je nach Richtung nur noch wenige Stunden von Hamburg trennen oder viele Tage vom anderen Ende der Welt. Ich habe Menschen getroffen, die mir als Kind Bonbons geschenkt haben und die mich jetzt, Jahre später, sofort wiedererkannten.

»Schön, dich wiederzusehen.«

Oder: »Ach, bist du auch mal wieder im Lande!«

»Na, mien Jung, wie geit di dat?«, fragte ein Mann, der in seinem Garten arbeitete. Seine Haare waren inzwischen grau, sein Rücken gekrümmt, insgesamt wirkte er viel kleiner, als ich ihn in Erinnerung hatte. In dem Moment hätte ich ihn wegen der Selbstverständlichkeit, mit der er mich auf Plattdeutsch ansprach, umarmen können. *Du bist einer von uns. Du verstehst mich.*

Was weiß er von der Vergangenheit meiner Eltern? Was weiß überhaupt jemand in Hollern-Twielenfleth von uns?

Ich versuche zu verstehen, weshalb meine Eltern um keinen Preis wieder weg wollten. Weshalb sie viele Jahre Streitereien mit Behörden auf sich nahmen, ertrugen, dass sie oft vor einer Ausweisung standen, jahrelang kämpften, Niederlagen vor Gericht einsteckten. Und weshalb sie sich all die Debatten, die hier über Ausländer geführt werden, anhörten, obwohl sie oft unerträglich sind, weil sie von griesgrämigen Menschen, die überhaupt keinen Grund zum Jammern haben, auf Stammtischniveau geführt werden, und von Politikern, die auf diese Weise Stimmen jagen. Debatten, an denen sich diejenigen, die es betrifft, viel zu selten beteiligen. In Deutschland haben Ausländer nur eine schwache Stimme. Wenn sie sie erheben, will sie keiner hören. Oder sie werden von seltsamen (religiösen) Verbänden vertreten, die meist ein einseitiges und verzerrtes, sogar radikales Bild wiedergeben, und man wünscht sich: Hätten sie mal besser nichts gesagt.

Fremde wurden jahrelang als »Gastarbeiter« willkommen geheißen – ein unhöfliches Wort, seit wann lässt man Gäste arbeiten? –, dann wieder beschimpft, sie würden das deutsche Sozialsystem ausnutzen. Mal gelten sie als Flüchtlinge, denen man unbedingt helfen muss, dann als lästige Asylanten, denen es nur ums Geld geht und die kriminell sind. Ihnen wird vorgeworfen, sie nähmen den Deutschen die Arbeitsplätze weg, dann sollen sie, bitte, bitte, als Computerfachleute möglichst zahlreich hierher ziehen. Von Überfremdung ist die Rede, aber auch von dringend nötiger Zuwanderung wegen der alternden Bevölkerung. Je nach Stimmung und politischem Lager ist »Multikulti« ein wegweisendes oder ein gescheitertes Gesellschaftsmodell. Und gerade in Zeiten, in denen einige Menschen meinen, im Namen des Islam töten zu müssen, haben hier gleich alle Muslime (und Leute, die dafür gehalten werden) einen schweren Stand. Jeder hat eine Meinung, aber was sagen die Ausländer selbst?

Ich habe meine Eltern gefragt: Warum wolltet ihr nach Deutschland? Warum der Abschied von Pakistan kurz nach eurer Hochzeit 1974, von der Kultur, die ihr von Kindheit an kanntet, von einem Umfeld, in dem es euch gut ging? Warum all die Bemühungen um ein Leben in Deutschland, warum der Versuch, sich in eine völlig neue Kultur einzufinden? Und wie war das damals eigentlich, als wir kurz vor der Abschiebung standen? Als Freunde Unterschriften sammelten, damit wir bleiben durften? Als unser Hausarzt Atteste schrieb, wonach wir aus gesundheitlichen Gründen nicht ausgewiesen werden sollten und uns angeblich sogar psychische Störungen und Lebensgefahr drohten, sollten wir Deutschland dauerhaft verlassen müssen?

Meine Eltern schauten mich an, als wolle ein Kind etwas wissen, für das es eigentlich noch zu klein ist.

»Warum fragst du?«, erkundigte sich meine Mutter.

Da wollte ich so viele Dinge wissen – und war nicht darauf gefasst, selbst gefragt zu werden.

»Ach, na ja, wie soll ich sagen ...«

Ich wusste nicht, wie sie auf meine Antwort reagieren würden. Aber was soll's, irgendwann musste ich ja raus mit der Sprache.

Also erzählte ich ihnen von meiner Idee. Davon, dass Freunde regelmäßig staunten, wenn ich von meiner Familie und vom Weg meiner Eltern erzählte. Und davon, dass ich dann jedes Mal hörte: Warum schreibst du das nicht auf? So, als ob Journalisten immer alles aufschreiben würden, selbst ihre privaten Dinge. Aber warum eigentlich nicht?

Meinen Eltern gefiel die Idee. Sie sagten es zwar nicht sofort, vielleicht mussten sie sich erst an den Gedanken gewöhnen, dass ihr Sohn in ihrer Vergangenheit wühlen und sie für jedermann zugänglich machen wollte; zudem waren eine Menge unangenehmer Erinnerungen damit verbunden. Aber ihre Geschichte ist es wert, erzählt zu werden. Das fanden auch meine Eltern. Sie stimmten zu.

Ich begann also im Herbst 2006 mit der Recherche. Im Laufe der Zeit fand ich mehr, als ich erhofft hatte. Vieles davon hörte und las ich als Anfang-dreißig-Jähriger zum ersten Mal. Auch sehr seltsame Dinge. Am Ende hat diese Geschichte mich verändert.

»Wir haben auf dem Dachboden noch einen Karton mit Papierkram«, sagte mein Vater. »Da ist ein Ordner, in dem steht alles.«

In einer verstaubten Bücherkiste mit der Aufschrift »Papiere« lag sie, unsere deutsche Familienvergangenheit: drei Jahrzehnte in einer einzigen Kiste. Darin stapelten sich alte Rechnungen und irgendwelche Korrespondenz, die mein Vater aus welchen Gründen auch immer aufbewahren wollte. Ganz unten lag ein blauer Ordner. Mein Vater hatte den Familiennamen »Kazim« auf den Rücken geschrieben.

Ich kramte das schwere Papierbündel heraus und begann darin zu blättern. Briefe, Gutachten, Unterschriftenlisten, Petitionen, Gerichtsurteile, Anwaltsnotizen. Während ich die zum Teil vergilbten Papiere überflog, wurde mir klar, was meine Eltern durchgemacht, welchen Mut sie gehabt hatten: als junge Menschen ihre vertraute Umgebung zu verlassen, aus Abenteuerlust und Neugier auf ein anderes Leben in ein fremdes Land zu gehen und dort auf massiven Widerstand der Behörden zu stoßen. Ihr Weg hat meinem Leben die Richtung vorgegeben, einem Leben in zwei Welten, die unterschiedlicher kaum sein können.

Schließlich fand ich ein Schreiben des Landkreises Stade aus dem Jahr 1990, den Brief, der alles änderte.

Die Erinnerung kam wieder.

Am 12. November 1990, einem Montag, kam ich verschwitzt von der Schule nach Hause, auf dem gut sieben Kilometer langen Weg von Stade nach Hollern-Twielenfleth hatte ich aus meinem neuen Fahrrad alles herausgeholt. Im nächsten Sommer sollte ich in die elfte Klasse kommen, von da an wurden die Busfahrten kostenpflichtig, weil die Schulpflicht endete. Meine Eltern hatten angeboten, mir statt einer Jahresfahrkarte ein Rad zu kaufen. Ich war sofort dafür – ein Fahrrad war ein wertvollerer Besitz als eine Busfahrkarte, quasi für die Ewigkeit statt nur für ein Jahr, dabei vergleichbar im Preis.

Im Briefschlitz neben der hölzernen Haustür hing ein grauer Umschlag, wie ihn nur Behörden verwenden.

Zu Hause war niemand. Meine Schwester hatte noch Unterricht, meine Mutter war im Büro, wo sie in der Buchhaltung einer Baustoffhandlung als bald Vierzigjährige eine Ausbildung zur Kauffrau absolvierte, und mein Vater, wie so oft, auf See. Er fuhr zu der Zeit als Kapitän auf großer Fahrt und kannte fast jedes Land der Erde – zumindest jedes, das eine Küste hat.

Ich nahm also den Umschlag, der vom Landkreis Stade an meine Eltern adressiert war, und warf ihn auf die dunkle, mit Schnitzereien verzierte Holztruhe im Flur. Wie immer hatte meine Mutter das Mittagessen schon am Abend zuvor vorbereitet, ich wärmte es auf und aß erst einmal. Irgendetwas sagte mir: Öffne den Brief, das ist heute eine Ausnahme, etwas ganz Besonderes, das keinen Aufschub duldet, etwas, was auch dich und dein Leben betrifft! Nun mach ihn schon auf, schau rein und ruf sofort deine Mutter an, wenn es ist, was du denkst. Wenn nicht, hast du noch genug Zeit bis zum Abend, dir eine gute Entschuldigung einfallen zu lassen, warum du einen Brief geöffnet hast, der nicht an dich gerichtet ist.

Der Brieföffner, ein kleines Schwert, das mein Vater von einer Reise nach Dubai mitgebracht hatte, glitt mit einem Rutsch durch das Papier. Jetzt war der Umschlag geöffnet – zu spät für ein Zurück.

Der Empfänger war handschriftlich in ordentlicher Blockschrift in das Adressfeld eingetragen worden: *Eheleute Nasreen und Hasan KAZIM*. Der Absender stand unübersehbar in dicken Lettern im Briefkopf: *Landkreis Stade, der Oberkreisdirektor*, dazwischen das Stader Wappen, ein Leuchtturm, ein Schlüssel und das Pferd, das auch Niedersachsen im Wappen führt. Ich zog den auf den 9. November 1990 datierten Brief – exakt ein Jahr nach dem Mauerfall und gut einen Monat nach der Wiedervereinigung Deutschlands – vorsichtig aus dem Umschlag und las ihn aufmerksam durch.

Jetzt war es also entschieden. Und nun?

Ich hatte mir diesen Moment immer ganz anders vorgestellt. Dramatischer. Spektakulärer. Nicht so banal. Jetzt kam er mir so alltäglich vor. Dabei bedeutete dieser Brief etwas, worauf wir viele Jahre lang gehofft hatten: das Ende eines langen, sorgenvollen Weges.

Spielen am Fuße des Himalaja

Zum fünfundsechzigsten Geburtstag meines Vaters unternahmen wir beide eine Reise in seine Vergangenheit. Er hatte gelegentlich davon gesprochen, dass er gerne mal wieder nach Lakhimpur reisen würde, in die Stadt – »Ich glaube, es war eher ein Dorf« – im Nordosten Indiens, in der er geboren wurde. Öfter war der Name Lucknow gefallen, eine Stadt gut hundert Kilometer südlich, wohin seine Familie kurz nach seiner Geburt gezogen war und wo er die ersten sechs Jahre seiner unbeschwerten Kindheit verbracht hatte. Sechs Jahrzehnte waren inzwischen vergangen, Zeit, in der mein Vater diese Orte nicht mehr gesehen hatte.

Mir war klar geworden: Um den ungewöhnlichen Lebensweg meiner Eltern nachzeichnen zu können, würde es nicht ausreichen, nur mit ihnen zu reden, in Akten zu wühlen und mit ein paar Freunden in Deutschland zu sprechen. Meine Mutter und mein Vater hatten inzwischen zwar deutlich mehr als die Hälfte ihres Lebens in Deutschland verbracht, aber man konnte nicht ignorieren, dass sie woanders geprägt worden waren.

Lass uns nach Indien reisen, schlug ich meinem Vater also vor, lass uns die Verwandten besuchen, all diejenigen, die nach der Gründung des Staates Pakistan 1947 in Indien geblieben sind und nicht – wie deine Familie – ihr Glück in Pakistan gesucht haben.

Mein Vater willigte sofort ein und meinte, als Rentner könne er jederzeit fliegen. Wir einigten uns auf März 2007 – im Frühjahr, nach der Hochzeitssaison, würde es wieder günstige Tickets geben. In Südasien wird am liebsten im Winter geheiratet, in den anderen Jahreszeiten ist es einfach unerträglich heiß. Tausende von

Indern aus aller Welt fliegen dann in die Heimat und treiben damit die Flugpreise in enorme Höhen.

Und so saßen mein Vater und ich am ersten Märztag in einer voll besetzten alten Air-India-Maschine nach Neu-Delhi. Ich war sehr gespannt – auf die unbekannten Verwandten, auf die Kindheitsorte meines Vaters, aber vor allem auf meinen Vater selbst. Als Kapitän auf Handelsschiffen hatte er nie viel Zeit zu Hause verbracht. So war unser Verhältnis immer ein gutes gewesen, schließlich mischte er sich, wann immer er zu Hause war, nicht in die Erziehung ein – die war Sache meiner Mutter.

»Was uns wohl erwartet?«, fragte ich ihn.

»Keine Ahnung.«

»Kannst du dich noch an deine Verwandtschaft erinnern, die in Indien geblieben ist?«

Mein Vater schüttelte den Kopf. Er wollte gerade etwas dazu sagen, als zwei betrunkene Inder durch den Gang torkelten und sich grölend nur zwei Sitze neben uns auf die letzten freien Plätze setzten. Sofort begannen sie, Passagiere zu belästigen, sie bedrängten die Stewardessen, machten anzügliche Bemerkungen.

»Und mit denen sollen wir es jetzt die nächsten Stunden aushalten?«, fragte mich mein Vater leise.

»Ich hoffe nicht. Vielleicht schlafen sie ja gleich ein. Oder jemand schmeißt sie aus dem Flugzeug.«

Einer der beiden hörte mich. »He, du! Warte, bis wir in Neu-Delhi sind, da mach ich dich fertig!«, rief er auf Hindi. Ich tat so, als würde ich ihn nicht verstehen. Er wiederholte seine Drohung auf Deutsch.

Die Crew war ratlos. Die Flugbegleiter begannen zu diskutieren und baten den Piloten, noch nicht zu starten. So standen wir da und hatten schon in Frankfurt indisches Flair um uns herum. Es wurde ewig hin und her diskutiert, niemand von der Besatzung fühlte sich so richtig verantwortlich. Manche Passagiere verlangten, dass die beiden sofort das Flugzeug verlassen müssten, vor allem eine Italienerin, die neben den Männern saß und die Beleidigungen nicht mehr ertragen wollte. Ein paar Leute aus dem indischen Bundesstaat Punjab setzten sich für die beiden Männer aus ihrer Heimatregion ein, obwohl sie sie nicht persönlich kannten.

»Das sind nur harmlose Betrunkene, die tun doch nichts«, sagte einer. Er tauschte seinen Sitzplatz mit der Italienerin.

Die Maschine begann zur Startbahn zu rollen.

Die beiden Rüpel wurden immer unverschämter. Sie gaben derbe Flüche auf Hindi zum Besten. Mir fiel wieder auf, wie gut es sich in dieser Sprache schimpfen lässt.

Als eine Stewardess zu weinen anfing, weil einer der Betrunkenen ihr an die Brust gefasst und sie als Hure beschimpft hatte, mischten sich noch mehr Passagiere in die Debatte ein. Jetzt wurde es dem Piloten, der den Jumbojet gerade zur Startbahn lenkte, zu viel. Er stoppte das Flugzeug, und ein paar Minuten später stürmten sechs Polizisten die Maschine. Die zwei Typen gaben sich plötzlich ganz brav, weigerten sich aber, das Flugzeug freiwillig zu verlassen. Die Beamten zerrten sie aus den Sitzen und trugen sie nach draußen.

»Gott sei Dank«, meinte mein Vater.

Bis das Gepäck der beiden Männer ausgeladen war, dauerte es. Mit vier Stunden Verspätung begann unsere Reise.

Der Vorfall mit den Betrunkenen und die Warterei hatten uns müde gemacht. Schlafen konnten wir aber nicht, dazu waren wir viel zu aufgeregt. Mein Vater saß da, guckte aus dem Fenster und war in Gedanken versunken.

Woran er wohl dachte? Würde er in Indien von nostalgischen Gefühlen überwältigt werden? Von der Erkenntnis: Das also hätte meine Heimat sein können, das ist der Preis, den meine Eltern für ein Leben im neuen Staat Pakistan bezahlt haben? Hat es am Ende Sinn gemacht, Verwandte zurückzulassen, die Familie zu spalten?

Kaum hatte das Flugzeug in Richtung Neu-Delhi abgehoben, holte mein Vater sein Notizbuch aus der Tasche, das er sich für diese Reise zugelegt hatte. Er begann, den Grundriss des Hauses in Lucknow aufzuzeichnen, in dem er seine Kindheit verbracht hatte.

Er malte ein großes Viereck und in die Mitte ein Quadrat. So also hatte er das Haus in Erinnerung, das er 1947 zum letzten Mal gesehen hatte: ein riesiges, weiß getünchtes Gebäude mit einem großzügigen Innenhof. Ein Haus, das seine Urgroßeltern 1901 gekauft hatten. Es lag mitten in Lucknow, der heutigen Hauptstadt des größten indischen Bundesstaates Uttar Pradesh im Norden des Landes, damals das Zentrum der urdu-sprachigen Poesie und, selbst Jahrhunderte nach dem Ende der Mogulherrschaft, des höfischen Lebensstils. Die gesamte Großfamilie mitsamt Dienerschaft fand in dem Gebäude Platz – Köche, Küchenhilfen, Gärtner, Reinigungspersonal.

»Durch ein großes Tor, den Haupteingang, kam man in den Innenhof und von dort zu allen Teilen der Anlage.«

In eine Ecke des Hofes zeichnete er einen Brunnen, daneben einen Baum. »Von dort holten wir das Wasser, das wir für den Haushalt benötigten. Fließendes Wasser gab's damals noch nicht.«

Er wühlte in seiner Erinnerung, erzählte von der Umgebung, den Straßen und Gässchen, den Händlern und den vielen Kindern in der Nachbarschaft.

Heute leben seine Cousinen – vier Schwestern – und deren Familien in dem Haus. Mein Vater würde all diesen Verwandten in wenigen Tagen zum ersten Mal persönlich gegenüberstehen. Eine fünfte Schwester kannte er dagegen sehr gut, als Einzige aus dieser Familie war sie nach Pakistan ausgewandert, wo sie sich bessere Chancen als Kunstlehrerin erhoffte; sie kam damals bei den Eltern meines Vaters unter und lebte dort wie eine eigene Tochter.

Das Anwesen in Lucknow trug den Namen *Afzal Mahal* – der Afzal-Palast. Jeder in Lucknow kannte das Gebäude in der Straße *Nakhas*, die die Briten in Victoria Street umbenannt hatten, jenes Gebäude, das im ausgehenden 19. Jahrhundert erbaut worden war und einer wohlhabenden Familie gehörte – der Familie meiner Großmutter Afsar Begum.

Noch heute sorgt der Name Afzal Mahal unter den schiitischen Einwohnern Lucknows für Respekt: In dem Haus befindet sich eine kleine Moschee für die Bewohner und ein *Imambara*, ein Schrein zu Ehren der Märtyrer Imam Ali und Imam Husain, Nachfahren des Propheten Mohammed, die von Schiiten als Heilige verehrt werden.

Denn daran sollte es nach dem Willen der Bewohner keinen Zweifel geben: Hier lebte eine schiitische Familie, keine sunnitische. So wurde es von Generation zu Generation weitergegeben. Sunniten leben in Lucknow in ihren eigenen Vierteln, und Zusammenstöße zwischen ihnen und Schiiten sind in dieser Stadt sehr viel häufiger als zwischen Hindus und Muslimen.

Wie alle indischen Häuser hat das Afzal Mahal ein Flachdach. Von hier aus ließen die Jungen ihre Papierdrachen, die *Patangs*, steigen. Zuvor hatten sie die Leinen durch Leim und pulverisiertes Glas gezogen. Jetzt waren sie scharf genug, um die Leinen anderer Drachen durchtrennen zu können. Der Sieger dieses traditionellen Wettbewerbs, den es noch heute überall in Südasien gibt, hatte zwar blutige Hände, dafür aber die Anerkennung der älteren Jungen – und vor allem der Väter, die häufig mit ihren Freunden Geld auf den Sieg ihrer Söhne setzten. Gewinner war, wer als Letzter mit seinem Drachen am Himmel übrig blieb. Die von den Leinen zerschnittenen Hände, erzählte mein Vater, gehörten zum Wettkampf dazu. Narben waren Zeichen besonderen Mutes.

Afsar Begum, die Mutter meines Vaters, war Spross islamischer Adliger, die sich zu Ehren der Religion Extravaganzen wie die Moschee und den Schrein im eigenen Haus leisteten. Sie war im Afzal Mahal geboren, vermutlich irgendwann im Jahr 1909. Genau weiß das niemand, weil Geburtsdaten damals nicht registriert wurden und Geburtstage im alltäglichen Leben keine Rolle spielten. In ihrem langen Leben hat Afsar Begum kein einziges Mal ihren Geburtstag gefeiert. Sie starb im Dezember 2007 im pakistanischen Karatschi in einem ungewissen Alter.

Auch in der nachfolgenden Generation ist in der Familie meines

Vaters das Geburtsdatum nicht immer bekannt, jedenfalls manipuliert man es gern. Als meine Tante Zahra uns einmal besuchte, fragte ich sie, welches Datum denn in ihrem Pass stehe. Sie, die Älteste unter den Kindern von Afsar Begum, nannte mir einen Tag im Jahr 1939. Mein Vater wurde 1941 geboren und wurde der Jüngste von ihnen. Zwischen ihm und Zahra gibt es noch eine Schwester und zwei Brüder – wie also konnte 1939 stimmen? Ich traute mich nicht, sie zu fragen, das Alter von Frauen ist in Südasien ein genauso heikles Thema wie wahrscheinlich überall auf der Welt. Erst später erfuhr ich von einem Großonkel, dass sie 1930 geboren wurde.

Vermutlich hat sie irgendeinem pakistanischen Beamten erzählt, dass sie 1939 zur Welt kam. Der wird keinen Nachweis von ihr verlangt haben, wissend, dass es sowieso keinen gibt. Möglicherweise hat er sogar ein paar Rupien dafür erhalten, ein Geldschein macht manches möglich.

Pakistanische Beamte sind wunderbare Verjüngungskünstler, wirksamer als jeder Schönheitschirurg. Für wenig Geld wird man offiziell jünger. Eine meiner Cousinen hat sich um zwei Jahre jünger gemacht. Als sie Ende der Neunzigerjahre in die USA auswanderte, übernahmen die amerikanischen Behörden brav das Geburtsdatum aus den pakistanischen Dokumenten. Was hätten sie auch anderes tun sollen?

In Südasien sind Daten und Zahlen nicht unantastbar. Ihre Aussagekraft schwankt daher gewaltig.

Wir kamen mit dreizehn Stunden Verspätung in Neu-Delhi an. Der Pilot hatte kurz vor der Landung entschieden, nach Bombay zu fliegen – über Neu-Delhi lagen Nebel und Smog, die Sicht war zu schlecht und die Maschine, teilte er uns über Bordfunk mit, sei nicht ausgestattet, um unter solchen Bedingungen landen zu können. In Bombay durften wir das Flugzeug nicht verlassen, dort hockten wir stundenlang in der Maschine, deren Innenraum sich in der Sonne allmählich in eine Backröhre verwandelte. Manche Passagiere, die ohnehin über Neu-Delhi nach Bombay gebucht waren, wollten nun, da sie ihr Ziel unverhofft direkt erreicht hatten, aussteigen. »Das lassen die Bestimmungen nicht zu«, teilte ihnen ein Steward mit, was zu Tumulten führte. Nach einer ewigen Debatte mit den Verantwortlichen am Flughafen durften die Bombay-Reisenden das Flugzeug dann doch verlassen.

»Was für ein chaotisches Land«, sagte mein Vater genervt. »Nichts klappt hier! Alles völlig unorganisiert!«

Ich musste lachen. Mein Vater, gebürtiger Inder, aufgewachsen in Pakistan, denkt sehr deutsch.

In Neu-Delhi beschlossen wir, uns zwei Tage von den Strapazen des Fluges zu erholen. Wir hatten uns bei den Verwandten in Lucknow schon von Deutschland aus telefonisch angekündigt, allerdings ohne einen genauen Termin zu nennen oder zu sagen, wie lange wir zu bleiben beabsichtigten. Irgendwie hatte ich ein schlechtes Gewissen, weil wir gegenüber unseren Gastgebern so wenig konkret gewesen waren.

»Mach dir keine Sorgen«, sagte mein Vater. »Das wird schon alles in Ordnung sein.«

Er erinnerte mich daran, dass die Besuchskultur in Südasien sich von der in Deutschland unterscheidet, und zwar grundlegend. Mir fiel wieder die Geschichte ein, als mein inzwischen verstorbener Onkel in Karatschi Besuch von einem alten Schulfreund und dessen Tochter erhielt. Die beiden waren einfach vorbeigekommen – und sechs Wochen geblieben. Am meisten wunderte mich, dass sich niemand darüber aufregte. Zwei Leute mehr fielen in dem großfamiliären Alltag nicht weiter auf und mein Onkel freute sich, mit seinem Freund ausgiebig über ihre gemeinsame Jugend reden zu können.

»In unserer Kultur kann man nicht nur auf eine Tasse Tee vorbeikommen und bestenfalls noch zum Abendessen bleiben. Das geht nur bei sehr formellen Besuchen«, meinte mein Onkel damals. »Eine Übernachtung gehört bei einem vernünftigen Besuch schon dazu. Mindestens eine.«

Mein Vater rief von Neu-Delhi aus noch einmal in Lucknow an. »Wir kommen übermorgen«, verkündete er und wusste selbst nicht, wen er am anderen Ende der Telefonleitung hatte. Jemand werde uns am Bahnhof in Empfang nehmen, hieß es.

»Und woran erkennen wir unsere Abholer? Beziehungsweise woran erkennen die uns?«

Mein Vater zuckte mit den Schultern. »Ach, das klappt schon.«

Es gibt drei Möglichkeiten, die gut fünfhundert Kilometer von Neu-Delhi nach Lucknow zurückzulegen: per Flugzeug in einer knappen Stunde, per Bus, was je nach Verkehr und Wetter zwischen acht und zwölf Stunden dauert, oder mit dem Zug, der schönsten aller Arten, in Indien zu reisen. Die Zugfahrt dauert etwa sechs Stunden und führt am Ganges entlang, leider nicht so dicht, dass man den Fluss sehen könnte. Der Ausblick lohnt sich trotzdem.

Wir genossen die Fahrt im *Shatabdi Express*, über den jeder Inder sagt, er sei der beste Zug des Landes. Wir hatten »AC Chair Class« gebucht, Plätze in einem klimatisierten Abteil. Nach Lucknow fahren auch einfachere Züge – bis hin zu solchen, in denen man sich einfach auf den Holzboden zwischen Hunderte von anderen Reisenden quetscht. Aber das wollten wir uns nicht antun.

Gegen sechs Uhr morgens startete der Zug in Neu-Delhi, fuhr durch Büroviertel mit gläsernen Hochhäusern und durch Slums. Wir verließen eine Stadt, in der mindestens fünfzehn Millionen Menschen ihr Zuhause haben. Je ärmer die Gegend, desto mehr Menschen halten sich um diese Uhrzeit nahe der Gleise auf – hockend.

Tausende von Menschen waren gerade dabei, auf freier Fläche ihre Morgentoilette zu verrichten. Die verwilderten Flächen neben den Gleisen waren weit genug von ihren Häusern, brüchigen Hütten aus Lehm, Stroh oder Wellblech, entfernt und daher geeignet. Dass alle Bahnreisenden ihnen dabei zugucken konnten, schien sie nicht weiter zu stören.

Mein Vater war schockiert. »Mein Güte«, sagte er. »Wie kann das sein?«

Ich wunderte mich, wie fremd ihm das alles vorkam.

Er war doch in Indien zur Welt gekommen.

Offensichtlich hatte er verdrängt, dass der größte Teil der indischen Bevölkerung immer noch keinen Zugang zu fließendem Wasser und erst recht nicht zu Toiletten hat. Wenn es mal in der Nachbarschaft ein Gemeinschaftsklo gibt, ist den meisten die Rupie zu viel, die sie für die Nutzung zahlen müssen. Bei einer sechs-, sieben- oder achtköpfigen Familie, in Indien keine Seltenheit, käme da eine Summe zusammen, die so manche Haushaltskasse überfordern würde.

»Wenn du frühmorgens oder spätabends mit dem Zug fährst, siehst du immer Menschen nahe den Gleisen hocken«, erklärte ich. Das hatte ich schon bei früheren Reisen durch Indien registriert. »Erst kommen die Männer, weil die meistens als Erste zur Arbeit müssen, und danach die Frauen. Wenn es genügend freie Fläche gibt, sind bestimmte Bereiche für Männer, andere für Frauen. Dann können sie auch gleichzeitig raus.«

Mein Vater war sprachlos. Für ihn, der einer wohlhabenden Familie entstammte, war es immer selbstverständlich gewesen, eine vernünftige Toilette im Haus oder zumindest in der Nähe der Wohnung zu haben. Es dauerte einige Minuten, bis er wieder etwas sagte. »Komisch, man sieht in letzter Zeit immer nur Bilder vom wirtschaftlichen Boom in Indien. Warum kommen so selten Berichte über die normalen Menschen, die hier leben?«

Kaum hatten wir die letzten Randbezirke von Neu-Delhi durchfahren, sahen wir das ländliche Indien: grüne, gelbe, braune Felder, über die Männer ihre Ochsen Pflüge ziehen ließen und auf denen Frauen in roten, orangefarbenen, gelben, grünen, violetten Saris mit bloßen Händen in der Erde gruben oder das Angebaute ernteten. Unzählige Dörfer, dazwischen Stopps in Ghaziabad, Aligarh, Etawah und Kanpur – Großstädte, deren Namen in Deutschland kaum jemand kennt. Und permanent kam ein Steward vorbei und teilte Tee und abgepackten Mangosaft aus oder reichte ein Tablett mit Essen.

Vom Service der indischen Bahn waren wir begeistert. Beim Ticketkauf hatten wir uns über die Wartezeit von fast einer Stunde noch geärgert, es gab jeweils eine Warteschlange für Männer und für Frauen, und überhaupt stellte sich der Kauf mit lauter Formularen so kompliziert dar, als wären wir gerade dabei, Anteile an dem Staatsunternehmen zu erwerben. Jetzt saßen wir in unserem kühlen Abteil, tranken heißen Tee mit Milch, probierten von dem Curry und freuten uns des Lebens.

Mein Vater genoss die Aussicht, das Reisen im Zug durch Indien war neu für ihn. Während seiner Karriere als Kapitän war er mehrmals in Indien gewesen, Bombay, Madras, Cochin, immer in Küstenstädten. Das Landesinnere hatte er seit Ewigkeiten nicht mehr gesehen. Und obwohl er sich die Strecke zwischen Neu-Delhi und Lucknow ungefähr so vorgestellt hatte, vielleicht auch Bilder von Bollywood-Spielfilmen oder Fernsehreportagen im Kopf hatte, staunte er über das, was er sah. Die indische Wirklichkeit mit den zwar armen, aber trotzdem fröhlichen Menschen und mit all ihren Farben tat ihre Wirkung.

Zwei junge Männer – Verwandte, wie sich schnell herausstellte – standen am Bahnhof und kamen auf uns zu, nachdem die Menschenmenge sich aufgelöst hatte. Sie wirkten unsicher.

»*Salam aleikum*, seid ihr aus Deutschland?«

Wir lachten, reichten ihnen die Hände und klopften ihnen auf die Schultern. »*Walekum salam*!«

Friede sei mit euch. – Auch mit euch sei Friede. Eine schöne Begrüßung.

Ein seltsames Gefühl: Diese zwei, Aiman und Mohammed, waren Teil unserer Verwandtschaft. Wir hatten noch nie ihre Namen gehört, noch nie Fotos von ihnen gesehen, wir wussten nichts über sie. Umgekehrt war es genauso: Erst vor wenigen Tagen hatten sie erfahren, dass sie überhaupt Verwandte in Europa haben.

»Herzlich willkommen in Lucknow«, sagten sie. Wir waren erleichtert: Glücklicherweise war wirklich jemand gekommen, um uns abzuholen. Wir hatten schon damit gerechnet, dass wir uns am Ende ein Hotel suchen müssten, weil unsere telefonischen Besuchsankündigungen womöglich nicht ernst genommen worden waren.

Vor dem Bahnhof wartete der Fahrer der Familie auf uns, Mohammed und Aiman hievten unser Gepäck in den Kofferraum. Mein Vater blickte zurück auf den Bahnhof mit dem Namen *Char Bagh*, »vier Gärten«: »An diesen Namen kann ich mich noch erinnern. Aber ich hatte den Bahnhof ganz anders im Kopf.«

Die Stadt hatte sich verändert, war größer, chaotischer geworden. Eine Stunde lang fuhren wir durch dichtes Autogedränge, dazwischen Motorroller mit fünfköpfigen Familien darauf, alle ohne Helm, Fahrradfahrer, Rikschafahrer, Fußgänger, Pferde- und Eselskarren, Kühe. Mehr als die Umgebung beobachtete ich meinen Vater. Ob er sich noch an diese Stadt erinnerte? Und ob er etwas wiedererkannte?

Er ertappte mich bei meinen Gedanken.

»Sieht alles sehr anders aus. Sehr anders«, sagte er mehr zu sich als zu mir.

Und dann standen wir vor dem Afzal Mahal, ich zum ersten Mal, mein Vater wieder nach sechzig Jahren. Was er wohl empfand? Es muss ein merkwürdiges Gefühl sein, nach so langer Abwesenheit wieder an jenen Ort zu kommen, wo man die ersten Jahre seiner Kindheit verbracht hat. Mein Vater ließ sich nichts anmerken. Er schwieg, ging ein bisschen umher, schaute sich aufmerksam um.

Das Tor, der Innenhof, der Brunnen, ein Sternfruchtbaum – jetzt sah ich mit eigenen Augen, was mein Vater im Flugzeug beschrieben hatte. Die Straße war inzwischen zu einer Hauptverkehrsader geworden, überall hatten Geschäfte eröffnet. Auch im zur Straße gelegenen Teil des Afzal Mahal waren zwei Läden untergebracht, in einem wurden Kosmetika und Spielzeug angeboten, in dem anderen, das sich »Möbelgeschäft« nannte, gab es Stühle und Tische aus Plastik. Die Verwandten hatten die Räume also gut vermietet. Im Innenhof, dem Wohnbereich, waren ein paar neue Anbauten entstanden. Der Brunnen lag seit vielen Jahren trocken, es gab ja

Mein Vater vor dem Afzal Mahal

mittlerweile fließendes Wasser. Mein Vater schritt den Innenhof langsam ab und betrachtete jede einzelne Ecke.

»Die Stadt hat sich sehr verändert, aber das hier, das erkenne ich wieder. Das ist mein Zuhause.«

Als Kind hatte ich ihn, wie wohl jedes Kind seinen Vater, als den größten, stärksten, besten Vater der Welt bewundert. Jetzt sah ich in ihm das Kind, jenen kleinen Jungen, der Wasser aus dem Brunnen holte, der draußen mit seinen Freunden spielte und abends nicht ins Bett wollte. Ich stelle es mir schön vor, damals im Afzal Mahal in Lucknow.

Nach und nach sprach sich unsere Ankunft herum. Alle Verwandten kamen aus ihren Wohnbereichen, umarmten uns und hießen uns willkommen. Wir waren überwältigt von der Freundlichkeit dieser Menschen. Problematisch war nur, alle Namen im Kopf zu behalten – im Afzal Mahal leben an die vierzig Menschen.

Die älteste Cousine meines Vaters, Mahetalat, führte uns durch das Gebäude, stellte uns noch einmal alle Bewohner vor und zeig-

Das Wohnzimmer im Afzal Mahal

te uns den gerade renovierten, blau-gold gestrichenen Schrein. Davor standen vier *Charpoys*, mit Bast bespannte Bettgestelle, auf denen sie und ihre drei Schwestern schliefen.

Mahetalat ist so etwas wie das Oberhaupt der Familie im Afzal Mahal. Sie und ihre Schwestern leben hier mit den zwei nachfolgenden Generationen.

»Der Baum ernährt uns noch immer«, sagte Mahetalat, als sie sah, wie mein Vater vor dem knorrigen Sternfruchtbaum verharrte. Sie rief einen Bediensteten und ließ ihn mit einem Besenstiel eine Sternfrucht von einem hohen Ast abbrechen, trug das Obst in die Küche, schnitt es in Scheiben und streute grobkörnigen Zucker darauf.

»Hier, schmeckt sehr gut und enthält viele Vitamine.« Mein Vater nahm ein Stück und biss ab. Er verzog das Gesicht. »Sauer wie immer«, meinte er. Mahetalat lachte.

Sie war die Einzige im Afzal Mahal, die meinen Vater schon mal gesehen hatte – kurz vor dessen Flucht. Allerdings konnte er sich an die ein paar Jahre Ältere nicht mehr erinnern.

»Wie war mein Vater als Kind?«, fragte ich sie ein paar Tage später, nachdem wir uns besser kennengelernt hatten. »Wie war er damals?«

Sie überlegte.

»Über den Charakter deines Vaters kann ich nichts sagen. An seine beiden älteren Brüder erinnere ich mich genauer, der eine sehr lebhaft und frech, der andere ruhig und zurückhaltend. Aber dein Vater war Mitte der Vierzigerjahre noch zu klein, als dass man hätte sagen können: Er ist so oder so.«

Nach einer Pause ergänzte sie: »Es ist wohl ganz gut, dass er noch so klein war in dieser schrecklichen Zeit.«

* * *

An allem war der Pfeffer schuld. Die Niederländer, die den Gewürzhandel kontrollierten, hatten im ausgehenden 16. Jahrhundert die Preise für die schwarzen Körner angehoben. Britannien, eine Großmacht im Werden, wollte sich diesem Preisdiktat nicht beugen. Nach ihrer Ansicht hatten die Niederländer zu viel Macht in Indien, ebenso wie die Kolonialmächte Frankreich und Portugal, die sich dort eifrig engagierten.

Vierundzwanzig Londoner Kaufleute kamen deshalb am 24. September 1599 zusammen, um eine Firma zu gründen, die den Handel mit Indien selbst in die Hand nehmen sollte. Das Startkapital betrug beachtliche zweiundsiebzigtausend Pfund, insgesamt einhundertfünfundzwanzig Anteilseigner waren daran beteiligt. Die *British East India Company*, die Ostindische Handelskompanie, entstand. Damit wurde der Grundstein für Großbritanniens Aufstieg erst zur Handels-, dann zur Kolonialmacht gelegt.

Zunächst ging es den Engländern tatsächlich nur um Handel. Am 24. August 1600 legten Kapitän William Hawkins und seine Besatzung mit der »Hector« in Surat, nördlich von Bombay, an. Was sie in Indien vorfanden, verschlug ihnen die Sprache: Kostbare Gewürze, die in England Gramm für Gramm abgewogen wurden, türmten sich in Bergen auf den indischen Märkten, außerdem Tee, Zucker, Edelsteine, feinste Tücher aus Seide und Kaschmirwolle, wundervoll bestickte Schals in allen Farben.

Der Mogul in Agra hieß Hawkins willkommen. Der islamisch geprägte Hof begriff schnell, dass es den Briten nicht darum ging zu missionieren, wie die Spanier es zu dieser Zeit in Südamerika längst taten, sondern Handel zu betreiben. Über eineinhalb Jahrhunderte funktionierten die Wirtschaftsbeziehungen zwischen Indien und dem britischen Königreich reibungslos, doch die Begehrlichkeiten der Briten wuchsen: Wie mächtig würde die britische Krone erst sein, wenn Indien mit all seinen Reichtümern zum *Empire* gehörte?

Ab 1757 begann Großbritannien, Indien zu unterwerfen. Inzwischen hatte die Ostindien-Kompanie Hafenstützpunkte in Bombay im Westen des Landes sowie an der Ostküste in Madras und in Kalkutta. Ein knappes Jahrhundert dauerte die Vereinnahmung Indiens durch die Briten. Am Ende war Indien größtenteils britische Kolonie. Was mit rein wirtschaftlichen Interessen begonnen hatte, endete in einer Fremdherrschaft.

Die Zugehörigkeit zum Empire hinterließ Spuren: Prachtbauten im Kolonialstil vermitteln einen Eindruck von damals. Viele davon sind inzwischen vom alljährlichen Monsun zerfressen, für längst nötige Renovierungen fehlt meist das Geld. Die Briten brachten auch das Cricketspiel nach Südasien und mussten zu ihrem Bedauern feststellen, dass die Inder diesen Sport bald besser beherrschten als sie selbst. Sie demokratisierten die Politik, das Rechtssystem wurde nach britischem Vorbild geformt. Und sie etablierten die englische Sprache, der die Inder allerdings ihre eigene Färbung gaben.

Viele Einheimische fühlten sich unterdrückt von den neuen Herrschern, die zum Teil mit imperialer Arroganz auftraten. Die Inder forderten mehr Mitsprache. Die Ostindien-Kompanie empfanden sie inzwischen als ausbeuterisches Herrschaftsinstrument.

1857 kam es zum Aufstand: Indische Infanteriesoldaten innerhalb der britischen Armee, sogenannte *Sepoys*, weigerten sich, ein neues Gewehr zu verwenden. Angeblich seien die dafür vorgesehenen Patronen mit Schweineschmalz und Rindertalg eingefettet – eine Beleidigung von Muslimen und Hindus gleichermaßen. Die britischen Offiziere ließen die indischen Soldaten wegen Befehlsverweigerung ins Gefängnis werfen. Indiens Bevölkerung solidarisierte sich mit den Gefangenen, nach und nach kam es in verschiedenen Städten zu blutigen Kämpfen. In Delhi massakrierten Inder Hunderte von Europäern. Erst mit geballter Kraftanstrengung und auf Kosten von vielen tausend Menschenleben gelang es den britischen Truppen, den Sepoy-Aufstand niederzuschlagen – der erste große Freiheitskampf Indiens war gescheitert. Die Ostindien-Kompanie wurde aufgelöst, die britische Krone übernahm fortan direkt die Herrschaft über Indien. Die britischen Monarchen trugen ab 1877 zusätzlich den Titel »Kaiser von Indien«, vor Ort setzten sie einen Vizekönig ein.

Doch die Inder gaben ihren Traum von der Unabhängigkeit nicht auf: 1885 entstand die Kongresspartei, überwiegend Hindus fanden sich hier zusammen, 1906 gründeten Muslime die Muslimliga. Sie alle forderten zunächst mehr Rechte für die Einheimischen, später einen Abzug der Briten. Unter den Muslimen wurde ab 1930 angesichts der demografischen Übermacht der Hindus erstmals der Ruf nach einem unabhängigen islamischen Staat laut.

Berühmt wurde der indische Unabhängigkeitskampf in der Welt durch den Hindu Mohandas Karamchand Gandhi, genannt »Mahatma«, große Seele. Er, der in London ausgebildete Rechtsanwalt, trat für Gewaltfreiheit ein und wollte durch Beharrlichkeit und symbolische Aktionen die Briten zum Abzug bewegen – Indien sollte unter Wahrung der Einheit unabhängig werden.

Gemeinsam mit dem Politiker Jawaharlal Nehru, dem späteren ersten Ministerpräsidenten Indiens, führte Gandhi die Unabhängigkeitsbewegung an. Der Führer der Muslimliga, der smarte Jurist und Politiker Mohammed Ali Jinnah, sah dagegen seine Chance, Gründungsvater eines islamischen Staates zu werden.

Was ab Mitte der Vierzigerjahre folgte, waren Massaker zwischen Muslimen und Hindus in bislang ungekanntem Ausmaß, Kämpfe, in die auch Sikhs hineingerieten. Hindus warfen Muslimen vor, das Land zu spalten. Muslime kritisierten, in dem von Hindus dominierten Indien unterdrückt zu werden. Ein Funke reichte – und überall explodierte es. Es war eine Zeit, in der sechzigtausend britische und zweihunderttausend einheimische Soldaten damit überfordert waren, ein Land mit damals dreihundert Millionen Einwohnern vor sich selbst zu schützen.

Die Alten in Indien und Pakistan erinnern sich heute noch an die Vertreibung und an die Massenflucht. Viele von ihnen machen die ehemalige Kolonialmacht Großbritannien für ihr Schicksal verantwortlich, die, vom Zweiten Weltkrieg geschwächt und der Unabhängigkeitsforderungen der Inder und der brutalen Kämpfe zwischen Hindus und Muslimen überdrüssig, den Subkontinent verließ und sich selbst überließ.

Es hatte sich abgezeichnet, dass Gandhi sich nicht durchsetzen würde mit seinem Wunsch nach Erhalt der Einheit Indiens. Jinnah hatte sein Ziel erreicht. Die Briten zogen ab, am 14. August 1947 wurde der Staat Pakistan gegründet, einen Tag später die Republik Indien.

* * *

Mahetalat hat die Bilder aus jener Zeit noch vor Augen. Sie war damals ein junges Mädchen aus wohlhabender muslimischer Familie, dreizehn Jahre vielleicht, alt genug, um die Vorgänge mitzubekommen.

»Geier saßen auf den Dächern, unzählige große, kräftige Tiere, schwarz und grau. Ihre Schnäbel waren blutverschmiert. Hunderte zogen ihre Kreise am Himmel, man konnte sie vom Afzal Mahal aus sehen. Sie warteten alle darauf, dass die Menschen, die auf den Straßen lagen, ihren letzten Atemzug taten.

Es waren geschwächte Menschen, über ihrem Gerippe lag die Haut wie eine achtlos hingeworfene Decke.

Überall roch es nach Verwesung. Es war schrecklich.

Hier und da stürzte sich ein Vogel zum Boden – ein Mensch war gerade gestorben und zu Nahrung für die Geier geworden. Wer noch einen Rest von Leben in sich hatte, beachtete die Geier nicht, wartete nur auf Erlösung, endlich keinen Durst mehr, keinen Hunger, keine quälende Hitze, keine Angst mehr, von mörderischen Andersgläubigen massakriert oder bei lebendigem Leib verbrannt zu werden. Es waren Menschen, die aus ihren Häusern gejagt worden waren oder vorsorglich das Nötigste zusammengepackt hatten, in der Hoffnung, eine neue Heimat zu finden: die Muslime im gerade gegründeten Staat Pakistan, die Hindus und Sikhs in Indien. Nicht alle kamen weit. Das waren dann die Menschen, um die sich die Geier kümmerten.«

Sie hatte Tränen in den Augen.

»Eine muslimische Familie, die von Lucknow nach Pakistan fliehen wollte, steckte ihre drei Kinder in einen Sack mit Habseligkeiten, nur noch die Köpfe guckten raus. Die Eltern banden den Sack an einen kräftigen Stock, sodass Mutter und Vater die Last gemeinsam tragen konnten. So machten sie sich auf den Weg Richtung Westen, sie gingen hier am Afzal Mahal vorbei.«

Sie machte eine lange Pause.

»Auf diese Weise flohen Millionen Muslime Richtung Westen. Und auf dieselbe Weise, mit Gepäck in Säcken, auf Karren oder an einen dicken Ast gebunden, kamen auch Hindus aus dem Westen zu uns nach Lucknow. Hindus und Muslime, sie alle litten damals gleichermaßen. Und die Sikhs litten besonders, denn die neue Grenze zwischen Indien und Pakistan verlief mitten durch ihre Heimat, durch den Punjab.«

Ich musste an die betrunkenen Randalierer im Flugzeug denken, die beiden Punjabis. Welches Schicksal ihre Familien 1947 wohl erlitten hatten?

Die Teilung Indiens hatte eine der größten Völkerwanderungen in der Geschichte der Menschheit, eine unglaubliche Tragödie ausgelöst. Millionen Menschen verließen ihre Häuser, ihre Freunde, ihre Verwandten, um sich eine neue Heimat zu suchen.

Der indische Schriftsteller Khushwant Singh hat das dunkle Kapitel der Geschichte Indiens in seinem 1956 erschienenen Roman ›Der Zug nach Pakistan‹ aufgearbeitet. Das Buch beschreibt das Leben in einem Dorf im Punjab: Muslime und Sikhs leben dort friedlich nebeneinander – bis an einem Tag im Jahr 1947 ein Zug im Dorf hält, Leichen von ermordeten Sikhs bis zur Decke der Waggons gestapelt. Von dem Tag an zählt nur noch, wer welcher Religion angehört. Aus Freunden werden Todfeinde. In einer Vorbemerkung schreibt er: »*Tatsache ist, dass beide Seiten mordeten. Beide Seiten schossen und stachen zu und spießten auf und prügelten. Beide Seiten folterten. Beide Seiten vergewaltigten. Im Sommer 1949 waren zehn Millionen Menschen – Muslime und Hindus und Sikhs – in Kämpfe verwickelt. Fast eine Million von ihnen ließ ihr Leben.*« Manche Historiker sprechen sogar von zwei Millionen Toten. Singh, selbst ein Sikh, hatte seine Heimat, die nach der Grenzziehung plötzlich im pakistanischen Teil des Punjab lag, verlassen müssen und war nach Indien geflohen.

Fast jede Familie in Indien, Pakistan und Bangladesch, das 1947 noch zu Pakistan gehörte, teilt ihre Familiengeschichte in »vor der Teilung« und »nach der Teilung« ein. Viele Familien haben auf der jeweils anderen Seite der Grenze Angehörige.

»Wie soll es je Frieden geben, wenn man ein Haus teilt?«, meinte Mahetalat, wenn sie über Indien und Pakistan sprach. Über den ewigen Streit um die Provinz Kaschmir, die zum größten Teil zu Indien gehört, die Pakistan aber gänzlich beansprucht, sagte sie: »Wenn man einen Knochen zwischen zwei Hunde wirft, was will man da erwarten?«

Mein Vater erinnert sich kaum an die schrecklichen Bilder vor dem Afzal Mahal, er war damals noch zu klein und die Erwachsenen wussten zu verhindern, dass er Schlimmes sah. Er sagt heute, er habe eine schöne Kindheit in Lucknow gehabt. An seinen Geburtsort Lakhimpur erinnert nur noch der Eintrag in seinem Reisepass, ihn selbst verbindet mit dieser heute riesigen, staubigen Stadt nichts mehr. Von Lucknow hingegen erzählt er gern. Er berichtet zum Beispiel von dem Mann, der jeden Tag mit einem Wagen – einer einfachen Holzplatte mit vier großen Holzrädern – am Afzal Mahal vorbeikam. Auf dem Wagen lagen Berge an Süßigkeiten: zuckriges Zeug aus *Khoja*, einer Milchmasse, honigklebrige Sesamplatten, heiße, schmerzhaft süße und doch unwiderstehliche Teigkringel, *Jalebi* genannt, und *Gajak*, Klumpen aus blättrigem Rohrzucker. Mein Vater liebte diese Sachen.

»Deine Großeltern, Afsar Begum und ihr Mann Kazim Ali Khan, waren wohlhabend«, erzählte Mahetalat. »Sie kauften ihren Kindern häufig Süßigkeiten. Aber der Hunger deines Vaters war unbändig, obwohl er ein so dünnes Bürschchen war. Eines Tages nahm er sich einfach Geld aus der Tasche seines Vaters und erstand eine große Tüte Bonbons. Als seine Mutter ihn fragte, woher er das Geld dafür habe, sagte er: ›Es ist vom Himmel gefallen.‹ Um das Gemüt seiner Mutter zu beruhigen, teilte er die Bonbons mit seinen Geschwistern.«

Wann immer die Erwachsenen im Afzal Mahal heute Süßigkeiten kaufen, tun sie das bei Hindus. »Sie machen bessere Süßigkeiten als Muslime, nicht zu süß und sehr aromatisch. Muslime verwenden viel zu viel Zucker«, meinte Mahetalat. Und um auch etwas Gutes über Muslime zu sagen, dachte sie eine Sekunde lang nach und erklärte: »Dafür bereiten Muslime Fleisch besser zu als Hindus. Hindus haben es ja nicht so mit Fleisch.« Sie schüttelte den Kopf, als wäre ein Leben als Vegetarier ein vergeudetes Leben.

Vor sechs Jahrzehnten wäre das noch undenkbar gewesen: dass Muslime bei Hindus und umgekehrt irgendetwas zu essen kaufen. Man betrachtete sich gegenseitig als unrein.

Rund um das Afzal Mahal war es damals, Mitte der Vierzigerjahre, vergleichsweise still: Wo heute Autos, Motorräder, Motorrikschas, Busse und Lastwagen knattern, war man mit Pferdekutschen, Ochsenkarren, Fahrrädern und meistens zu Fuß unterwegs. Auf der Hauptstraße fanden wöchentliche Märkte statt, direkt vor den eleganten Stadthäusern, in denen reiche Leute lebten.

Sie konnten sich ein *Doli* oder ein *Palki* leisten, eine Art Sänfte. Ein Doli hatte einen Tragestock am Dach des Häuschens, war also eine hängende Konstruktion und wurde von zwei Männern bewegt. Das etwas größere Palki war auf zwei parallele Stöcke wie auf Schienen gesetzt und wurde entsprechend von vier Männern getragen. Wer in einem Palki reiste, saß hoch über der Erde.

»In diese Kisten passten ein bis zwei Personen«, erinnert sich mein Vater, auch wenn er selbst nie in so einem Ding saß. In den Palkis waren sogar Schmuckkästchen und Schränkchen für Gepäck eingebaut. Ein solches Fortbewegungsmittel sorgte damals in Lucknow für ähnliches Aufsehen wie heute ein teurer Sportwagen.

Afsar Begum bestellte regelmäßig ein Palki als Taxi, wenn sie jemanden besuchen oder zum Einkaufen in die *Hazratganj* wollte, in die Haupteinkaufsstraße, in der es herrliche Stoff- und Schmuckgeschäfte, Restaurants mit duftenden Speisen, Süßwarenhändler und Buchläden gab.

Lebensmittel kaufte der Koch der Familie gleich hinter dem Afzal Mahal, im alten Stadtteil von Lucknow. Über dem *Chowk*, der engen Gasse mit Hunderten von kleinen Geschäften, in denen die Verkäufer auf dem Boden hockten, wo sie nachts meist auch schliefen, lag immer eine Duftwolke von Gewürzen, gebratenen Zwiebeln, brutzelndem Fleisch und Curry. Und ständig hörte man ein Hämmern: Junge und alte Männer klopften in winzigen Werkstätten aus Silberklümpchen eine hauchdünne Folie – *Warraq*. Die verkauften sie an die Süßwarenhändler nebenan, die ihre Angebote mit der essbaren Silberfolie verzierten. Manchmal kauften auch reiche Privatleute Warraq, um damit hausgemachten Pudding oder Milchreis zu belegen. Geschmacklich veränderte das Silberpapier nichts, aber angeblich sollte es eine reinigende Wirkung auf den menschlichen Körper haben. Außerdem machte es vor Gästen viel her, großzügig mit Warraq belegte Süßspeisen zu servieren.

Wenn der Koch im Afzal Mahal frei hatte, bestellte Afsar Begum Kebabs beim besten Kebabbräter der Stadt, bei Tunde, dem Einarmigen. Aus dem Makel wurde schnell ein Markenzeichen: Kaum jemand in Lucknow kennt Tunde heute nicht. Der Einarmige ist längst tot, aber seine Enkel betreiben das etwas heruntergekommene Restaurant mit den nach wie vor besten Kebabs der Stadt weiter. Das Rezept für die kleinen, scharfen Frikadellen, die heiß und fettig mit Fladenbrot und Rettich als Beilage serviert werden, soll das bestgehütete Geheimnis von Lucknow sein.

»Man hat schon Hindus gesehen, die bei Tunde ein Kebab aßen, obwohl das Rindfleisch ist. So gut schmeckt das«, sagte Mahetalat und lachte.

Das Leben hatte es gut gemeint mit meiner Großmutter Afsar Begum. Ihre Großmutter, heißt es, soll eine bewunderte Prinzessin gewesen sein. Kazim Ali Khan, mit dem Afsar Begum verheiratet wurde, war zwar mindestens zwanzig Jahre älter als sie und brachte zwei Kinder von zwei anderen Frauen mit in die Ehe, aber immerhin war er der Sohn des *Raja* von Hassanpur. Raja, ein Wort aus dem Sanskrit, war ursprünglich ein hinduistischer Fürstentitel, aber mit wachsendem Einfluss der Muslime in Indien durften auch sie Rajas, Provinzherrscher, werden.

Als Spross einer der einflussreichsten Familien der Region studierte Kazim Ali Khan in Aligarh Wirtschaftswissenschaften und Recht. Noch während seines Studiums starb sein Vater, einer der Brüder des Verstorbenen übernahm die Aufgaben des Raja, solange mein Großvater, der eigentliche Erbe, seine Ausbildung noch nicht beendet hatte. Und mein Großvater wollte sein Studium unbedingt zu Ende bringen, bevor er seine Verpflichtungen als Raja übernahm: sich um Ländereien kümmern, für das Wohl der Menschen dort sorgen.

Doch sein Onkel war gierig und lebte verschwenderisch, vom

Erbe wollte er nichts mehr herausrücken, stattdessen verscherbelte er die Besitztümer: Land, Häuser, Schmuck, wertvolle Bücher. Kazim Ali Khan hatte keine Lust, um das Erbe zu kämpfen. Er verzichtete auf den Titel des Raja, zumal man ihn in Lucknow ohnehin als *Nawab*, als islamischen Adelsmann behandelte. Nawabs waren zwar formell rangniedriger als Rajas, aber sie lebten dafür ein weniger verantwortungsvolles und daher sorgloseres Leben.

Ich selbst habe meinen Großvater Kazim Ali Khan als Kleinkind in Karatschi erlebt. Es gibt außerdem Fotos von seinem Besuch kurz nach meiner Geburt im verschneiten Alten Land: ein alter Mann, gekleidet wie ein islamischer Fürst, im Hollern-Twielenfleth der Siebzigerjahre.

Die Charakterisierungen Kazim Ali Khans in der Familie gehen weit auseinander. Je näher der Verwandtschaftsgrad, desto wohlwollender fallen die Urteile über meinen Großvater aus. Mein Vater hält sich eher zurück, seine Geschwister sprechen voller Respekt von ihrem Vater. Entferntere Verwandte machen dagegen keinen Hehl daraus, dass er gerne spielte, trank, sein höfisches Leben in vollen Zügen genoss. Schöne Frauen kamen ins Haus, trugen Gedichte auf Urdu vor und besangen in romantischen *Ghaselen* die Liebe. Mein Großvater wettete mit seinen Freunden, ebenfalls Nawabs, auf die Drachenflugkünste seiner ältesten Söhne, verspielte Geld bei Hahnenkämpfen, bei denen den Vögeln rasiermesserscharfe Klingen an die Füße gebunden waren – ein blutiges Spektakel, bei dem am Ende nur ein Hahn überlebte. Längst sind solche Kämpfe offiziell verboten, aber wer sich in Lucknow umhört, wird immer noch von geheimen Treffen zu Hahnenkämpfen hören.

Ein weiteres Freizeitvergnügen der Nawabs, die sich um die alltäglichen Dinge nicht kümmern mussten, war das Taubenspiel: Man ließ hundert Tauben fliegen, der ein paar hundert Meter entfernte Mitspieler steuerte noch einmal hundert Tauben bei. Jetzt versuchte jeder Spieler, alle Tauben auf die eigene Seite zu locken. Jeder Vogel, der an der Futterschale eines Mitspielers landete, wurde sein Eigentum. Gelegentlich gingen die Nawabs auch auf Tigerjagd. Oder sie spielten Polo, Cricket oder Golf.

Die britischen Offiziere schätzten die Nawabs, weil sie von ihnen keine Opposition zu befürchten hatten, solange sie ungestört ihren Vergnügungen nachgehen konnten. Außerdem unterschied sich der Lebensstil der Nawabs und der britischen Offiziere nicht großartig.

Von seinem Vater hat mein Vater die Vorliebe fürs Kochen geerbt. Der experimentierfreudige Kazim Ali Khan machte die besten Süßigkeiten in der ganzen Familie, er bereitete Currys zu, von denen in der Verwandtschaft heute noch geschwärmt wird. »Er legte jeden Abend vier Mandeln in Wasser, morgens schälte er sie und nahm sie zusammen mit einem Glas Milch zu sich«, sagte mein Vater. In der Familie sind alle davon überzeugt, dass das der Grund für sein hohes Alter war, er wurde rund neunzig Jahre.

Mit seiner ersten Ehefrau bekam Kazim Ali Khan 1918 eine Tochter, die von allen nur *Baji* genannt wurde, große Schwester, und sich ihr Leben lang ungeliebt fühlte. Wenige Jahre nach seiner Hochzeit begann Kazim Ali Khan ein Verhältnis mit einer Hausangestellten, genannt Jhammi. Mit ihr ging er eine Ehe auf Zeit ein, was bei den Schiiten rechtlich möglich ist und *Mut'ah* heißt.

Bei einer Zeitehe, auch Genussehe genannt, heiratet ein muslimischer Mann eine Frau für die Dauer von einer Stunde bis zu neunundneunzig Jahren. Eine sexuelle Beziehung zwischen nicht Verheirateten ist im Islam verboten; das Konstrukt der Zeitehe ist der Ausweg. Das Paar muss für diesen Zweck vor dem Vergnügen einen Ehevertrag abschließen, in dem die Dauer der Ehe und das Entgelt, das die Frau erhalten soll, festgelegt werden. Möglich ist auch, die Anzahl der sexuellen Begegnungen zu vereinbaren. Auf diese Weise findet selbst Prostitution in schiitisch geprägten Ländern ihre gesetzliche Legitimation. Im Gegensatz zum Mann muss die Frau, die eine Ehe auf Zeit eingehen möchte, unverheiratet sein. Eine Mut'ah ist außerdem die einzige Möglichkeit für einen Schiiten, eine Nichtmuslimin zu heiraten; eine normale Ehe darf er mit einer Nichtmuslimin nicht eingehen – eine auf neunundneunzig Jahre befristete Beziehung dagegen sehr wohl. Kinder, die aus einer solchen Verbindung hervorgehen, gelten als ehelich.

Jhammi gebar 1922 Wajid Ali Khan, einen Halbbruder meines Vaters, der es zeitlebens schwer hatte, weil die Familie ihn – Sohn einer Bediensteten – nicht achtete.

Meine Großmutter Afsar Begum heiratete Kazim Ali Khan nach dem Tod seiner ersten Frau. Baji und Wajid bekamen mit ihr eine Stiefmutter, die nur neun beziehungsweise dreizehn Jahre älter war als sie selbst. Afsar Begum gebar insgesamt fünf Kinder: Zahra, meine Tante, die 1930 geboren wurde, aber 1939 in ihrem Pass stehen hat, Mustafa (1932), Safia (1935), Ali (1938) und meinen Vater Hasan (1941). Diese Kinder erhielten, im Gegensatz zu den Kindern aus den vorigen Beziehungen Kazim Ali Khans, den Vornamen ihres Vaters als Familiennamen. Es stand Eltern in Indien frei, ihren Kindern den Vor- oder Nachnamen des Vaters als Familiennamen zu geben. Und auch heute noch variiert die Namensgebung in Indien und Pakistan regional.

Während Baji bei ihrer Stiefmutter und ihren deutlich jüngeren Geschwistern aufwuchs, lebte Wajid bei seiner Mutter Jhammi, die sich nach der Hochzeit Kazim Ali Khans mit Afsar Begum eine neue Bleibe suchen musste – sie bekam Hausverbot. Und Afsar Begum sah es auch nicht gern, wenn ihre Kinder ihren Halbbruder besuchten.

»Bist du trotzdem zu ihm gefahren?«, frage ich meinen Vater.

»Wir waren ab und zu dort. Aber meine Mutter durfte davon nichts wissen. Mein Vater hatte nichts dagegen, wenn wir Jhammi und Wajid besuchten. Er traf sie ja selbst regelmäßig.«

Für meinen Vater waren diese Ausflüge eine willkommene Abwechslung im Alltag, auch wenn er mit seinem Bruder Wajid aufgrund des Altersunterschieds kaum etwas anfangen konnte.
Irgendwann im Sommer 1947 lagen auch vor dem Afzal Mahal

ausgehungerte Menschen auf der Straße und Geier warteten nur darauf, dass sie zu Kadavern, zu Nahrung wurden. Nachrichten von Massakern zwischen Muslimen und Hindus in allen Teilen des Landes machten die Runde. Geeint war die Bevölkerung nur in ihrer Forderung, dass die Briten endlich abziehen sollten.

In Lucknow waren die britischen Offiziere besonders nervös: Seit dem Sepoy-Aufstand 1857 galt ihnen die Stadt als Hochburg der indischen Unabhängigkeitsbewegung.

Viele Nachbarn hatten ihre Häuser schon verlassen, waren aufgebrochen in Richtung Westen. Zu Fuß und mit Zügen, die bis zur Grenze nach Pakistan fuhren, hatten sie sich auf den Weg gemacht. Manche hatten auch eines der Schiffe genommen, die von Bombay nach Karatschi fuhren. Es war eine unglaublich anstrengende Reise, voller Angst vor Überfällen. Die Augustsonne brannte unerbittlich und in diesem Sommer 1947 begann der Monsunregen besonders spät: erst im September. Man hörte, dass einige der Nachbarn während ihrer Flucht ums Leben gekommen waren, sie hatten einen Hitzschlag erlitten, hatten zu wenig getrunken oder waren vor Schwäche zusammengebrochen. Keine Nachrichten, die Mut machten.

Afsar Begum hatte sich in den Jahren zuvor mit ihren fünf Kindern in ihrem Geburtshaus komfortabel eingerichtet. Ihre Verwandten kümmerten sich mit um die Kinder, es gab genug Angestellte, die die Hausarbeit erledigten. Bei der Familie ihres Mannes ein paar Straßen weiter schaute sie gelegentlich vorbei, wohnen wollte sie dort nicht. Sie widersetzte sich damit der Regel, dass die Ehefrau bei der Familie ihres Mannes lebt, und redete sich damit heraus, dass im Afzal Mahal viel mehr Platz für die Kinder sei.

Im Afzal Mahal hatten die Frauen das Sagen – allen voran Afsar Begum. Männliche Bedienstete waren nicht erlaubt, und wenn einmal in der Woche der Gärtner kam, um die Pflanzen zu gießen und Unkraut zu beseitigen, musste er sich in ein Tuch hüllen – er war es, der einen Schleier tragen musste, nicht die Frauen. *Purdah*, die Bedeckung des weiblichen Körpers nach islamischen

Vorschriften, wurde ansonsten in Lucknow natürlich eingehalten. Wenn ein Arzt ins Afzal Mahal zu einer Patientin kam, fühlte er den Puls hinter einem Vorhang stehend, der das Bett der Kranken umgab.

Kazim Ali Khan hatte inzwischen einen gut bezahlten Posten bei der Stadtverwaltung von Madras, Hunderte von Kilometern von Lucknow entfernt. Alle paar Wochen nahm er die mehrtägige Zugreise auf sich und besuchte Frau und Kinder im Norden Indiens. »Ganz selten fuhren wir zu ihm nach Madras. Das genossen wir dann sehr: Wir lebten dort in seinem riesigen Haus, das ihm die Stadt zur Verfügung stellte, hatten Elefanten, Pferde und viele Bedienstete«, erzählte meine Tante Zahra. »Er hatte sein Erbe als Raja zwar nie angetreten, aber er lebte dennoch wie einer.«

Seit einigen Monaten berichtete mein Großvater bei den Treffen mit seiner Familie häufiger von einem islamischen Staat, der bald entstehen sollte. Lord Louis Mountbatten, der letzte britische Vizekönig in Indien, der von der Regierung in London beauftragt worden war, die Entlassung Indiens in die Unabhängigkeit abzuwickeln, hatte es angesichts der zunehmenden Gewalt eilig, den Union Jack in Indien für immer einzuholen. Sollte Mohammed Ali Jinnah doch seinen eigenen Staat bekommen, Heimat für eine islamische Nation!

»Pakistan« sollte dieser Staat heißen, wie es der in London studierende muslimische Nationalist Rahmat Ali 1933 in einem Pamphlet vorgeschlagen hatte, »Land der Reinen«, bestehend aus den Provinzen Belutschistan, der Nordwest-Grenzprovinz, dem Punjab, Sindh und einer geografisch abgetrennten Provinz Ostbengalen – die später, 1971, mit militärischer Unterstützung Indiens, zu Bangladesch werden sollte. Das waren die Provinzen auf dem Subkontinent, in denen mehrheitlich Muslime lebten. Das galt zwar auch für die Provinz Kaschmir, aber deren Hindu-Maharaja Hari Singh verfolgte eigene Ziele: Er forderte einen unabhängigen Staat Kaschmir.

Als nach der Teilung des Subkontinents pakistanische Truppen die Region einnahmen, rief Singh Indien zu Hilfe. Im Gegenzug unterzeichnete er auf Drängen von Lord Mountbatten den Beitritt Kaschmirs zu Indien – was wiederum das kaschmirische Volk nicht wollte: wenn schon keine Unabhängigkeit, dann doch lieber Zugehörigkeit zum islamischen Pakistan.

Für Mountbatten galt es, Südasien so zügig wie möglich zu verlassen – dies war ihm von der britischen Regierung aufgetragen worden. In der Heimat gab es genug Probleme: Großbritannien hatte zwar zwei Jahre zuvor den Zweiten Weltkrieg gewonnen, aber große Teile des Landes waren zerstört worden, die Wirtschaft lag am Boden. Da konnte auf die Interessen einer Provinz wie Kaschmir keine Rücksicht genommen werden.

Zunehmend versank nun auch der Subkontinent im Chaos: Allein bei einem Massaker in Kalkutta töteten Muslime im Juli 1946 innerhalb von zweiundsiebzig Stunden 26.000 Hindus. Aus allen Teilen Indiens wurden Kämpfe zwischen Hindus und Muslimen gemeldet. Die Macht der Briten bröckelte – als Besatzungsmacht ebenso wie als Weltmacht.

»Mit ihrer Kaschmir-Entscheidung legten die Briten den Keim für den Streit zwischen Pakistan und Indien, und dieser Konflikt wird nie gelöst werden«, sagte mir eine Tante, die wie die meisten Pakistaner den Briten die Schuld an dem Konflikt gibt.

Eine andere Tante erklärte mir: »Die Entstehung Pakistans war ein Zufall: Jinnah, der einzige Mann, der in der Lage war, einen unabhängigen islamischen Staat Pakistan durchzusetzen, litt an Tuberkulose. In der Öffentlichkeit war das aber unbekannt, selbst die Briten wussten nichts davon. Sonst hätten sie seinem Drängen nach einem islamischen Staat wahrscheinlich nicht nachgegeben, obwohl Jinnah ein liberaler Mann war. Ohne die Teilung hätten die Briten sich eine Menge Ärger erspart. Nur ein Jahr nach der Gründung Pakistans erlag Jinnah seiner Krankheit.« Jinnah hat Pakistan also gegründet, das Land aber nur kurz regiert. Trotzdem nennen ihn die Pakistaner bis heute *Quaid-e-Azam*, den »großen Führer«.

Mein Großvater Kazim Ali Khan war ein glühender Verehrer Jinnahs und fasziniert von der Idee eines moderat islamischen Staats, in dem die Muslime die Bevölkerungsmehrheit stellten. Wahrscheinlich war er wie Millionen Muslime einfach begeistert von der Rhetorik Jinnahs.

Jinnah hatte sich am 15. August 1947, einen Tag nach der Gründung Pakistans, per Radio an die Muslime auf dem Subkontinent gewandt: »Die Schaffung des neuen Staates bedeutet für die Bürger Pakistans eine enorme Verantwortung. Sie haben die Möglichkeit, der Welt zu zeigen, wie eine an Vielfalt reiche Nation wie Pakistan in Frieden und Freundschaft lebt und zum Wohle aller arbeitet, egal welcher Kaste, egal welchem Glauben sie angehören. Unser Ziel sollte Frieden im Inneren und Frieden nach außen sein.«

Solche Worte hatten Wirkung bei Leuten wie meinem Großvater, die die zahlreichen Ausschreitungen zwischen Hindus und Muslimen, zu denen es regelmäßig kam, leid waren.

Gegenüber Afsar Begum sprach er in immer kürzeren Abständen davon, ein neues Leben in dem neuen Land zu beginnen. Afsar Begum weigerte sich. Wozu alles zurücklassen, das schöne Haus, das bequeme Leben, die Freunde, warum bei null anfangen?

Doch mein Großvater drängte. Er sah für sich und seine Familie eine bessere Zukunft in Pakistan. In Indien wurden Forderungen nach Enteignung von Landbesitzern immer lauter – und mein Großvater besaß viel Land. Tatsächlich machte der *Zamindari Abolition Act* viele Großgrundbesitzer in Indien Anfang der Fünfzigerjahre zu armen Leuten, brach aber zugleich alte feudale Strukturen auf.

Meinen Großvater reizte der Gedanke, einen Staat mit aufzubauen. Mittlerweile hatten sich viele seiner Freunde und Kollegen dafür entschieden, ihr Hab und Gut zu verkaufen und nach Pakistan auszuwandern. Eines Tages schrieb er meiner Großmutter aus Madras, er habe ein Angebot von der pakistanischen Regierung erhalten: Die Stadtverwaltung der Hauptstadt Karatschi suche

Beamte. Er wolle sich in Bombay um Tickets für eine Schiffsreise nach Karatschi kümmern, sie solle die Sachen packen und sich mit den Kindern bereithalten.

Meine Großmutter gab ihren Widerstand auf.

Im Herbst 1947 kam mein Großvater nach Lucknow, um seine Familie abzuholen – er hatte Tickets nach Pakistan ergattert. Ein paar Tage später verließ er mit seiner Familie das Afzal Mahal, das älteste Kind siebzehn Jahre alt, das kleinste, mein Vater, kaum sechs Jahre. Die Halbgeschwister reisten getrennt mit anderen Verwandten, auch sie hatten sich für ein Leben in Pakistan entschieden. Afsar Begum sah ihr Elternhaus zum letzten Mal. Nie wieder sollte sie nach Lucknow, nie wieder nach Indien zurückkehren.

»Erinnerst du dich noch an den Tag eurer Abreise?«, frage ich meinen Vater.

»Nein, aber ich weiß noch, wie wir tagelang unterwegs waren, zuerst zu Fuß zum Bahnhof Char Bagh und dann mit dem Zug in Richtung Bombay.«

Es muss eine mehrtägige Höllenfahrt gewesen sein.

»Der Zug wurde mehrmals überfallen. Wir hatten Glück, dass von unseren Sachen nichts wegkam.« Mein Vater erinnert sich nur dunkel an die Zugfahrt, seine Geschwister berichten von gedrückter Stimmung, kaum jemand redete. Männer und Frauen hielten Säcke mit ihrer Habe auf dem Schoß umklammert.

Wer kein Geld hatte, hungerte. Andere kauften sich bei den vielen Zwischenstopps etwas zu essen, Händler kamen mit ihren Bauchläden an die Abteile und reichten Currys in Tellern aus Bananenblättern, Fladenbrote, Säfte und Obst hinein. Muslimische Verkäufer boten »muslimische Ware« an, hinduistische Händler verkauften »hinduistische Ware«. In dem Zug nach Bombay saßen Muslime auf dem Weg nach Pakistan strikt getrennt von den Hindus, die auf Geschäftsreise oder auf dem Weg zum Familienbesuch waren.

»Wir mussten aufpassen, wem wir was erzählten«, sagte mir

eine Tante. »Ich hatte sogar immer ein *Bindi* in der Handtasche, einen Punkt, den ich mir auf die Stirn kleben konnte, damit ich aussah wie eine Hindu-Frau. Es gab mehrere Situationen, in denen mir das Bindi sehr geholfen hat.«

Schizophrenie war Teil der Überlebensstrategie.

Gelegentlich halfen mitleidige Hindu-Frauen muslimischen Frauen mit einem Bindi aus ihrer Handtasche aus, wenn wieder mal hinduistische Sicherheitskräfte Muslime drangsalierten.

»Einmal kamen Polizisten in den Zug, sie hatten Hindu-Namen und waren sehr aufgebracht, weil Muslime einen ihrer Kollegen massakriert hatten. Sie gingen durch die Züge und führten willkürlich Muslime zu Verhören ab. Ich möchte nicht wissen, was sie mit denen gemacht haben. Mich ließen sie zufrieden, weil sie den roten Punkt auf meiner Stirn sahen. Sie haben meine Papiere, Allah sei Dank, nicht kontrolliert, sonst hätten sie meinen islamischen Namen bemerkt.«

Nach drei Tagen kamen Kazim Ali Khan, Afsar Begum und die fünf Kinder erschöpft in Bombay an. Die Kleidung klebte am Körper, die Familie hatte wegen der permanenten Angst vor Überfällen und Kontrollen kaum geschlafen.

Das also war die Stadt, die die Briten so liebten und die sie über die Jahrzehnte ihrer Kolonialherrschaft architektonisch nach ihrem Geschmack geprägt hatten. »Urbs Prima In Indis« steht auf dem Gateway of India, dem Triumphbogen von Bombay, der zwanzig Jahre zuvor, 1927, zu Ehren des britischen Königs Georg V. errichtet worden war.

»Wir mussten vom Bahnhof in Bombay zu einer Zeltstadt in Chowpatty gehen, einem Lager für Flüchtlinge auf dem Weg nach Pakistan«, erzählt mein Vater. »Unser Gepäck lagerten wir ein, das war vorgeschrieben. Widerwillig gaben wir unsere Sachen ab, meine Mutter hatte Angst, dass sie in dem Chaos verloren gehen könnten oder gestohlen würden.«

In dem Lager herrschten unerträgliche Zustände: Es stank nach Fäkalien, Urin und Erbrochenem, überall lagen schwache, kranke, dahinsiechende Menschen, andere beweinten auf der Flucht verstorbene Angehörige oder klagten über Verwandte, die die gefährliche Reise scheuten und daher zurückgelassen werden mussten.

Die Familie blieb mehrere Tage in der Zeltstadt. Dann legte die »Dwarka« im Hafen von Bombay an, das Schiff, das die Familie nach Karatschi bringen sollte. Die Reederei *British India Steam Navigation Company* hatte den Flüchtlingsstrom in beide Richtungen zwischen Pakistan und Indien als Geschäftsfeld entdeckt und mit zwei Schiffen einen Fährbetrieb eingerichtet. Meine Großeltern, mein Vater und seine Geschwister bekamen im Unterdeck einen Schlafplatz zugewiesen: auf dem Fußboden.

»Das Schiff war völlig überfüllt, es wollten so viele Menschen mit«, sagt mein Vater.

Sein drei Jahre älterer Bruder, mein Onkel Ali, erzählte mir, dass es trotz der Enge eine schöne Reise für die Kinder gewesen sei: die erste Seefahrt. »Während dieser eineinhalbtägigen Fahrt habe ich zum ersten Mal in meinem Leben Fisch gegessen.«

Ihr Gepäck musste die Familie auf dem Schiff erneut abgeben. Dort wurde es dann gestohlen, jedenfalls war es einen Tag später, als die »Dwarka« im Hafen von Karatschi angelegt hatte, verschwunden. Das neue Leben von Kazim Ali Khan und seiner Familie begann mit dem, was sie am Körper trugen.

Eine meiner Tanten weiß noch genau: Als Afsar Begum das erste Mal in ihrem Leben pakistanischen Boden betrat, weinte sie.

Pakistan – neuer Staat, neue Heimat, neues Selbstbewusstsein

Als meine Mutter 1951 in Karatschi geboren wurde, steckte Pakistan selbst noch in den Kinderschuhen. Ihre Eltern, Manzoor Ali Naqvi und seine Frau Qamar Jehan, hatten 1946 einen weitaus günstigeren Start in Karatschi als die Familie meines Vaters. Sie waren wie viele Muslime schon vor der Teilung des indischen Subkontinents dorthin gezogen, damals war die Stadt noch eine indische Hafenmetropole. Meinem Großvater, einem Bauingenieur, hatte man einen Job angeboten: Es wurden Leute gesucht, die Karatschi modernisierten – und sollte tatsächlich ein Staat Pakistan entstehen, wovon die Rede war, sollte das die Hauptstadt werden. Meine Großeltern, die zuvor in Delhi gelebt hatten, zogen mit ihren drei Kindern um. Da sie diese Entscheidung wohlüberlegt trafen, ohne zeitlichen Druck oder Angst vor Gewalt, konnten sie ihren Besitz in Ruhe zusammenpacken und nach Karatschi verschiffen lassen.

Manzoor Ali Naqvi entstammte ärmlichen Verhältnissen. Er war in Shikarpur im Norden Indiens als Sohn von schiitischen Eltern geboren worden. Sein Vater starb im Alter von vierunddreißig Jahren, als die Pest nach Shikarpur kam. Seine Mutter, die weder lesen noch schreiben konnte, musste ihn und zwei jüngere Söhne alleine durchbringen. Der mittlere fiel äußerlich besonders auf: Als Albino stach er mit seiner rosafarbenen Haut, dem weißen Haar und den rötlichen Augen unter all den braunen Menschen hervor. Mein Großvater hatte zwar auch eine relativ helle Haut, war aber kein Albino. Allerdings trug er, wie sich später herausstellen sollte, die Veranlagung dafür in sich: Vier seiner zwölf Kinder sollten Albinos werden.

Manzoor Ali Naqvi fiel durch seine Begeisterung fürs Lesen auf, die kleine Bibliothek seiner Schule versorgte ihn mit Büchern. Da es in dem Haus seiner Kindheit noch keinen Stromanschluss gab, las er bei Kerzenlicht. »Du musst ihn unbedingt auf eine bessere Schule schicken«, rieten die Verwandten seiner Mutter. Doch die wusste nicht, wie sie ihre Kinder ernähren, geschweige denn in teure Schulen schicken sollte. Ihr war bewusst, dass es ihr Sohn mit einer guten Ausbildung einmal besser haben würde als sie selbst, aber wer außer den miserablen staatlichen Schulen würde ihr Kind schon ohne Bezahlung unterrichten? Die Verwandtschaft sprang ein. Sie kratzte so viel Geld zusammen wie möglich und finanzierte ihm eine Ausbildung an einem Internat in Delhi, in der Hoffnung, dass er später einmal für die ganze Familie sorgen würde. So sollte es auch kommen. Es war die typische Art der Altersvorsorge in einem Land, in dem es keine staatliche Rente gibt.

Manzoor Ali Naqvi lernte für sein Leben gern. Er begeisterte sich für Geschichte, Politik und Architektur und entwickelte eine tiefe Religiosität. Der intelligente Junge fiel auch den schiitischen Geistlichen seiner Gemeinde auf, sie organisierten diverse Stipendien für ihn. Das wiederum vertiefte seine dankbare Haltung gegenüber Gott und er beschloss, später einmal selbst talentierte junge Menschen finanziell zu unterstützen. Ich habe meinen Großvater als eine gebildete, stolze, aber auch sehr demütige, bescheidene Persönlichkeit in Erinnerung.

Am Roorkee College in Delhi studierten fast ausschließlich reiche Söhne von Briten, außer ihm waren im Studiengang Bauingenieurwesen noch fünf Inder eingeschrieben, allesamt Hindus. Mein Großvater war also der einzige Muslim seines Jahrgangs, und da es für einen Muslim in jener Zeit undenkbar war, gemeinsam mit einem Hindu oder einem Christen zu essen, musste er sich etwas einfallen lassen – ein Essen in der Mensa kam nicht infrage. Glücklicherweise lebte eine befreundete schiitische

Familie in der Nähe, die ihn täglich bewirtete. Jahrzehnte später erzählte mein Großvater, wie dankbar er dieser Familie für ihre Gastfreundschaft war – auch wenn das Essen furchtbar geschmeckt habe: »Im Curry schwammen nur Knochen herum«, erinnerte er sich.

Mein Großvater heiratete die vierzehn Jahre jüngere bildhübsche Qamar Jehan Rizvi, die aus wohlhabenderen Verhältnissen stammte als er und die in der Himalaja-Stadt Shimla aufgewachsen war. Ihre Großeltern väterlicherseits waren Edelsteinhändler in Persien gewesen und in der zweiten Hälfte des 19. Jahrhunderts nach Indien ausgewandert, als sie hörten, dass es dort mit den Briten besonders kaufkräftige Kunden gab. Als ihre Mutter bei der Geburt des zweiten Kindes starb, war Qamar Jehan erst vier Jahre alt. Ihr Vater heiratete daraufhin die Schwester seiner verstorbenen Frau.

Nach dem Tod der Mutter musste Qamar Jehan schon früh große Verantwortung in der Familie übernehmen, sie zog ihren Bruder mit auf. Deshalb besuchte sie nie die Schule, Lesen und Schreiben lernte sie zu Hause von Verwandten. Da in der Familie viel Englisch gesprochen wurde, verstand sie auch diese Sprache, sprach sie aber nie selbst. Sie wuchs in dem Glauben auf, dass Gott alles, was man anderen Menschen gibt, doppelt und dreifach zurückzahlt.

Einmal hatte sie einem Bettler, der an die Tür geklopft hatte, eine beträchtliche Summe Geld gegeben, das sie eigentlich selbst für Lebensmitteleinkäufe benötigte. »Aber er tat mir leid, er muss ja wirklich arm gewesen sein, sonst hätte er nicht die Schande auf sich genommen, wildfremde Menschen um Geld zu bitten«, erzählte mir meine Großmutter. »Als ich am nächsten Tag aufwachte, fand ich die doppelte Summe, die ich dem Mann gegeben hatte, unter meinem Kopfkissen.«

Mir ist nicht klar, ob meine Großmutter diese Geschichte erfunden hat, um ihre Mitmenschen von der Notwendigkeit des Almosengebens – immerhin eine der fünf islamischen Pflichten – zu überzeugen, oder ob sie das Erzählte wirklich erlebt hat; jedenfalls hat sie nie die Frage geäußert, wer außer Gott persönlich das Geld unter ihr Kissen gelegt haben könnte.

Als Manzoor Ali Naqvi seine Frau heiratete, verdiente er als junger Bauingenieur nur neunzig Rupien im Monat – sein Schwiegervater, ein griesgrämiger Anwalt, nahm achthundert Rupien im Monat ein. Die Tochter eines reichen Mannes zu heiraten, war für ihn ein Anreiz, selbst mehr Geld zu verdienen.

Das Paar bekam insgesamt vierzehn Kinder – Mitte des 20. Jahrhunderts in Südasien nichts Ungewöhnliches. Zwölf Kinder überlebten. Ein Zwillingskind starb schon zwei Wochen nach seiner Geburt. »Die beiden Säuglinge waren Mädchen und Albinos dazu. Sie kamen sehr kränklich zur Welt. Meiner Oma wäre am liebsten gewesen, wenn beide gestorben wären«, erinnert sich meine Mutter. Mädchen waren unbeliebt – bis heute wünschen sich viele Eltern in Indien und Pakistan lieber Söhne –, und was sollte aus zwei so hellhäutigen Mädchen schon werden? Die Ärzte hatten empfohlen, die beiden Kinder voneinander fernzuhalten, um Ansteckungsgefahr zu vermeiden. »Aber meine Oma legte sie absichtlich, ohne Wissen meiner Mutter, nebeneinander ins selbe Bett und fütterte sie mit derselben Flasche.« Ein Mädchen – meine Tante Zarina – überlebte.

Später, in Karatschi, arbeitete Manzoor Ali Naqvi als Städteplaner und übernahm die Leitung von Projekten wie dem Bau eines Stadions und dem Gebäude der pakistanischen Atomenergiebehörde. Sein Ruf als exzellenter Architekt ließ auch andere Stadtverwaltungen auf ihn aufmerksam werden.

Beruflich lief es also gut für meinen Großvater, sein Wunsch nach einem finanziell sorgenfreien Leben hatte sich für ihn und seine Familie erfüllt. Er konnte sich ein großes, kastenförmiges Haus in einem Wohngebiet nahe der *Tariq Road* leisten, der Haupteinkaufsstraße in Karatschi, eine weitläufige, weiß verputzte Villa mit einem großen Garten auf der Rückseite des Hauses, umsäumt von Kokospalmen, Papayabäumen und Bananenstauden. Ich erinnere mich, dass in einer Ecke des Gartens ein Chamäleon lebte.

Meine Mutter liebte dieses Haus als Kind. Es bot Platz zum Spielen, Platz für Freundinnen, die sie regelmäßig besuchten. Ihr ältester Bruder Sarwar war schon zum Studium nach England gezogen, ihre älteste Schwester Suraiya hatte sich mit ihrem Mann, einem in Pakistan berühmten Schauspieler und Radiomoderator, eine eigene Wohnung in ein paar Kilometern Entfernung genommen. Suraiya kam gerne und oft zu Besuch, häufig tauchten auch einige der unzähligen Cousins und Cousinen auf.

Anfang der Sechzigerjahre waren Suraiya und ihre Mutter Qamar Jehan gleichzeitig schwanger: Suraiya mit dem ersten von zwei Söhnen, Qamar Jehan mit dem letzten ihrer Kinder, einer Tochter. Es war also immer etwas los bei den Naqvis, und der Hausangestellte Sharif hatte jeden Tag eine Menge für die vielen Bewohner des Hauses zu kochen. Auf dem Gasherd brodelte es in riesigen Blechtöpfen. Selbst wenn Besuch kam, war genügend da – oder Sharif schaffte es, schnell für alle etwas zuzubereiten. Sharif lebte, wie es für Hausangestellte üblich war, in der Familie, für die er arbeitete.

Im hinteren Teil des Gartens lagen die Unterkünfte für die Bediensteten, für Sharif, für den zweiten Koch Ahmed und für den Fahrer Sattar, der sich um den schwarzen Opel und später um den neuen silbernen Mercedes kümmerte, Autos, die Manzoor Ali Naqvi sich seit den Sechzigerjahren leistete. Vor seinem Haus sollten immer zwei Limousinen stehen. Der Mercedes hatte eine durchgehende Vorderbank aus Leder und war ein echter Hingucker. Gelegentlich fuhr Sattar die Kinder zur Schule – bis er eines Tages, bei der Reparatur eines Motors, einen Metallsplitter ins Auge bekam und auf diesem erblindete. Sattar kündigte und verließ die Familie. Niemand weiß, was aus ihm geworden ist.

Auch Sharif hatte kein glückliches Leben: Er bewohnte eine kleine Kammer, in der er schlief und wo er seine wenigen Habseligkeiten aufbewahrte. »Eines Tages wurde der arme Sharif plötzlich krank. Er lag auf seiner Pritsche, ihm ging es nicht gut«, sagt meine Mutter. Seine Hände waren eingebunden, und er konnte sich kaum noch bewegen vor Schwäche. »Wahrscheinlich könnte man ihm heutzutage medizinisch helfen, aber damals, Mitte der Sechziger, war das nicht möglich.«

Sharif lag wochenlang in seinem Zimmer und ständig riet ihm irgendein Besucher eine neue absurde Therapie.

»Du solltest keine Eier essen.«

»Du solltest kein Fleisch essen.«

»Du warst nie verheiratet, es ist die überschüssige Hitze in dir, die dich krank macht.«

Am Ende aß Sharif nichts mehr, er war nur noch ein dürres Häufchen Elend. Irgendwann packte er mit letzter Kraft seine Sachen und verschwand für immer.

Nach der Schule half nun meine Mutter Ahmed in der Küche, der alleine überfordert gewesen wäre, für so viele Menschen zu kochen. Qamar Jehan und Ahmed brachten meiner Mutter bei, die komplizierten Gewürzpasten zu mischen.

»Egal welches Curry du machst, erst brätst du Zwiebeln und Knoblauch an, danach gibst du die Gewürzmischung dazu. Es ist wichtig, dass du die Gewürze ein paar Minuten anbrätst, bevor du Fleisch oder Gemüse und Wasser dazugibst«, erklärte ihr Qamar Jehan. »Sonst sind die Gewürze unverträglich und verderben den Magen.«

Meine Mutter schnitt Gemüse und Fleisch, bereitete Fladenbrote zu, kochte Berge an Reis. Und ständig zischten Zwiebelringe in *Ghee*, geklärter Butter. »Noch heute, wenn ich Ingwer schneide und meine Finger danach riechen, sehe ich das weiße Haus in Karatschi vor mir, in dem ich aufgewachsen bin, sehe den großen Garten und wie die Sonne dort aufs Gras brennt«, sagt sie gelegentlich. »Es war eine schöne Zeit.«

Jedes der Geschwister meiner Mutter hatte eine oder mehrere Aufgaben im Haushalt. Meine Mutter kochte, und Qamar Jehan bezahlte sie gelegentlich sogar dafür, weil das angesichts der Mengen, die sie Tag für Tag zubereitete, eine Arbeit war, die größere Anstrengungen erforderte als das, was die Geschwister leisten mussten. Es war das erste selbst verdiente Geld.

»Meine Schwester Parveen hatte zum Beispiel die Aufgabe, den Kühlschrank zu reinigen. Das tat sie, völlig unnötigerweise, jeden Tag. Außerdem gab sie die Schmutzwäsche an den *Dhobi*, den Wäscher, und kontrollierte, dass er eine Woche später diese Wäsche vollständig zurückbrachte«, erzählt meine Mutter.

Ihren Kindern haben Manzoor Ali Naqvi und Qamar Jehan selten etwas von sich, von ihrer Vergangenheit, ihren Gefühlen erzählt. Ohnehin war es bei zwölf Kindern schwierig, sich jedem einzelnen zu widmen. »Ich weiß nicht, ob sie je ausführlich mit uns über irgendetwas gesprochen haben«, sagt meine Mutter.

Ich habe meine Großeltern bei meinen Besuchen in Pakistan erlebt. Sie sind Ende der Neunziger gestorben. Beide haben ein hohes Alter erreicht – welches genau, ist bei ihnen ebenso unklar wie bei meinen Großeltern väterlicherseits.

Eine Wahrsagerin hatte Manzoor Ali Naqvi einmal gesagt, er würde seine Frau um fünfzehn Jahre überleben. Es kam so, aber doch anders als gedacht: Als er ein Jahr nach Qamar Jehan starb, war er etwa fünfzehn Jahre älter als seine Frau geworden.

Meine Großmutter war wie alle Omas. Sie kaufte mir Süßigkeiten, Obst, Spielzeug, vielleicht mehr als Omas ihren Enkelkindern üblicherweise kaufen, aber dafür sahen wir uns ja auch sehr viel seltener. Besonders gern mochte ich die Plastikventilatoren, man konnte an einem Band ziehen, dann drehte sich der Propeller ein paar Sekunden lang. Straßenhändler verkauften dieses Spielzeug für wenige Rupien. Ich habe eine Szene vor Augen, wie sie in einem rosafarbenen *Shalwar Kameez* – knielanges Oberteil und Pluderhose aus Baumwollstoff – über die Einkaufsstraße geht und mir ein gelbes Plastikauto kauft, einen VW Käfer, dazu einen Ventilator. Meist war das Ding schon am Abend kaputt. Am nächsten Tag bekam ich einen neuen.

Sie war eine bewundernswerte Frau. Zwölf Kinder großzuziehen hat sie Geduld gelehrt und die Erkenntnis, Menschen so hinzunehmen, wie sie sind.

Mein Großvater nahm mich bei meinen Besuchen gerne zur Seite, für ein Gespräch von Mann zu Mann, und ich befürchtete jedes Mal, etwas über Religion zu hören zu bekommen. Aber er schnitt das Thema nie an. Er schloss die Tür, als Zeichen für alle, dass wir nicht gestört werden wollten, und setzte sich, sein weißes Hemd über der weißen Baumwollhose, auf einen Hocker. Stattdessen befragte er mich über meine beruflichen Pläne und Ziele und erkundigte sich ausgiebig nach dem, was ich an der Schule lernte.

»Das sind sicher gute Schulen in Deutschland«, sagte er dann, und man merkte ihm an, dass er durchdrungen war von der Überzeugung, dass Bildung der Schlüssel für ein angenehmes Leben ist.

Manzoor Ali Naqvi war sehr gläubig, er betete dreimal täglich, wie es sich für einen guten Schiiten gehört, und bemühte sich, nach den Vorschriften des Korans zu leben. Aber er zwang seinen Glauben niemand anderem auf: seiner Frau nicht und seinen Kindern ebenfalls nicht. Auch wenn es ihn ärgerte, dass sie sich überhaupt nicht für Religion interessierten.

Zwar engagierte er – wie in vielen Familien Brauch – einen Geistlichen, der seinen Kindern das Koranlesen beibringen sollte. Üblicherweise beginnen Kinder mit dem Koranunterricht ab dem Alter von vier Jahren, vier Monaten und vier Tagen. Zu diesem Anlass organisieren die Eltern ein Fest. »Aber meinen Geschwistern fiel oft eine Ausrede ein, genau dann nicht da zu sein, wenn der Mullah kam«, sagt meine Mutter. Die älteren Schwestern entschuldigten sich zum Beispiel damit, ihre Periode zu haben. »Manche von ihnen gaben das sogar jede Woche vor. Am Ende war ich die Einzige, die mit dem Mullah dasaß.«

Mein Großvater gab auf. Sollten seine Kinder doch zusehen, ob und wie sie den Weg zu Gott finden würden.

Eine gute Allgemeinbildung für seine Kinder war ihm jedenfalls wichtiger als eine ausgeprägte religiöse Bildung: Er schickte sie an christliche Schulen, weil diese in Karatschi den Ruf hatten, die besten Schulen der Stadt zu sein.

Meine Mutter kam also an eine britische Klosterschule, ihre Lehrerinnen waren ausschließlich Nonnen, Frauen aus Großbritannien, aber auch aus den USA. Man sprach Englisch miteinander. Hier an der Klosterschule St. Lawrence lernte meine Mutter viele Mädchen aus liberalen Häusern kennen: Töchter von Großindustriellen, Unternehmern, Politikern, Anwälten, die meisten von ihnen ebenfalls aus islamischen Familien, die davon überzeugt waren, in St. Lawrence die beste Bildung für ihre Kinder zu bekommen.

»Im Vergleich zu denen kam ich aus einer armen Familie«, sagt meine Mutter. »Ich fand neue Freundinnen, und wenn ich sie besuchte, staunte ich über den Reichtum, in dem sie lebten.«

Eine Familie besaß eine Baumwollfabrik und mehrere Passagierschiffe, sie zählte damals zu den zwanzig reichsten Familien Pakistans. Deren zwei Töchter, Naheed und Fakhra, luden meine Mutter regelmäßig ein, und als Manzoor Ali Naqvi einmal nicht seinen Fahrer schickte, sondern seine Tochter persönlich abholte, stellte sich heraus, dass er selbst dieses Schmuckstück von Haus konstruiert hatte.

Eine andere Freundin war die Tochter des pakistanischen Außenministers. »Diese Familie lebte in einem riesigen Haus mit vielen Bediensteten«, erinnert sich meine Mutter. »Manchmal ließ sie mich von ihrem Fahrer mit einer großen Limousine abholen.«

Meine Mutter denkt gerne an diese Zeit. »Alle diese extrem reichen Mädchen waren ganz normal, überhaupt nicht arrogant. Wir gingen gemeinsam ins Kino, hörten zusammen Elvis Presley und später die Beatles.« Die Schallplatten brachten ihre Freundinnen meist von Urlauben in England oder in den USA mit. Aber auch die Plattenläden in Karatschi gewannen zunehmend Kundschaft.

Als eines Tages eine Freundin nach London umzog, lernte meine Mutter das Gefühl des Neids kennen. »Ich wollte unbedingt auch nach England, doch mein Vater wollte nichts davon wissen. Er hielt mich für verrückt.«

In der Schule kam meine Mutter ganz ordentlich mit. Hin und wieder kassierte sie Schläge von den Nonnen, eine Ohrfeige oder einen Schlag mit dem Lineal auf die Finger, damals übliche Erziehungsmittel. »Unseren Eltern haben wir nie davon erzählt, ansonsten hätten wir zu Hause noch einmal Prügel bekommen.« Mein Großvater vertraute eben auch in dieser Hinsicht den Erziehungskünsten der Nonnen.

Kürzlich kramte meine Mutter ihre Zeugnisse aus einem alten Koffer hervor, den sie über all die Zeit sorgfältig aufbewahrt hat und an dem die Jahre und die vielen Umzüge ihre Spuren hinterlassen haben. Die Zeugnisse – kleine Heftchen aus inzwischen vergilbtem Papier mit aufgedrucktem Schulwappen, einem Segelschiff, und dem Schriftzug »Ad caritatem per veritatem« – beinhalten in der ersten Klasse farbige Sternchen als Beurteilung: Blau bedeutete »exzellent«, rot »sehr gut«, grün »gut«, braun »ausreichend« und schwarz »ungenügend«. In ihrem Heft stehen vor allem rote und grüne Sterne, nur der hinter »Arithmetik« ist braun. An der Highschool wurden dann Noten in Prozent vergeben: Hundert Prozent war eine Eins, allerdings so gut wie nie zu erreichen. Wenn man in einem Fach neunzig Prozent erhielt, zählte man schon zur Spitze. Meine Mutter gehörte immer zu den Besten ihrer Klasse.

Zur Belohnung für ihre guten Leistungen wurde ihr Ende der Fünfzigerjahre eine ganz besondere Aufgabe zuteil: Als sich die noch junge Königin Elizabeth II. aus England für einen Besuch in Pakistan ankündigte, wurde meine Mutter für ein Begrüßungskomitee ausgewählt. Sie durfte ein pakistanisches Fähnchen halten und der Königin damit winken. »Sie fuhr in einem offenen Auto an unserer Schule vorbei, mit ihr im Wagen saß General Ayub Khan, der pakistanische Präsident.« Das ganze Spektakel dauerte nur ein paar Minuten. Immerhin blieb es meiner Mutter in Erinnerung.

Im Anschluss an die Klosterschule besuchte meine Mutter vier Jahre lang das College für Hauswirtschaft an der *University of Karachi*, machte dort ihren Bachelor und unterrichtete später Grundschüler im Fach Englisch.

Die Erzählungen ihrer Freundinnen über Reisen in westliche Länder, die Spielfilme aus Hollywood und die Musik von Elvis und den Beatles ließen den Westen in den Augen meiner Mutter als das Gelobte Land erscheinen. In dieser Zeit wuchs ein unbändiger Wunsch in ihr heran: Irgendwann, nahm sie sich vor, würde sie weggehen, nach Amerika oder nach England, wo die Mädchen sich so modern kleideten und auf Partys gingen, wo es so sein musste wie in all den amerikanischen Filmen, die im Kino gezeigt wurden und die sie auch im Fernsehen sah, denn seit 1964 thronte ein großes Schwarz-Weiß-Gerät im Wohnzimmer der Familie. Die gesamte Großfamilie fand auf den zwei Ecksofas Platz und konnte in die Welt blicken.

Und plötzlich fiel ihr die Lösung ein: Sie musste Stewardess werden, und schon stand ihr die Welt offen. Nicht die Arbeit während des Fluges hatte sie im Kopf, sondern die Zeit zwischen den Flügen: Bummeln in New York, Shoppen in London, vielleicht auch in Paris und in Bagdad. Heimlich bewarb sie sich bei drei Fluglinien – schließlich wusste sie, dass ihr Vater mit dieser Berufswahl nicht einverstanden sein würde. Sie schrieb an Air France, an Alia Jordanian Airlines, die damals noch den Namen der jordanischen Königstochter in der Firmenbezeichnung trug und später zur Royal Jordanian Airlines wurde, und an die British Overseas Airways Corporation (BOAC), die Vorgängerin von British Airways. Alle drei luden sie zum Vorstellungsgespräch in Karatschi ein. Bei der BOAC sagte man ihr nach der ersten Vorstellungsrunde, sie solle zu einem weiteren Gesprächstermin kommen, möglicherweise müsse sie sich auch in London vorstellen. Bei Air France erklärte man ihr, dass Personal für den Schalter am Flughafen von Karatschi gesucht werde; um Stewardess zu werden, müsse sie fließend Französisch sprechen – meine Mutter sprach kein Wort dieser

Sprache. Den dritten Termin hatte sie bei der jordanischen Fluggesellschaft, in einem Hotel. »Dort wollte man überhaupt nicht mit mir reden, sondern mich und die anderen Bewerberinnen nur anschauen. Ich sollte meine langen Haare anheben und den Nacken freimachen, dann wollten die meine Beine begutachten. Ich sagte denen: Das könnt ihr vergessen, ich werde doch nicht Stewardess, um euren männlichen Passagieren zu gefallen. Die behandelten uns wie Tiere.« Wutentbrannt verließ sie das Hotel.

Das Weiterkommen bei der britischen Fluglinie musste sie ihrem Vater gestehen, schließlich stand sie kurz davor, zum Vorstellungsgespräch nach London eingeladen zu werden. »Willst du unbedingt die Kotze anderer Leute wegwischen?«, entgegnete er. Er versuchte seiner Tochter zu verdeutlichen, dass es ein körperlich harter und außerdem erniedrigender Job war, den sie da anstrebte – seiner Meinung nach vergleichbar mit der Arbeit einer Putzfrau. Meine Mutter erwähnte ihre Erfahrungen bei der jordanischen Personalauswahl lieber nicht. »Direkt verboten hat er mir nicht, Stewardess zu werden, er äußerte nur seine Bedenken«, sagt sie.

Doch zur nächsten Vorstellungsrunde kam es gar nicht. Meine Mutter war inzwischen zweiundzwanzig Jahre alt und bevor sie sich weitere Fluchtmöglichkeiten in die weite Welt überlegen konnte, ebnete ihre Schwester Suraiya ihr einen ganz anderen Weg Richtung Westen: Sie organisierte ihr einen Ehemann und plante ihre Hochzeit – sehr zum Verdruss von Manzoor Ali Naqvi, der in dieser Beziehung etwas schrullig war. Im Gegensatz zu vielen anderen Vätern, die ihre Töchter mit Freude verheiratet sahen, wollte er, dass seine Kinder studierten und einen akademischen Beruf ergriffen. Seiner Meinung nach benötigten seine Töchter dafür keinen Ehemann. Im Gegenteil, die waren womöglich sogar hinderlich für ihr berufliches Fortkommen.

Aber er konnte sich nicht immer durchsetzen. Drei seiner sechs Töchter heirateten.

Damals ahnte meine Mutter allerdings noch nicht, dass sie schon bald ihren Traum vom Leben im Westen verwirklichen und nach Deutschland ziehen würde. Und sie ahnte nicht, dass sie für die Verwirklichung dieses Traums hart würde kämpfen müssen.

* * *

Es war heiß und staubig, als der kleine Hasan gemeinsam mit seinem Vater Kazim Ali Khan, seiner Mutter Afsar Begum und seinen vier Geschwistern im Spätsommer 1947 die »Dwarka« im Hafen von Karatschi verließ. Kazim Ali Khan war wütend, weil das Gepäck verschwunden war. Entweder hatte es jemand von den Passagieren gestohlen, oder ein Besatzungsmitglied hatte es beiseitegeschafft, jedenfalls war es weg: Kleidung, Bilder, Geschirr, ein paar Erinnerungsstücke. Glücklicherweise hatte Kazim Ali Khan noch ein paar Bargeldrücklagen bei sich, Geld, das er durch den Landverkauf eingenommen hatte.

Von Indien aus hatte er eine Unterkunft für seine Familie organisiert, ein kleines Haus in den »Pakistan Quarters«, einer Siedlung nahe dem Zoo von Karatschi. Die Häuschen hatte die Stadt eigens für Flüchtlinge aus Indien gebaut, die hier leben konnten, bis sie eine Bleibe gefunden hatten. Die Häuser stehen noch immer dort: Auf einer Reise nach Pakistan im Frühjahr 2008 habe ich das Viertel besucht und mithilfe meiner Tante sogar das Haus gefunden, in das mein Vater damals mit seinen Eltern und Geschwistern einzog: ein niedliches Gebäude, klein, aber durchaus gemütlich.

»Wir kamen zu siebt in dem Haus mit zwei Zimmern unter«, erinnert sich mein Vater.

»Und wo bringen wir die Pferde unter?«, fragte Afsar Begum besorgt, als ihr Mann ihr das weiß gestrichene Haus mit dem schiefen Blechdach und dem winzigen Innenhof zeigte. Sie hatte ganz vergessen, dass sie keine Pferde mehr besaßen, dass sie nichts mehr hatten von all den Annehmlichkeiten. So tief waren sie also gesunken: von einem herrschaftlichen Anwesen mit Stallungen zu einer Hütte. All die materiellen Reichtümer, die sie bisher gewohnt waren – dahin.

Hinzu kam, dass manche Einheimische den Flüchtlingen aus Indien, den *Mohajirs*, mit Verachtung begegneten. Wie heruntergekommen diese Leute doch aussahen, sagten ihre Blicke. Und dass sie ja nicht auf die Idee kämen, auch noch Ansprüche zu stellen! In den »Pakistan Quarters« blieben die Mohajirs unter sich. Man unterhielt sich viel über das frühere Leben, über den früheren Wohlstand. Es sollte einige Zeit dauern, bis sich die Neu-Pakistaner wirklich integriert hatten in Pakistan. Heute gelten sie als hart arbeitende und daher wohlhabende Gruppe. Auch das macht sie nicht bei allen beliebt.

Afsar Begum weinte, wenn sie sich ans Afzal Mahal in Lucknow erinnerte und sich dann in der neuen Wohnung umsah. Und sie weinte häufig, denn für ein größeres Haus reichten die Rücklagen bei Weitem nicht, es fehlte an allem und Kredite gab es in dieser schwierigen Zeit nicht. Kazim Ali Khan nahm seine Arbeit in der Stadtverwaltung auf, er legte jede Rupie, die er erübrigen konnte, zur Seite.

Sechs lange Jahre verbrachte die Familie in den »Pakistan Quarters«: Wenn sie schon umziehen sollten in ein eigenes Haus, wollte Kazim Ali Khan, der stolze Nachfahre eines Rajas, etwas Repräsentatives. »In unserer Wohnung wurde es enger und enger, denn wann immer ein Verwandter oder Freund aus Indien nach Pakistan kam, nahmen wir ihn erst einmal für ein paar Tage auf«, erzählt mein Vater.

Nach und nach kamen auch einige Hausangestellte der Familie nach Pakistan, zum Beispiel der Koch Rafiq, der später ein *Hijra*, ein Transvestit, wurde und in die Unterwelt abtauchte, und andere. Sie hatten sich entschieden, gemeinsam mit der Familie von Kazim Ali Khan einen Neustart zu wagen. In Karatschi fragten sie sich zu der Familie durch: Wo lebt Kazim Ali Khan, ein Mann mit einer Frau und fünf Kindern? Zeitweise schliefen bis zu fünfzehn Menschen in den zwei Zimmern.

Mein Großvater entwarf eine Residenz, wie er sie sich vorstellte. Groß und weiß verputzt sollte sie sein, mit vier Türmchen. 1952 hatte er das Geld endlich beisammen. *Chattar Manzil* sollte das Gebäude heißen, damit seine Frau nach all den Jahren im Afzal Mahal wieder ein Haus mit einem Namen hatte. Chattar kommt von Chattri, Schirm, und Manzil bedeutet Haus. Die Dächer der vier Türmchen sahen aus wie Schirme. Ein Jahr später konnte die Familie einziehen, und jetzt erst wurde für Afsar Begum die Erinnerung an Lucknow etwas erträglicher.

Kazim Ali Khan begann wieder ein Leben wie ein Provinzfürst: Er traf sich häufig mit Freunden, organisierte Feste, setzte Geld auf Hahnenkämpfe und auf Drachenwettkämpfe, spielte Rummy und Poker. Er genoss das Leben, genoss, was er sich und seiner Familie aufgebaut hatte. »Leider gab er mehr Geld aus, als er besaß«, sagte ein Onkel. Geld war daher immer knapp.

Im Chattar Manzil wurde mein Vater groß. »Ich hatte mein eigenes großes Zimmer. An die Tür habe ich ein Schild genagelt, Gorillahütte stand darauf.« Seine Freunde aus der Nachbarschaft kamen regelmäßig zu Besuch. Sie nannten sich Gorillas, entdeckten den Tabakgenuss und entwarfen gemeinsam allerlei Pläne. Wer mitmachen wollte, musste sich erst einmal ihren Respekt verdienen und in den Rang eines verbündeten Gorillas aufsteigen.

Einmal machten sie sich Gedanken darüber, welche Wirkung wohl Schlaftabletten auf Hühner hätten. »Wir mischten heimlich zerkrümelte Tabletten unter das Futter der Hühner unserer Nachbarn«, erzählt mein Vater. Anstifter dieses Plans war der älteste Bruder meines Vaters, Mustafa. Die Vögel fielen in einen tiefen Schlaf – und wachten nie wieder auf. Das Rätsel des massenhaften Hühnertods blieb für die Nachbarn zwar auf ewig ungelöst, aber das nachbarschaftliche Verhältnis war fortan von Misstrauen geprägt.

Oder mein Vater und seine Freunde ließen sich mit einer Fahrradrikscha in verwinkelte Stadtteile fahren, um dann – ohne zu bezahlen – abzuspringen und zu Fuß dem schimpfenden Fahrer in den Gassen zu entkommen. »Wir durften dem Fahrer nur nicht wieder begegnen, sonst hätte es mächtig Ärger gegeben.«

An Tagen, an denen ihnen kein Unsinn einfiel, saß mein Vater zusammen mit seinem Bruder Ali stundenlang mit einem Block auf dem Schoß vor dem Haus und notierte Marke, Modell und Nummernschild der wenigen vorbeifahrenden Autos. Die Schreiberei hatte kein Ziel außer Zeit zu vertreiben. Über die Wochen füllten sie so viele dicke Bücher.

Später, als mein Vater etwas älter war und ein verantwortungsvolles Hobby suchte, entdeckte er die Zucht von Wellensittichen für sich. Er setzte zwei Pärchen in einen selbst gebauten mannshohen Käfig, stellte zwei tönerne Brutkästen hinein und wartete. Ein paar Jahre später lebten in dem Verschlag Hunderte Wellensittiche.

Karatschi war damals noch kein Stadt gewordenes Chaos. Als die ersten Vertriebenen und Einwanderer aus Indien dorthin kamen, zählte der Ort etwa dreihunderttausend Einwohner. Heute sollen es mehr als fünfzehn Millionen sein, aber so genau weiß das niemand.

In dieser Zeit besuchte mein Vater, ein dürrer Junge mit auf der Seite gescheiteltem, geöltem Haar, diverse urdu-sprachige Schulen, an denen Englisch als Fremdsprache unterrichtet wurde. Im Herbst 1959 machte er seinen Abschluss.

Das große Vorbild für meinen Vater war sein Bruder Ali: Der begann zunächst eine Offizierslaufbahn bei der pakistanischen Luftwaffe und ließ sich zum Kampfpiloten ausbilden, später flog er als Airbus-Pilot für die pakistanische Fluggesellschaft Pakistan International Airlines.

Mein Vater wollte auch so einen angesehenen Beruf, wollte Uniform tragen und die Welt erobern. Aber er wollte seinem Bruder nichts nachmachen, sondern eigene Wege gehen.

Mitte der Fünfzigerjahre, als Vierzehnjähriger, begann mein Vater mit dem Autofahren. Sein Onkel hatte einen Wagen, den er und seine Brüder sich gelegentlich ausliehen, um damit durch Karatschi zu fahren. Einen Führerschein hatte mein Vater nicht, aber das interessierte niemanden. »Sehr selten hielt uns ein Polizist an, dem gaben wir dann ein paar Rupien und damit war die Sache erledigt.« In dieser Zeit fuhr mein Vater auch Moped und Motorrad, die er sich von seinen Freunden oder seinen Brüdern lieh. Und wenn nichts Motorisiertes zur Verfügung stand, nahm er eben sein Fahrrad – Hauptsache, er hatte irgendetwas, womit er durch die Gegend fahren konnte.

Jahrzehnte später, als er längst in Deutschland lebte, erzählte mein Vater, er habe das Autofahren von seinen Brüdern und durch die Herausforderungen des Straßenverkehrs in Karatschi gelernt. Seinen Führerschein machte er nie in einer Fahrschule, sondern er kaufte ihn in den Sechzigern, als er einmal mit seinem Schiff in Saudi-Arabien lag. »Meine Schwester lebte dort und hatte gute Verbindungen zur Regierung. Sie beantragte den Führerschein für mich, ich musste ihn nur in einem Amt abholen. Das ging ohne Unterricht und Prüfung, man zahlte einfach ein bisschen Geld und bekam dafür einen internationalen Führerschein.« Mit diesem durfte er später drei Monate lang in Deutschland fahren, anschließend legte er eine Fahrprüfung ab, und schon hatte er einen deutschen Führerschein – ohne eine einzige Fahrstunde. Als er mir das erzählte, habe ich mich nicht getraut ihm zu sagen, dass man das gelegentlich merkt. Ich glaube, das ist der größte Fehler der deutschen Bürokratie: der unerschütterliche Glaube an die Aussagekraft von Papieren.

Pakistan blühte auf. Jinnah war zwar kurz nach der Staatsgründung gestorben, diverse zivile Regierungen wechselten sich ab, bis General Mohammed Ayub Khan sich 1958 an die Macht putschte. Nach Meinung vieler Pakistaner war er ein guter Regierungschef, einer, der das Land voranbrachte, der für Modernisierung sorgte, für wirtschaftliche Entwicklung und der mit Religion nicht viel am Hut hatte. 1961 verbot er Polygamie und schuf die rechtlichen Voraussetzungen, dass auch Frauen die Scheidung einreichen konnten. Aus Sorge vor einem indischen Angriff verlegte er 1961 die Hauptstadt Pakistans vom südlichen Karatschi ins nördliche Rawalpindi und gab den Bau einer neuen Hauptstadt nur wenige Kilometer von Rawalpindi entfernt in Auftrag; so entstand das moderne Islamabad, das 1967 Sitz der Regierung wurde. Er intensivierte die Beziehungen Pakistans mit China und griff 1965 Indien an, nachdem der große Nachbar drei Jahre zuvor einen Grenzkrieg mit China verloren hatte, 1964 Jawaharlal Nehru gestorben war und Indien mit Lal Bahadur Shastri einen aus pakistanischer Sicht schwachen Regierungschef bekommen hatte. Ayub Khan ging es darum, den Grenzverlauf zwischen Indien und Pakistan neu zu definieren und außerdem die Kaschmirfrage zu klären.

Pakistan unterlag in diesem Krieg zwar, aber das Land litt ökonomisch kaum darunter.

»In der Zeit, als Deutschland das Wirtschaftswunder erlebte, hatten wir längst ein Auto, einen Fernseher und ein Telefon zu Hause«, erinnert sich mein Vater.

Der Familie meiner Mutter ging es ähnlich gut. Bis heute spricht meine gesamte Verwandtschaft mit Wehmut über die Sechzigerjahre; Sorge vor einer Militärregierung und Angst vor Krieg spielen in ihren Erzählungen keine Rolle.

Es sind nicht immer die großen Momente, die das weitere Leben bestimmen. Manchmal ist es eine Kleinigkeit, die einem Lebensweg eine neue Richtung gibt. Ist es Schicksal oder Zufall? Göttliche Fügung oder Vorsehung?

Eine solche Kleinigkeit war eine Zeitungsanzeige, die das Leben meines Vaters veränderte. Die Deutsche Dampfschifffahrtsgesellschaft Hansa aus Bremen, eine der damals weltgrößten Reedereien, benötigte dringend Personal: Matrosen, angehende Offiziere, Stewards, Kaufleute. Die deutsche Wirtschaft boomte, der Export nahm zu, entsprechend gut ging es der Schifffahrt. »*Kadetten ge-*

sucht« überschrieb die Hansa deshalb eine Annonce im Januar 1962 in der renommierten pakistanischen Tageszeitung ›Dawn‹. »Das wäre doch etwas für Hasan«, meinte Kazim Ali Khan zu seiner Frau Afsar Begum. Die anderen Kinder hatten den Schritt in die Berufstätigkeit bereits getan, Zahra studierte Medizin, Mustafa arbeitete als Geschäftsmann, Ali machte seine Pilotenausbildung bei der Luftwaffe und Safia studierte Soziologie, anschließend Jura, um später als Journalistin zu arbeiten. Hasan hatte die Schule schon vor zwei Jahren beendet, er war jetzt zwanzig Jahre alt und sollte sich nach Ansicht seiner Eltern endlich für einen Beruf oder für ein Studium entscheiden.

Afsar Begum nahm die Zeitung und las sich die Stellenanzeige durch. Sie überlegte. »Aber dann muss er weg, nach Deutschland.«

Ihr Mann schaute sie an. »So ist das nun einmal im Leben: Wer etwas erreichen will, zahlt einen Preis dafür.«

Kazim Ali Khan gab die Zeitung seinem Sohn. »Schau mal, das wäre sicher ein guter Job für dich. Was meinst du?« Mein Vater blieb die Antwort erst einmal schuldig, er wollte sich das gut überlegen. Aber tief in sich wusste er: Das war der Beruf, den er wollte. Auf diese Weise würde er wie sein Bruder, der Pilot, die Welt sehen, würde aber seinen eigenen Weg gehen.

Ein paar Tage später trafen sie einen Freund der Familie, der für die Hafenbehörde von Karatschi arbeitete. »Kennst du die Hansa-Reederei?«, fragte ihn mein Großvater. »Was hältst du überhaupt von deutschen Firmen?« Der Freund, ein Beamter, hatte bisher nur gute Erfahrungen mit deutschen Reedereien gemacht: Sie waren hervorragend organisiert, zahlten pünktlich die Hafengebühren und verhandelten nicht lange, wenn mal etwas mehr Geld als üblich verlangt wurde. Er setzte für meinen Vater ein Empfehlungsschreiben auf. Mein Vater schrieb eine Bewerbung, legte eine Kopie des Abschlusszeugnisses und die Empfehlung bei und schickte alles nach Bremen. Einen Versuch war es wert, wahrscheinlich klappte es sowieso nicht, denn er hatte keinerlei seemännische Erfahrung und wusste zudem nichts über Deutschland.

Ein paar Wochen später brachte der Briefträger die Antwort: Man freue sich über das Interesse. In wenigen Tagen, im März 1962, werde das Ausbildungsschiff der Reederei, die »Goldenfels«, in Karatschi festmachen. Dort möge er sich bitte beim Kapitän melden und anheuern. Alle nötigen Papiere und Informationen zur Ausbildung werde er an Bord erhalten.

Bis heute bewundere ich die Entschlossenheit meines Vaters. Wenn ich irgendwohin für zwei Wochen verreise, kaufe ich nicht nur einen Reiseführer, sondern alle, die ich in den Buchläden dazu finde. Ich lese alles, was ich an Artikeln über das Reiseziel bekomme. Wahrscheinlich ist das eine Berufskrankheit. Und mein Vater entschied sich von heute auf morgen für einen Beruf, ohne zu wissen, worauf er sich einließ. Er entschied sich, für eine deutsche Firma zu arbeiten, ohne zu wissen, was ihn da erwartete. Ich glaube, das ist ein wesentlicher Unterschied zwischen deutscher und südasiatischer Mentalität: In Südasien ist das Vertrauen in die Zukunft einfach größer, egal, ob es um die Berufswahl geht oder darum, eine Reise zu planen. Ist es Leichtsinn? Ich bin überzeugt, es ist der Glaube an die Güte des Lebens. Bis heute treffen meine Eltern viele Entscheidungen viel sorgloser als ich.

Die »Goldenfels« war nach der »Dwarka« das zweite Schiff, das mein Vater in seinem Leben betrat – nun als Kadett. Die ganze Familie begleitete ihn an einem Nachmittag zum Hafen von Karatschi. Sie brachten ihn an Bord, wünschten ihm viel Glück und Gesundheit. Afsar Begum vergoss Tränen, wann würde sie ihren Sohn wiedersehen? Dann verabschiedeten sie sich, mein Vater musste sich schlafen legen, denn um zwei Uhr morgens sollte die »Goldenfels« Richtung Indien in See stechen.

Fünfundvierzig Mark Heuer pro Monat sollte er bekommen, außerdem fünfzig Pfennig pro Überstunde. »Die Kadetten, die schon an Bord waren, erklärten mir, bei dem kargen Gehalt müsse man so viele Überstunden wie möglich machen.« An Bord waren neben dem Kapitän und drei Offizieren, allesamt Deutsche, sechs deutsche Kadetten, zwei aus Burma, sechs Iraner, vier Iraker und ein Inder, außerdem mein Vater als einziger Pakistaner. »Ich kam mit allen gut aus«, erinnert er sich. Am meisten verband ihn mit dem Inder, sein Name war Singh Dev. Sie sprachen über Indien und Pakistan, über die gemeinsame Erfahrung der Teilung, über die südasiatische Küche. »Außerdem freundete ich mich mit einem der Iraner an. Vier Iraner kündigten recht bald, ihnen war die Arbeit auf dem Schiff körperlich zu anstrengend. Sie hatten erwartet, dass sie sehr schnell zu Offizieren aufsteigen würden, anstatt dauerhaft an Deck schuften zu müssen.«

Mein Vater und die anderen Kadetten klopften Rost, führten Malerarbeiten aus, schrubbten das Deck, räumten auf, gingen Laderaumwache, sprich: schauten nach, ob die Ladung ordentlich verstaut war und auch einen Sturm und schweren Seegang ohne Schäden überstehen würde.

Die »Goldenfels« war ein Stückgutfrachter, in dem fünftausend Tonnen Waren in Säcken und Kisten Platz fanden. Auf diesem Schiff hatte mein Vater seine ersten Begegnungen mit diversen deutschen Eigenheiten – zum Beispiel mit dem Buchstaben Ü. Ihm war nicht klar, was es mit diesem U mit den zwei Punkten darüber auf sich hatte, er wusste nur, dass rund dreitausendfünfhundert Tonnen Erdnüsse, die sie im indischen Kandla im nordwestlichen Bundesstaat Gujarat geladen hatten, für die Firma Ültje in Emden bestimmt waren. Wie sprach man das aus? Ultsche? Altschi?

Von Gujarat ging es weiter nach Bombay, wo Gewürze geladen wurden.

So lernte mein Vater die Häfen dieser Welt kennen. »Bei einer anderen Reise haben wir in Cochin, in Indien, Kokosnussöl in Tanks geladen. Als wir in Hamburg ankamen, war das Öl hart geworden. Es dauerte Stunden, bis wir es mit der bordeigenen Heizung wieder geschmolzen hatten.«

Beim Laden und Löschen musste immer ein Kadett Wache stehen, damit nichts von der Ware verschwand. Es genügte schließlich, wenn die Besatzung sich selbst ein bisschen an der Fracht bediente. »Einmal hatten wir ein paar Tausend Tonnen Datteln, Mandeln und Pistazien in Basra, im Irak, geladen. Auf dem Weg nach Bremen haben wir Unmengen von dem Zeug gegessen. Und im Persischen Golf waren die Fischer scharf auf Datteln. Mit denen haben wir einen guten Tausch gemacht: Für ein paar Kisten davon bekamen wir säckeweise Krabben.«

Das Leben an Bord war ein Geben und Nehmen. Der Kapitän ließ sich nur selten blicken, meist war er auf der Brücke oder in seiner Kajüte. Mein Vater und die anderen Kadetten bekamen ihn nur beim Ein- und Auslaufen zu Gesicht.

Die jungen Seeleute hatten ihren eigenen Aufenthalts- und Speiseraum, die Kadettenmesse. Und es gab hier, um Gottes willen, Schweinefleisch! Und Alkohol! Für die muslimischen Besatzungsmitglieder wurde zwar extra gekocht, aber mein Vater dachte sich, was soll's, er könne ja nicht immer etwas anderes essen als seine deutschen Kollegen – und griff beim Schweinefleisch zu. »Es schmeckte mir von Anfang an«, sagt er heute. »Nur vor Kassler habe ich mich geekelt.« Das geräucherte Fleisch sah seiner Meinung nach roh aus und roch merkwürdig. Heute isst er selbst Kassler sehr gerne. Mit Grünkohl.

In anderen Dingen zeigte er sich nicht so anpassungswillig. »Alkohol habe ich schon getrunken, abends ein Bier oder zwei, aber nie so viel, dass ich betrunken war.« Und niemals ließ er sich, wie viele seiner Kollegen, tätowieren. Mein Vater mit einer Meerjungfrau auf dem Arm – eine komische Vorstellung.

In der Kadettenmesse wie in ihren Kajüten, wo sie jeweils zu zweit untergebracht waren, hielten sich die Matrosen nur selten auf: Von sechs bis siebzehn Uhr war Dienst angesagt, außerdem mussten sie schon bald auch auf der Brücke Wache gehen und lernen, das Schiff zu navigieren. »Wir hatten Schichten von null bis vier Uhr morgens, von vier bis acht und von acht bis zwölf Uhr. Das wechselte im Wochenrhythmus.« Die ersten beiden Schichten waren die beliebtesten, denn sie zählten komplett als Überstunden.

Bis 1974 fuhr mein Vater in verschiedenen Positionen zur See, mit dem Familienleben war es erst einmal vorbei. »Ungefähr einmal pro Jahr legten wir in Karatschi an, nur dann hatte ich Gelegenheit, meine Eltern und Geschwister zu sehen.« Den Jahresurlaub verbrachte er in Deutschland, und da er – wie viele junge Seeleute – keine Wohnung hatte, kam er auf dem Hansa-Wohnschiff »Alibaba« in Bremen unter. »Dort wurde mir eine Koje zugewiesen, aber meistens war ich sowieso von meinen deutschen Kollegen eingeladen.« Auf diese Weise lernte mein Vater Deutschland kennen, kam nach Wuppertal und Garmisch-Partenkirchen.

Nach Monaten als Decksjunge, Jungmann, Leichtmatrose und Matrose bekam er eine Uniform als Offiziersanwärter und wurde auf verschiedene Schiffe der Hansa-Reederei versetzt. Ihre Namen hörten alle mit »-fels« auf, das war das Erkennungszeichen der Hansa-Schiffe: »Steinfels«, »Marienfels«, »Kybfels«, am Ende wieder die »Goldenfels«. Jetzt machte mein Vater die Abrechnungen für die Heuer der Besatzungsmitglieder und für die Kantine an Bord. Bei den Offizieren kam er gut an, weil er im Gegensatz zu manchen anderen Offiziersanwärtern, insbesondere denen aus Deutschland, nur selten Alkohol trank und seine Arbeit ordentlich machte. »Meine Abrechnungen stimmten immer.«

Seine säuberlich abgehefteten Zeugnisse belegen das. In einer Beurteilung nach dem ersten Berufsjahr bewertet der Kapitän seine »Diensttüchtigkeit« mit »sehr gut«, hinter »Nüchternheit« und »Betragen« steht »stets sehr gut«. Nach einer Fahrenszeit an Bord der »Hohenfels« vermerkt deren Kapitän hinter »Schiffskunde«, »Decksarbeit«, »Signaldienst« und »Brückendienst auf See« ein »Gut«. Nur hinter Rechtskunde notiert er: »Ohne Zensur, da noch keine perfekten Deutschkenntnisse.« Weiter bescheinigt er ihm, den Namen meines Vaters falsch schreibend: »Kazim Hazan fuegte sich sehr schnell in die Bordgemeinschaft ein und ist ein beliebter Kamerad. Seine ehrlichen und erfolgreichen Bemuehungen im Studium der deutschen Sprache muessen besonders anerkannt werden.«

Kein Beruf ohne Schule: Mein Vater sollte 1966/1967 die Seefahrtschule in Bremen besuchen und dort in eineinhalb Jahren sein erstes Kapitänspatent machen. Es war eine ungünstige Zeit: An der Seefahrtschule wurde gestreikt, ein Unterricht war auf absehbare Zeit unmöglich. »Ein Freund von mir, Dieter, und ich entschieden uns, unsere Ausbildung stattdessen in England zu machen.« Die beiden Männer packten ihre Sachen und meldeten sich an einer Seefahrtschule in London an. Mein Vater hatte das deutsche Seefahrtsbuch, damit war ihm ein Aufenthalt in Großbritannien erlaubt, solange er dort nur die Seefahrtschule besuchte und keine andere Arbeit annahm. Er kam bei seinem Halbbruder Wajid Ali Khan und dessen Frau unter, die einige Jahre zuvor nach London ausgewandert waren.

Das Experiment scheiterte: Die Briten pflegten eine andere Tradition in der Seefahrt, sie hatten ihre eigenen, meinem Vater fremden Begriffe. Mein Vater hatte sich inzwischen an die deutsche Sprache gewöhnt, hatte sich die deutsche Seemannssprache angeeignet. Viele Jahre lang sagte mein Vater zum Beispiel »Fullbrass« zu Mülleimer, und ich dachte noch als Jugendlicher, das sei Urdu. Mein Fehler wurde mir erst Jahre später klar, als ich bei der Marine war und ein paar Wochen mit dem Segelschulschiff »Gorch Fock« durch die Welt reiste. Dort wurde das Ausbringen der »Fullbrass« befohlen, einer stinkenden Röhre, durch die Lebensmittelreste ins Meer gekippt werden.

Meinem Vater und seinem Freund Dieter machte die Schule in London keinen Spaß. Die Briten taten ihrer Meinung nach so, als seien sie die Seefahrtnation schlechthin, außerdem war die Ausbildung ganz anders strukturiert als in Deutschland. Deshalb beschlossen sie, wieder bei der Hansa anzuheuern und das Kapitänspatent irgendwann später in Deutschland zu machen. So fuhr mein Vater weiter zur See – bis 1974. Inzwischen war er zweiunddreißig Jahre alt, hatte viel von der Welt gesehen und war ein erfahrener Seemann.

Nur eines fehlte ihm zu einem erfüllten Leben: eine Frau und eine eigene Familie. Er hatte zwar gelegentlich die eine oder andere Freundin in Deutschland gehabt, doch das waren keine Frauen, mit denen er sich ein Leben vorstellen konnte. Und wenn doch, so hätte er sie wohl kaum bei seinen Eltern in Pakistan durchsetzen können – es musste schon eine pakistanische, eine muslimische Frau sein. Seine Eltern und Geschwister hatten sich schon längst ihre eigenen Gedanken gemacht: Sie waren auf Brautschau gegangen und fündig geworden. Die Frau, die sie für eine gute Partie hielten, war jung, schön und lebte bei ihren Eltern in Karatschi: meine Mutter.

Sie riefen meinen Vater nach Hause.

Er sollte kommen, um seine künftige Frau kennenzulernen.

Eine arrangierte Hochzeit

»Du hast mit deiner Frau zusammengelebt, bevor ihr verheiratet wart?«

Vineet und Uday gucken ungläubig, als ich ihnen das Foto von meiner Frau Janna zeige und ihnen sage, dass ich sie 1998 in meiner norddeutschen Heimatstadt Stade kennengelernt und 2005 geheiratet habe.

»Ihr wart schon sieben Jahre vor eurer Hochzeit ein Paar?«, hakt Uday nach, noch bevor ich auf die erste Frage antworten kann.

Vineet fragt: »Hattest du viele Freundinnen? Und deine Eltern hatten nichts dagegen?« Außerdem will er wissen: »Ist deine Frau Deutsche? Ich meine, richtige Deutsche, nicht so wie du?« Er nimmt mir das Foto aus der Hand und schaut es sich noch einmal genau an.

Mit Vineet und Uday habe ich bei einem Aufenthalt in Bombay Bekanntschaft gemacht. Die beiden Männer sind ungefähr in meinem Alter, wurden in Bombay geboren und wuchsen dort auf. Jetzt leben und arbeiten sie in dieser Megastadt, sie sind Verlagsmanager. Beide sind noch unverheiratet.

In ihrer Vorstellung ist das Miteinander der Geschlechter in der westlichen Welt von Erotik, Abenteuer, Romantik und Verruchtheit geprägt. Was sie über die Liebe in Amerika und in Europa zu wissen glauben, haben sie aus Hollywood-Filmen.

Vineet und Uday stammen aus ganz normalen indischen Familien, sind gebildet und wurden als gläubige Hindus erzogen. Aber wenn sie mit mir über Frauen sprechen, und das tun sie oft und gerne, erwarten sie von mir, dass ich ihnen wilde Geschichten aus dem exotischen Deutschland erzähle.

»Nein, weder meine Eltern noch die meiner Frau hatten etwas gegen unsere Hochzeit. Meine Verwandten in Südasien mussten sich zwar daran gewöhnen, dass sie Christin ist und wir viele Jahre unverheiratet zusammengelebt haben, aber am Ende haben sie das akzeptiert. Ein paar waren sogar bei der Hochzeit in Deutschland dabei. Sie haben gesagt: Na, wenigstens ist sie monotheistisch.«

Kaum habe ich das ausgesprochen, ist es mir peinlich – Vineet und Uday sind schließlich Hindus. Sie gucken mich zweifelnd an. Ich räuspere mich und überspiele die Situation, indem ich Gegenfragen stelle: Wie wollt ihr denn eure künftigen Frauen kennenlernen? Warum heiratet ihr nicht einfach diejenige, die euch gefällt? Oder habt ihr euch während eures Studiums nie verliebt?

Betretenes Schweigen für einen Moment, jetzt sind sie es, die sich verlegen räuspern. Ich habe einen wunden Punkt getroffen.

»Jede Ehe ist nur ein Kompromiss«, sagt Uday dann. Eine Beziehung bestehe aus einer Aneinanderreihung von Situationen, in denen einer der beiden Partner sich sagen müsse: Okay, ich nehme mich zurück und lasse dem anderen den Vortritt. »Da ist es wichtig, dass der Ehepartner einen guten Charakter hat. Das ist wichtiger als gutes Aussehen, denn was nützt das Aussehen?«, sagt er. Er klingt sehr überzeugt. Und dann folgt ein Satz, den alle indischen und pakistanischen Eltern ihren Kindern sagen und der in vielen indischen Filmen vorkommt: »Die Liebe kommt später ganz von alleine.«

Partnerwahl ist wohl weltweit Glückssache. Und seit Jahrtausenden überlässt man in Südasien das Glück nicht dem Zufall, sondern seinen Eltern – ob Hindu, Muslim, Sikh, Parse oder auch Atheist. *Arranged marriage*, arrangierte Hochzeit, heißt dieses Modell der Partnersuche, aus dem heute noch wahrscheinlich neunundneunzig Prozent aller Ehen in Pakistan und Indien hervorgehen (die übrigen sind die Beziehungen, über die sich die gesamte Nachbarschaft das Maul zerreißt): Die Eltern suchen den passenden Partner für ihr Kind im Bekanntenkreis, lassen sich von Freunden Empfehlungen geben, durchforsten Hunderte von Anzeigen in den Tageszeitungen oder nutzen die seit ein paar Jahren boomenden Partner-Internetseiten.

Mich wundert, dass die erwachsenen Söhne und Töchter das mitmachen und diese wichtige Entscheidung ihren Eltern überlassen. Außerdem widerspricht das dem täglich in Hollywood- und Bollywood-Filmen vorgeführten Ideal von der ewigen Liebe zwischen schönen Menschen, die – vielleicht nach mühsamem Werben umeinander oder nach Umgehen familiärer, sozialer, wirtschaftlicher Hürden – ohne Hilfe ihrer Eltern oder sogar gegen deren Willen zueinanderfinden.

Vineet und Uday lieben solche Filme. Sie schwärmen für nahezu alle Schauspielerinnen, amerikanische wie indische. »Mann, so eine Frau hätte ich auch gerne«, sagen sie, wenn ihnen eine besonders gefällt. Aber am Ende werden sie doch heiraten, wen Mama und Papa ihnen präsentieren.

»Meine Eltern wissen, was gut für mich ist«, erklärt Vineet. »Außerdem ist es ja nicht so, dass sie mir jemanden vorsetzen und ich ihre Wahl akzeptieren muss. Wenn sie jemanden vorschlagen, kann ich immer noch ablehnen. Oder ich bitte meine Eltern, die Eltern eines ganz bestimmten Mädchens zu fragen. Eines Mädchens, das mir gefällt.« Uday stimmt zu. »Bei uns gibt es viel weniger Scheidungen als bei euch«, sagt er und grinst, als er meinen zweifelnden Blick sieht – aber ich frage ihn nicht, ob er nicht auch glaubt, dass es dafür eine Menge unglücklicher Paare gibt, die nur wegen des familiären Drucks oder aus gesellschaftlichen Zwängen heraus zusammenbleiben. So, wie Vineet und Uday reden, merkt man, dass ihre Eltern gerade eifrig auf Partnersuche sind.

Die beiden haben Glück, viele junge Menschen in Indien und Pakistan trifft es deutlich härter: jene, die von ihren Eltern schon im Kindesalter einem Partner versprochen werden. Sie haben kein Vetorecht. »Auf dem Land ist das vielleicht so, in den Städten nicht«, sagt Uday. »In den Städten gibt es inzwischen auch immer mehr Liebesheiraten.« Er hält einen Moment inne und fügt hinzu: »Aber ich finde diese Entwicklung nicht so gut.«

Wieso sollte er auch, überlege ich, ohne es ihm zu sagen, denn was bleibt ihm nicht alles erspart dank der Dienstleistung seiner Eltern? Er bekommt seine künftige Partnerin auf dem Tablett serviert – kein pubertäres Balzritual, keine Konkurrenzkämpfe um eine Frau, keine peinlichen Anmachen sind nötig, Selbstzweifel und stundenlanges Aufbrezeln vor dem Ausgehen entfallen, Pickel bedeuten keinen Weltuntergang. Und wenn er sich verliebt, regeln die Eltern das. An Romantik scheint ihm nur wenig zu liegen.

Uday und Vineet gucken mich an, als würden sie meine Gedanken lesen. »Glaub bloß nicht, dass es bei uns einfacher wäre als bei euch«, sagt Vineet. »Wir haben auch unsere Probleme, bei uns ist immer der Druck da, spätestens mit dreißig Jahren verheiratet zu sein. Bei Frauen fängt der Stress schon mit fünfundzwanzig an.« Sie erzählen mir, dass ältere Singles oft mitleidige Blicke ernten: Der Arme, hat keine mehr abbekommen! Kriegt wohl nie mehr eine! »Und wenn man endlich verheiratet ist, kommt permanent die Frage: Wo bleibt der Nachwuchs? Furchtbar!«

Uday fügt hinzu: »In Großstädten gibt es zwar immer mehr Singles, die behaupten, sie wollten sich selbst verwirklichen. Das ist gleichbedeutend mit: Sie wollen keinen festen Partner.« Aber gesellschaftlich sei so etwas noch lange nicht akzeptiert.

So neugierig wie Uday und Vineet mich über das deutsche Liebesleben ausfragen, so erstaunt sind meine Freunde in Deutschland, wenn ich ihnen von arrangierten Hochzeiten in meiner pakistanischen und indischen Verwandtschaft erzähle. Manche fragen ungläubig nach: »Wie, deine Eltern kannten sich nicht, als sie heirateten?«

Nein, sie kannten sich so gut wie überhaupt nicht, antworte ich und versuche einen Ton zu treffen, der deutlich macht, dass das in vielen Teilen der Welt so üblich ist.

»Ihre Eltern und Geschwister haben sie füreinander ausgesucht?«

Könnte man so sagen.

»Und sie sind immer noch verheiratet?«

Ja, seit mehr als fünfunddreißig Jahren.

»Und lieben sie sich?«

Nach meiner Wahrnehmung so, wie sich die meisten Eltern meiner gleichaltrigen Freunde auch lieben. Kein Unterschied.

Meine deutsche innere Stimme sagt gelegentlich: Partnervorgabe von den Eltern? Niemals! Wieso sollten Eltern darüber entscheiden, mit wem ich, wenn's gut läuft, den Rest meines Lebens verbringe? Gott sei Dank haben sie sich nie – zumindest nie offensichtlich – auf Partnersuche für mich gemacht. Wenn ich höre, was Pakistaner und Inder, aber auch Türken mir erzählen, die in Deutschland aufgewachsen sind, danke ich meinen Eltern inständig dafür, dass sie sich kulturell so sehr den westlichen Gebräuchen angepasst haben.

Prompt erschrecke ich über meine selbstgerechte Haltung, und meine südasiatische innere Stimme lässt sich vernehmen: Woher nehme ausgerechnet ich mir das Recht, die Lebensweise und die Traditionen von Millionen von Menschen zu verurteilen? Natürlich gibt es gruselige Fälle von vierzig-, fünfzig-, sechzigjährigen Männern, die sich eine Zehnjährige zur Frau nehmen. Von Menschen, die sich nicht lieben, die aber trotzdem von ihren Familien zur Heirat gezwungen werden. Aber was ist mit meinen unzähligen Cousins und Cousinen, die in aller Welt verstreut leben, aber einen sehr südasiatischen Lebensstil pflegen? Wer von ihnen verheiratet ist, hat seinen Partner mit freundlicher Unterstützung der Familie gefunden – und alle erzählen, es gehe ihnen bestens. Über meine »deutschen Bedenken« lachen sie. »Du bist halt ganz anders aufgewachsen als wir«, meinen sie. Und es klingt überhaupt kein Vorwurf darin mit.

Was wohl aus mir geworden wäre, wenn mich meine Eltern in Pakistan erzogen hätten? Vielleicht lebte ich heute in einem großen, weiß verputzten Haus mit einer mir von der Verwandtschaft präsentierten pakistanischen Frau und mindestens vier Kindern am Stadtrand von Karatschi, hätte Hausangestellte und keine Ahnung von Deutschland. Wer weiß das schon?

Aber was, wenn sie mich streng islamisch erzogen hätten – in Deutschland? Wenn sie mir irgendwann eine Frau präsentiert und gesagt hätten: Die heiratest du jetzt. Hätte ich rebelliert oder mich meinem Schicksal gefügt?

Bei solchen Gedanken bin ich am Ende doch froh, dass meine Eltern mich sehr westlich erzogen haben. Ich frage mich: Wie haben sie es bloß geschafft, sich so zu verändern? Was hat dazu geführt, dass sie die Art und Weise ihres eigenen Zusammenkommens nie auf ihre Kinder, auf meine Schwester und mich, übertragen haben?

Je mehr ich darüber nachdenke, desto mehr erstaunt mich, dass die ersten Lebensjahrzehnte meiner Eltern so anders verlaufen sind als meine eigenen. Und dass sie uns einen so gänzlich anderen Lebensweg ermöglicht haben als den, den sie selbst gegangen sind. Dabei hatten sie ja keine schlechte Kindheit und Jugend, nur eine ganz andere als wir. Es mangelte ihnen an nichts. Und wenn es um Geschichten von früher, ums Essen, um die Sprache Urdu oder um ihre Kindheitserinnerungen geht, haben sie uns viel mitgegeben.

Ich frage meine Eltern selbst: »Kanntet ihr euch wirklich überhaupt nicht, bevor ihr geheiratet habt?«

»Doch, wir haben uns ein paar Mal vor der Hochzeit getroffen. Aber kennen wäre zu viel gesagt, wir haben uns nur kurz gesehen.« Meine Mutter denkt nach und versucht, sich zu erinnern. »Wer weiß, ob ich ihn überhaupt geheiratet hätte, wenn ich ihn besser gekannt hätte«, sagt sie und lacht.

Für das Zusammenkommen hatten die Geschwister meiner Eltern gesorgt. Safia, die Schwester meines Vaters, war eine Kollegin von Suraiya, der Schwester meiner Mutter, sowie deren Mann. Sie alle arbeiteten bei Radio Pakistan.

Welche Seite nun im Sommer 1973 den ersten Schritt machte, darüber gehen die Erzählungen in der Verwandtschaft auseinander. Fest steht jedenfalls: Es kam zu zwei, drei sorgfältig vorbereiteten Treffen, bei denen, wie es sich gehört, auch die Geschwister dabei waren.

»Wie war das?«, frage ich meine Eltern.

»Ach, na ja, er gefiel mir ganz gut«, ist alles, was meine Mutter verrät.

»Ja, sie gefiel mir ganz gut«, sagt auch mein Vater.

Das ist alles, was ich zu diesem Thema aus ihnen herausbekomme.

»Drum prüfe, wer sich ewig bindet, ob sich das Herz zum Herzen findet«, schrieb Friedrich Schiller in seinem Gedicht ›Die Glocke‹ – in manchen Kulturen müssen eben wenige Treffen ausreichen, um zu prüfen, wie es um die Herzen steht. Mindestens genauso wichtig wie die Frage, ob die beiden jungen Leute zueinander passten, war: Passten die Familien zusammen? Da beide Familien ihre Wurzeln im Norden Indiens hatten, also Mohajirs waren, muslimische Flüchtlinge aus Indien, beide schiitischen Glaubens waren, beide Wert auf ihre gute Herkunft und auf Bildung legten – was sollte da noch schiefgehen?

In Südasien heiratet man immer unter seinesgleichen. Der soziale Status sollte dem der eigenen Familie entsprechen. Die regionale Herkunft spielt auch eine Rolle: Ein Mann, der in Karatschi lebt, dessen Familie aber ursprünglich aus Nordindien stammt, wird mit großer Wahrscheinlichkeit mit einer Frau verkuppelt, deren Familie ebenfalls aus Nordindien ausgewandert ist – am besten aus demselben Dorf, was aber nur in den seltensten Fällen klappt.

Ein Seemann also, der auf einem deutschen Schiff fährt. Deutschland. Europa. Wieso eigentlich nicht?, dachte sich meine Mutter. »Es gab ja immer noch die Möglichkeit, später nach England oder in die USA umzuziehen, wenn es mir in Deutschland nicht gefällt. Eigentlich war das sowieso mein Ziel, für mich war Deutschland nur als Übergangsstation geplant.« Bislang hatte sie keinen Schritt aus ihrer Geburtsstadt heraus gemacht und nun stand ihr, sollte sie sich für diesen Mann entscheiden, Deutschland offen. »In den amerikanischen Spielfilmen waren die Deutschen damals immer die Bösen, wie später die Russen, aber ich hatte trotzdem keine schlechte Meinung von ihnen«, sagt sie. Sie überlegt kurz und fügt hinzu: »Eigentlich hatte ich gar keine Meinung.«

Schwerer wog die Tatsache, dass der Mann zur See fuhr. Sie musste sich also darauf einstellen, künftig immer wieder monatelang alleine zu sein, während ihr Mann in der Welt unterwegs war. Noch dazu in Deutschland, wo sie niemanden kannte, wo die Kultur so fremd war? »Mir machte dieser Gedanke keine Angst. Vielleicht war das naiv, aber ich habe mir wirklich keine Sorgen gemacht.«

In der Familie meiner Mutter gibt es noch eine andere Version der Geschichte vom Zusammenkommen meiner Eltern: Demnach traf mein Vater meine Mutter schon Anfang 1973 während eines Urlaubs, ließ dann aber über ein Jahr lang nichts von sich hören. Er wartete ab – ohne die Zustimmung seiner Familie wollte er nicht heiraten. Seine Schwestern prüften, ob sich nicht doch eine andere Frau für ihren Bruder fand. Sie waren sehr, sehr kritisch – und für ihren kleinen Bruder war keine Frau gut genug.

Manche in der Familie meiner Mutter tragen das den Schwestern meines Vaters heute noch nach.

»Das war nicht sehr nett«, sagen sie.

Meine Mutter war ärgerlich darüber, so lange nichts zu hören – und schrieb ihn in Gedanken ab; sie ahnte nicht, dass er sich eigentlich längst für sie entschieden hatte und nur die Schwestern noch zögerten.

Eines Tages räumte eine Schwester meiner Mutter Altpapier weg, da flog aus dem Stapel Zeitungen ein Foto meines Vaters heraus: ein junger Mann in Marineuniform.

»Das ist deins«, sagte die Schwester und gab meiner Mutter das Bild, das beim ersten formellen Treffen überreicht worden war.

»Was soll ich damit? Ich will es nicht!«, antwortete meine Mutter verärgert und warf das Foto von sich.

Schon flog das Bild durch die Hände der Geschwister, die, durch die barsche Reaktion neugierig geworden, alle einen Blick auf das Foto werfen wollten.

Am Ende landete es mit den Zeitungen im Müll.

Mein Vater in Marineuniform – mit diesem Bild warb er um meine Mutter

Zufälligerweise meldete sich mein Vater ein paar Tage danach bei meiner Mutter, um sie erneut um ein Treffen zu bitten. Meine Mutter zögerte, stimmte dann aber doch zu. Dieser Geschichte zufolge kam es erst sehr lange nach dem ersten Treffen zu einem offiziellen Heiratsantrag.

Wie auch immer es sich zugetragen hat – beide Seiten erklärten sich einverstanden. Erst jetzt informierten die Geschwister von Nasreen und Hasan jeweils ihre Eltern. An den Eltern meines Vaters lag es nun, den nächsten Schritt zu machen: Telefonisch baten Kazim Ali Khan und Afsar Begum um einen Termin bei den Eltern meiner Mutter.

Am Tag der Verabredung kam Manzoor Ali Naqvi absichtlich zu spät von der Arbeit zurück. Er blieb einfach im Büro. Was fiel seiner Tochter nur ein? Warum musste sie unbedingt heiraten? Nun saßen da die Eltern irgendeines Burschen in seinem Wohnzimmer und hielten um die Hand seiner Tochter an!

Qamar Jehan war ärgerlich. Wo blieb er nur? Er wusste doch, dass er pünktlich zu Hause sein sollte. Meine Mutter bekam von alldem nichts mit – sie saß oben mit ihren Schwestern in ihrem Zimmer und wartete darauf, dass die Sache irgendwann vorbei war.

Erst spät, als es schon dunkel war, wagte Manzoor Ali Naqvi sich nach Hause, in der Hoffnung, dass die Eltern des Jungen wieder verschwunden wären. Er schlich um das Haus herum, ging in den Garten und schaute durchs Fenster ins Wohnzimmer – da saßen sie immer noch, ein älterer Herr mit seiner Frau. Aber wer war denn das? Kannte er den Mann nicht? Er betrat das Haus zur Verwunderung seiner Frau und der Gäste durch den Terrasseneingang.

»Kazim Ali Khan? Was machen Sie denn hier?«

Mein Großvater, der nervös auf dem Sofa dieser fremden Leute saß, war verblüfft. »Ach, Manzoor Ali Naqvi, was für eine Überraschung! Ich wusste gar nicht, dass wir bei Ihnen zu Besuch sind!«

Die beiden kannten sich tatsächlich – schließlich standen beide im Dienst der Stadt Karatschi und man war sich bei der einen oder anderen Gelegenheit schon begegnet. In beiden Familien waren die Namen der Eltern zwar genannt worden, doch keinem war bewusst geworden, dass man sich flüchtig kannte.

Gemeinsam verbrachten sie noch einige Stunden im Wohnzimmer und sprachen über ihre Kinder. Manzoor Ali Naqvi entschuldigte sich für sein Zuspätkommen und verwies auf die Arbeit, die noch hatte erledigt werden müssen.

»Was meinst du?«, fragte Qamar Jehan am späten Abend ihren Mann, als die Eltern meines Vaters nach Hause gefahren waren.

»Was soll ich schon sagen?«, antwortete Manzoor Ali Naqvi mürrisch. »Ihr habt euch doch längst ohne mich entschieden.«

So stimmte auch er der Hochzeit meiner Eltern zu.

Es wurde ein wunderschönes Fest. Die Familien des Paares griffen tief in die Taschen, um die Hochzeit zu finanzieren. Eine der Feiern bezahlte mein Vater selbst, denn das Geld, das er bisher als Seemann verdient hatte, hatte er größtenteils zurückgelegt. Während der langen Reisen blieb keine Zeit, etwas auszugeben.

Mein Vater hatte mehrere Wochen Urlaub genommen, um Anfang Januar, rechtzeitig zu den Feierlichkeiten, zu Hause bei seinen Eltern zu sein. Viel zu tun gab es für ihn ohnehin nicht – die Hochzeitsvorbereitungen trafen die Eltern und Geschwister des Paares.

Vier Tage lang wurde im Januar 1974 in Karatschi gefeiert: Bei der ersten Party fand sich die große Verwandtschaft aus der ganzen Welt ein, das künftige Ehepaar und die Gäste kleideten sich traditionell komplett in Gelb.

Am Tag darauf wurde im Haus der Brauteltern *Mehndi* gefeiert. Die Hände und Arme der Braut wurden kunstvoll mit Henna verziert. Die Farbpaste musste mindestens eine Stunde einwirken, damit das Muster auch wirklich ein paar Tage hielt, danach durfte meine Mutter die überschüssige Farbe abreiben. Auch viele der weiblichen Gäste schmückten ihre Hände mit Henna.

Der Bräutigam kam mit seiner Verwandtschaft zur Braut, Afsar Begum beschenkte ihre künftige Schwiegertochter mit Gold und schwerem Schmuck, als Zeichen dafür, dass sie nun als neues Familienmitglied, als Tochter akzeptiert war.

»Ich habe den Schmuck nur während meiner Hochzeit getragen, danach nie wieder. Aber ich habe ihn natürlich noch«, sagt meine Mutter und zeigt mir prächtige Ketten, Armbänder und Ringe, die sie üblicherweise in einem Bankschließfach aufbewahrt. Seit sie in Deutschland lebt, gibt es kaum Gelegenheit, solch pompösen Schmuck zu tragen. Einige Stücke hat sie meiner Schwester zu deren Hochzeit geschenkt.

An Mehndi mussten meine Eltern einiges ertragen: Zu speziellen Liedern tanzten die Gäste der Reihe nach um das Brautpaar herum, steckten ihm Geld zu und fütterten Braut und Bräutigam mit Süßigkeiten, Keksen und Kuchen. Manche Gäste bewarfen das Paar regelrecht mit Geld und Süßigkeiten. Ich glaube, Mehndi ist ein Fest, bei dem die Gäste mehr Spaß haben als Braut und Bräutigam.

Am dritten Tag folgte die eigentliche Hochzeit, *Shaadi*, zu der traditionsgemäß die Brauteltern einladen. Manzoor Ali Naqvi und Qamar Jehan ließen Einladungskarten drucken und verschickten Hunderte davon an Gott und die Welt, in Weiß und Rosé gehaltene Doppelkarten mit Goldrand und in roter Schrift mit »Wedding« beschriftet. Der Text ist, wie zu solchen Anlässen üblich, sehr förmlich gehalten: »Frau und Herr Manzoor Ali Naqvi würden sich über Ihre Gesellschaft bei der Hochzeit ihrer Tochter Nasreen mit Hassan Kazim, Sohn von Frau und Herrn Kazim Ali Khan, freuen.« Den Namen meines Vaters schrieben sie falsch: mit doppeltem S anstatt mit einem.

Meine Eltern heirateten nach muslimischem Ritual – *Nikah* genannt. Sie ersparten sich einen Besuch in einer Moschee, die Zeremonie fand im Hotel Intercontinental in Karatschi mit rund dreihundert Gästen statt. Die Geistlichen kamen ins Hotel und ließen meine Eltern, die noch in getrennten Räumen saßen, den amtlichen Ehevertrag unterschreiben und fragten sie unter Zeugen, ob sie in die Ehe einwilligten. In dem Vertrag wurde auch festgelegt, welche Summe mein Vater meiner Mutter im Falle einer Scheidung zahlen muss.

In dem Koffer, in dem meine Mutter ihre Schulzeugnisse aufbewahrt, liegt auch dieser Ehevertrag, ein Dokument in Heftform, das in Urdu verfasst ist und daher von rechts nach links gelesen wird, geblättert wird von hinten nach vorne. Das Deckblatt ist mit bunten Blumen bedruckt. Es existiert außerdem eine beglaubigte Übersetzung dieses Dokuments, die im Oktober 1974 in Oldenburg angefertigt wurde, damit meine Eltern gegenüber den deutschen Behörden ihre Heirat nachweisen konnten.

Der »Heiratsvertrag«, wie er betitelt ist, liest sich durchaus amüsant. Von beiden Partnern sind die Namen (auch hier ist der Vorname meines Vaters durchgängig falsch geschrieben, diesmal »Hason«), Berufe (bei meinem Vater steht »Militärdienst«, obwohl er nie beim Militär war, bei meiner Mutter steht »Hausfrau«), Religion (»Shia«), Anschrift sowie Vormund (jeweils der Vater) angegeben. Bei meinem Vater steht außerdem: »Haben Sie noch eine andere Frau: nein«, bei meiner Mutter: »Noch nicht verheiratet gewesen oder Witwe«.

Eine »Mitgift« ist auf »Rs. 25.000,–, in Worten: fünfundzwanzigtausend Rs.« festgelegt, wobei das Wort falsch übersetzt ist: Es handelt sich nicht um die Summe, die einer der Partner in die Ehe einbringen muss, also um die eigentliche Mitgift, sondern um jenen Betrag, den mein Vater meiner Mutter zahlen muss, wenn er sich von ihr trennt.

Meine Mutter merkt spitz an, dass ihre Schwester Suraiya, die ein paar Jahre vor ihr geheiratet hatte, hunderttausend Rupien in ihrem Vertrag stehen hat.

»Da bin ich gut weggekommen, was?«, sagt mein Vater amüsiert und lacht.

Damals war die pakistanische Rupie noch viel wert, die vereinbarte Summe, die mein Vater hätte zahlen müssen, entsprach mehr als sechstausend Mark. Heute sind fünfundzwanzigtausend Rupien nur noch etwa zweihundertfünfzig Euro wert. Nach pakistanischem Recht könnte er sich für diesen Betrag scheiden lassen. Weitere Ansprüche hätte meine Mutter nicht – keine Unterhaltszahlungen, nichts.

Die eigentliche Mitgift, die meine Mutter in die Ehe einbrachte, bestand aus ein paar Möbeln. »Die Mitgift liegt ganz im Ermessen der Brauteltern«, sagt sie mir. Suraiya, die so etwas wie die Verhandlungsführerin meiner Mutter war, versprach der Familie meines Vaters, man würde exklusive Möbel von einem der besten Tischler in Karatschi anfertigen lassen. Aber dann wurde Suraiya klar, dass das ja gar nicht nötig war – das Paar würde sowieso bald ins Ausland gehen und sicher keine Möbel mitnehmen. Wozu also teure Stücke als Mitgift?

Sie bestellte im Auftrag ihrer Eltern günstigere Sachen, ohne die Änderung des Deals der Familie meines Vaters mitzuteilen. Eine Schwester meines Vaters soll das später kritisch angemerkt haben.

Meine Mutter erinnert sich, dass sie ihren Mann an diesem Tag erst nach dem Unterzeichnen des Ehevertrags sehen durfte. »Wir wurden jeweils von unseren Familien in den Festsaal geführt und durften dort auf einer Bühne nebeneinander Platz nehmen.« Das Paar wurde mit Jubel und Gesang begrüßt.

Doch viel zu sehen gab es für die beiden nicht: Das Gesicht meines Vaters war von einem Vorhang aus Rosen verdeckt, meine Mutter hatte, wie es sich für eine Braut gehört, den Schleier ihres roten Saris tief ins Gesicht gezogen. Sie blickte ohnehin die ganze Zeit etwas verschämt nach unten. Nur aus den Augenwinkeln konnte sie hier und da einen Blick auf ihren Mann und auf die Festgesellschaft werfen. Meinem Vater in seinem *Sherwani*, einem Anzug aus knielanger Jacke und enger Hose, war es immerhin vergönnt, im Laufe des Abends den Rosenvorhang abzunehmen.

Das Chaos von Karatschi setzte sich auch am Tag der Hochzeit fort. Es war, wie so oft, zu Gewalt zwischen Sunniten und Schiiten gekommen. »Als wir zum Hotel fuhren, sahen wir, wie ein Tanklastzug in Brand gesetzt wurde und explodierte«, erinnert sich Tante Safia. »Benzin war ausgelaufen und es brannte auf der ganzen Straße. Wir mussten den Flammen ausweichen und sind so schnell wie möglich zum Hotel gerast.« Manche Gäste waren daher alles andere als entspannt zur Hochzeit erschienen. Andererseits: Sie kannten das Leben in Karatschi, wussten, dass Gewalt, Verbrechen, Naturkatastrophen, Stromausfälle und Wassermangel in dieser Stadt gottgegeben sind. Wozu sich über Explosionen aufregen, wo doch so köstliches Essen aufgefahren wurde?

Hochzeitsfoto meiner Eltern

Meine Eltern bekamen von der Aufregung in der Stadt nichts mit, sie waren mit ihrer eigenen Aufregung beschäftigt. In den Gesichtsausdruck meiner Mutter mischte sich eine gute Portion Trauer: darüber, dass sie mit ihrer Hochzeit ihre Familie verließ und von nun an zur Familie ihres Mannes gehörte. Dieser Ausdruck ist auf den Hochzeitsfotos verewigt.

Eine wohl noch tiefere Trauer erfasste Manzoor Ali Naqvi: Von nun an hatte er keinen Einfluss mehr auf das Leben seiner Tochter. Fortan schrieb meine Mutter in Formularen im obligatorischen Feld »Vater oder Ehemann« – dieses Feld füllen Frauen in pakistanischen und indischen Formularen bis heute aus – einen anderen Namen als bisher, nämlich den ihres Mannes. Und sie selbst legte mit der Hochzeit ihren Familiennamen ab: Von nun an hieß sie nicht mehr Nasreen Manzoor Ali, sondern Nasreen Kazim.

Nach dem Essen, nach Tanz und Gesang, folgte am späten Abend die *Rukhsati*-Prozedur: Erstmals verlässt das Paar, nun offiziell verheiratet, gemeinsam eine Feier. Rukhsati symbolisiert den Auszug aus dem Elternhaus und den Einzug der Braut ins Haus ihres Mannes oder ihrer Schwiegereltern. Der Hochzeitsdramaturgie zufolge dürfen Braut, Brauteltern und Freundinnen der Braut an dieser Stelle ein paar Tränen vergießen.

Manche Paare ziehen nach der Hochzeit in ein eigenes Haus oder in eine eigene Wohnung. Sie müssen es sich allerdings leisten können, finanziell sowieso, aber auch sozial, denn nicht alle Familien tolerieren das. Üblich ist immer noch das Zusammenleben in der Großfamilie, mit drei oder gar vier Generationen unter einem Dach. Und immer zieht die Frau zur Familie des Mannes – niemals umgekehrt.

Gelegentlich feiern Paare Rukhsati erst ein paar Tage oder gar Wochen nach der Heirat, wenn beispielsweise die neue gemeinsame Wohnung noch nicht bezugsfertig ist oder der Ehemann so weit weg wohnt, dass für den Umzug noch einiges vorzubereiten ist. Für meine Eltern stand das Haus von Kazim Ali Kahn und Afsar Begum offen – allerdings nicht mehr das Chattar Manzil. Das hatte mein Großvater Mitte der Sechzigerjahre verkaufen müssen, um die Schulden aus seinem aristokratischen Lebenswandel zu tilgen, sehr zum Ärger von Afsar Begum. Was von dem durchaus üppigen Verkaufserlös übrig blieb, investierte er in ein paar kleine Wohnungen, eine davon bezog die Familie selbst. Das alles geschah, als mein Vater längst zur See fuhr.

Erst Anfang der Siebzigerjahre ging es bei Kazim Ali Khan finanziell wieder aufwärts, er hatte inzwischen ein Alter erreicht, in dem er weise geworden war und einen verschwenderischen Lebensstil für unsinnig hielt. Ein paar Autominuten vom Chattar Manzil entfernt kaufte er ein Grundstück und baute ein zweistöckiges großes Haus – es ist das Haus meiner Großeltern, das ich kenne.

Hier sollte meine Mutter wohnen, bis mein Vater den Papierkram für ihre Einreise nach Deutschland erledigt und das Flugticket besorgt haben würde. Bis zum Umzug nach Deutschland würde mein Vater allerdings die meiste Zeit auf dem Schiff sein, Anfang März endete sein Urlaub. Meine Mutter musste sich darauf einstellen, einige Monate ohne ihren Mann in einer neuen Familie leben zu müssen.

Meine Eltern feierten eine eher moderne Form von Rukhsati. Sie verließen die Festgesellschaft nicht in Richtung Elternhaus meines Vaters, sondern hatten sich eine Hochzeitssuite im Hotel gemietet.

Eine Feier stand jetzt noch aus: *Valima*, die von den Eltern des Bräutigams organisierte Begrüßung der Braut im Hause ihrer neuen Familie. Kazim Ali Khan und Afsar Begum hatten die Gästeliste zusammengestellt und waren auf etwa siebenhundert Namen gekommen. Sie sahen keine Chance, diesen Andrang in ihrem neuen Haus zu bewältigen, und luden deshalb ebenfalls ins Hotel Intercontinental ein. Auch sie verschickten Hunderte Karten, grüne Klappkarten mit goldenem Muster und goldener »Wedding«-Aufschrift. Diesmal freuten sich »Frau und Herr Kazim Ali Khan über die Gesellschaft von«, und hier ist der Name des Eingeladenen handschriftlich eingetragen, »bei der Hochzeitszeremonie ihres Sohnes Hasan Kazim mit Nasreen, Tochter von Manzur Ali«. In dieser Einladung ist der Name des Brautvaters falsch geschrieben.

Daraus ließe sich nun die Geschichte konstruieren von zwei Familien, die sich nicht mögen und nicht einmal gegenseitig ihre Namen richtig schreiben können oder es sogar absichtlich falsch tun – aber es wäre eine erfundene Geschichte. Wahrscheinlich hatte die Sache damals keine Bedeutung: Wen interessiert die Schreibweise eines Namens, wenn selbst das Geburtsdatum eines Menschen egal ist? Die Fehler mögen aus der Übertragung aus der arabischen in die lateinische Schrift herrühren. Vielleicht war es auch einfach nur südasiatische Ungenauigkeit. Jedenfalls haben die Eltern des Hochzeitspaares einander die falsch geschriebenen Namen nicht verübelt. Mich würde nicht wundern, wenn sie ihnen nicht einmal aufgefallen wären.

Drei Tage nach der Hochzeit traf sich die Festgesellschaft also zu Valima am gleichen Ort wieder. Und wieder gab es Essen, Tanz, Gesang. »An Valima wird Essen und Geld an Bettler verteilt«, erzählt meine Mutter. »An diesem Tag sollen sie an der Freude des Hochzeitspaares teilhaben.«

Es waren schöne, aber anstrengende Tage. Alkohol floss keiner oder jedenfalls nicht öffentlich. Der eine oder andere mag sich an der Hotelbar vielleicht doch einen Whisky genehmigt haben.

Meine Mutter packte ein paar Tage nach der Hochzeit einen großen Koffer mit ihrer Kleidung und zog von einem Ende von Karatschi zum anderen. Von nun an lebte sie bei ihren Schwiegereltern. Sie nahm sich gleichwohl die Freiheit zu tun und zu lassen, was sie wollte – und so verbrachte sie zwischendurch ein paar Tage bei ihren Eltern. Mein Vater packte ebenfalls wieder seinen Koffer: Am 9. März 1974 verließ die »Steinfels« Karatschi und er musste mit.

Da saß meine Mutter nun, verheiratet zwar, aber doch alleine, bei diesen immer noch fremden Leuten. Ihre Schwiegereltern, Schwägerinnen und Schwäger waren fürsorglich und freundlich, mischten sich aber auch erwartungsgemäß in ihr Leben ein. Was trägst du da für Klamotten? Ist es dafür nicht zu kalt? Du isst zu wenig! Warum willst du unbedingt ins Ausland? Weshalb bleibst du nicht lieber hier? Die Schwiegerfamilie unterschied sich von ihrer eigenen vor allem darin, dass sie in religiösen Dingen konservativer war. Die Besuche bei ihren eigenen Eltern sahen ihre neuen Angehörigen nicht gern. Es gehörte sich eben nicht, die neue Familie immer mal wieder allein zu lassen. Doch meiner Mutter war das egal.

Ein Gedanke allerdings heiterte sie auf: Bald schon würde sie ihren Mann wiedersehen. Mein Vater hatte ihr versprochen, dass sie ihn auf dem Schiff begleiten könne, er müsse das nur mit der

Reederei klären. Die ersehnte Nachricht kam schnell: Im Mai würde das Schiff in Dubai festmachen, dorthin könne sie reisen und dann ein paar Wochen an Bord bleiben. Dubai! Das erste Mal in ihrem Leben würde sie aus Karatschi herauskommen.

Die Zeit bis Mai verging rasch, ständig besuchten sie Freundinnen, die mit ihr über die Hochzeit und über ihre Zukunft reden wollten, sie gingen ins Kino und genossen das Leben. Meine Mutter lernte viele neue Verwandte meines Vaters besser kennen und unternahm viel mit seinen Schwestern und Cousinen.

Und dann war der ersehnte Tag endlich da: Sie saß zum ersten Mal in ihrem Leben in einem Flugzeug, auf dem Weg von Karatschi nach Dubai. Ein Agent der Hansa-Reederei holte sie am Flughafen ab und brachte sie in ein Hotel – die »Steinfels« hatte noch keinen Liegeplatz zugeteilt bekommen und musste vier Tage vor der Küste von Dubai ankern. Da hockte meine Mutter nun alleine in Dubai, erstmals weit weg von zu Hause, und wartete auf die »Steinfels«. Das Schiff sollte für die kommenden Wochen ihr Zuhause sein.

Was für ein Schritt: Eine Frau, die ihr Leben lang in Karatschi bei ihren Eltern und ihrer Familie gelebt hat, reist zu ihrem Ehemann, den sie kaum kennt, begibt sich in die Welt der Seeleute, die ihr komplett fremd ist.

Sie begegnete erstmals Deutschen, hörte ihre merkwürdige Sprache, bekam deren Essen vorgesetzt. Mein Vater war der Vierte Offizier, ab dem Dritten Offizier aufwärts waren alle Deutsche. Insgesamt siebenundvierzig Männer arbeiteten auf dem Schiff. Heute fahren selbst die größten Frachtschiffe nur noch mit durchschnittlich fünfzehnköpfiger Besatzung. Siebenundvierzig Männer – und meine schöne Mutter, zweiundzwanzig Jahre alt.

Die meisten Crewmitglieder waren Pakistaner, sodass meine Mutter, wann immer sie das Bedürfnis nach Heimat, nach einem Plausch auf Urdu hatte, mit ihnen reden konnte. »Möchten Sie gerne pakistanisches Essen, Baji?«, fragte sie einer der Pakistaner, und meine Mutter war froh, vom Steward ab und zu *Biriyani* –

duftenden Bratreis – auf ihre Kajüte gebracht zu bekommen und dem deutschen Essen in der Offiziersmesse zu entgehen. Wie mein Vater hatte auch sie ihre erste Begegnung mit Schweinefleisch auf einem Schiff, hielt sich aber mit dem Probieren zurück. Alkohol schmeckt ihr bis heute nicht.

»Komm, wir bringen dir Deutsch bei«, schlugen ihr irgendwann der Schiffsingenieur Uwe Teerling und ein Steward namens Wolfgang vor. Beide sprachen gut Englisch und unterhielten sich daher häufig mit ihr. »Uwe und Wolfgang – das waren für mich sehr merkwürdige Namen«, sagt meine Mutter. »Wolfgang klang so fremd und bei Uwe wusste ich nicht einmal, wie man das buchstabieren sollte.« Als sie diese Namen zum ersten Mal geschrieben sah, las sie: »Wulfgäng« und »Iuw«.

Wie zu erwarten lernte meine Mutter von den Männern vor allem Schimpfwörter und derbe Seemannssprüche. »Alles Scheiße« ist ein Ausdruck, der ihr aus dieser Zeit an Bord der »Steinfels« in Erinnerung geblieben ist. Sie sah in einer Zeitschrift das Wort »etwas« und hielt es für die deutsche Version von »it was«, also »es war«. »Quatsch«, sagten ihre bordeigenen Deutschlehrer – und widmeten sich lieber wieder den Schimpfwörtern. Es sollte noch einige Jahre dauern, bis meine Mutter den ersten richtigen Deutschunterricht bekam.

Mein Vater musste häufig nachts Wache gehen und meine Mutter begleitete ihn auf die Brücke. »Das war eine schöne Zeit, oft waren der Kapitän und ein weiterer Offizier dort und unterhielten sich mit uns. Sie erzählten mir einiges von Deutschland. Zwischendurch kam immer wieder ein Steward vorbei und brachte belegte Brötchen, Tee und Kaffee.«

Die »Steinfels« lief in dieser Zeit irakische, iranische und kuwaitische Häfen an und blieb jeweils für einige Tage. Damals wurden die Liegezeiten noch in Tagen gerechnet, nicht in Stunden wie heute, wo Seeleute kaum noch die Chance auf einen Landgang haben. Es blieb also genügend Zeit, die Gegenden jenseits der Häfen zu erkunden.

Irak, Iran, Kuwait waren Mitte der Siebzigerjahre äußerst attraktive Reiseziele, mit wunderschönen Märkten und Basaren, auf denen es noch buntere Stoffe, noch üppigeren Schmuck, noch süßere Früchte zu kaufen gab als in Pakistan. Iran hatte die islamische Revolution noch nicht erlebt, der Schah von Persien regierte und Irak und Iran führten noch keinen Krieg gegeneinander. Meine Mutter genoss ihren ersten Ausflug in die weite Welt. An Bord feierte sie im Juni ihren dreiundzwanzigsten Geburtstag, die Besatzung schenkte ihr eine große Dose englischer Pralinen: »Quality Street«, ihre Lieblingsmischung. Hatte sie Heimweh? »Nein.«

Am meisten erstaunte meine Mutter die Mode in Kuwait. »Die Frauen trugen extrem kurze Miniröcke, es waren eben die Siebziger.« Dort gefielen den Besatzungsmitgliedern die Ausflüge an Land besonders gut. »Einmal gingen sie in eine Parfümerie, wo die Verkäuferinnen alle Miniröcke trugen.« Die Flakons, erinnert sie sich, waren in einem Regal bis zur Decke aufgereiht. Die Männer ließen sich mit Vergnügen die Parfüms aus den obersten Regalen zeigen. Mein Vater traute sich solche Späße natürlich nicht, was sollte seine gerade angetraute Ehefrau von ihm denken?

Auch Irak und Iran waren moderne Gesellschaften, die Menschen lebten ein freies Leben, machten einen glücklichen Eindruck. Wann immer meine Eltern von dieser Zeit erzählen, habe ich das Gefühl, sie reden von zwei ganz anderen Ländern als jenen, die ich unter den Namen Irak und Iran kenne. Diese Länder sind Beispiele dafür, was die unheilvolle Kombination von schlechten Politikern, religiösen Fanatikern und Weltmachtinteressen anrichten kann.

Mit der Zeit sah man meiner Mutter ihren Kugelbauch an: Sie war schwanger. Im Juli 1974 war dieser Umstand so deutlich sichtbar, dass der Kapitän sie bat, das Schiff möglichst bald zu verlassen. Sie brauche medizinische Versorgung und er könne nicht die Verantwortung für eine schwangere Frau an Bord übernehmen. Meine Mutter hatte nach drei Monaten auf See ohnehin genug vom Leben auf dem Wasser. Sie verabschiedete sich noch im Juli, als die »Steinfels« in Karatschi einlief. »An meinem letzten

Tag an Bord gab es eine Grillparty. Der Kapitän hatte Schüler der Deutschen Schule zu einem Empfang eingeladen, lauter Zehnjährige tobten auf dem Schiff herum.«

Es sind Erinnerungen an längst vergangene Zeiten. Die »Steinfels« ist verschrottet, die Deutsche Dampfschifffahrtsgesellschaft Hansa pleite und auch die Deutsche Schule in Karatschi gibt es seit 2001 nicht mehr.

Kürzlich habe ich den Schiffsingenieur Uwe Teerling ausfindig gemacht. »Ich glaub es ja nicht!«, sagte er am Telefon, als er erfuhr, dass ich der Sohn seines alten Kollegen Hasan Kazim bin, derjenige, mit dem meine Mutter damals an Bord schwanger war. »Und ich dachte, ihr wärt längst nicht mehr in Deutschland. Habt ja bald dreißig Jahre nichts von euch hören lassen.«

Er war es, der meiner Mutter die Pläne, sofort nach London zu ziehen, ausgeredet hatte. Sie hatte sich England in den Kopf gesetzt, weil dort der Halbbruder meines Vaters mit seiner Familie lebte, außerdem hatte einer ihrer Brüder am King's College in London studiert und ihr von der Stadt vorgeschwärmt. Allerdings verlangten die Briten von Pakistanern ein Visum. Nach Deutschland konnte man 1974 dagegen noch ohne Visum fliegen, man bekam es direkt bei der Einreise, gültig für drei Monate. »Siehst du, das ist viel einfacher, außerdem ist dein Mann doch viel öfter in Deutschland als in England«, überzeugte Teerling sie damals. »Meine Frau Heidi kann dir eine Wohnung in Delmenhorst besorgen.«

Delmenhorst. Ein komischer Name für einen Ort, dachte meine Mutter.

Sie verabschiedete sich in Karatschi von meinem Vater und er versprach, dass sie sich bald wiedersehen würden – wo auch immer. Dann legte die »Steinfels« ab.

Was nun? Meine Mutter verbrachte ihre Tage wieder bei ihren Schwiegereltern, besuchte zwischendurch ihre eigene Familie und machte nun konkrete Pläne für einen Umzug nach Deutschland.

Afsar Begum versuchte, sie davon abzubringen. »Warum um

Himmels willen willst du ausgerechnet jetzt Pakistan verlassen? Du bist schwanger, was willst du alleine mit deinem ersten Kind in einem Land, wo du keinen Menschen kennst? Du hast keine Erfahrungen als Mutter, niemanden, der dir dort helfen kann, was soll das also?« Ihre Einwände klingen für mich nachvollziehbar und vernünftig. Meine Mutter, habe ich das Gefühl, wundert sich heute selbst ein bisschen über ihre Starrköpfigkeit – und ihren Mut. Aber damals wollte sie partout nicht auf ihre Schwiegermutter hören. Afsar Begum wandte sich an Suraiya. Sie hatte auf den Hochzeitsfeiern mitbekommen, dass meine Mutter und ihre älteste Schwester ein sehr enges Verhältnis zueinander hatten und glaubte, dass meine Mutter, wenn überhaupt, dann auf sie hören würde. Suraiya rief meine Mutter an und hörte sich ihr Leid an: dass sie endlich weg wolle, ins Ausland, Richtung Westen, dass es ihr in Karatschi nicht mehr gefalle und sie es dort nicht mehr aushalte. Suraiya überlegte und gab ihr schließlich einen Rat: »Wenn es so ist, wie du sagst, dann sieh zu, dass du deine Sachen packst und so schnell wie möglich wegkommst.« Es war genau der Rat, den Afsar Begum sich nicht erhofft hatte. Suraiya, selbst mit dem Plan beschäftigt, nach Texas auszuwandern, war davon überzeugt, dass man sein Glück in die Hand nehmen und, wenn nötig, dazu um die halbe Welt ziehen müsse.

Was, wenn meine Mutter auf Afsar Begum gehört hätte? Dann wäre ich in Karatschi geboren worden. Dann hätten die Verwandten nach ein paar Monaten höchstwahrscheinlich gesagt: Das Kind ist noch so klein, warum willst du jetzt weg? Warte noch ein bisschen. Später: Jetzt hat das Kind seine Freunde hier in Karatschi, weshalb willst du es aus seinem Umfeld herausreißen? Wäre meine Mutter jemals ins Ausland gegangen, wenn nicht damals? So sehr ich das Einreden von Afsar Begum auf meine Mutter heute verstehe – wahrscheinlich hätte ich genauso argumentiert –, glaube ich, dass man manchmal komplett unvernünftige Entscheidungen treffen muss, um seine Lebensziele zu erreichen und glücklich zu werden.

Schließlich willigte die Schwiegerfamilie doch in den Umzug ein. Mein Vater hatte den Entschluss gefasst, demnächst sein Kapitänspatent anzugehen und dazu eine Seefahrtschule in Deutschland zu besuchen. Er würde also für längere Zeit nicht mehr zur See fahren und bei meiner Mutter bleiben können.

Meine Mutter informierte meinen Vater über ihren Entschluss, Pakistan so schnell wie möglich zu verlassen. Der meinte, sie solle besser noch ein paar Wochen warten und erst Mitte September kommen, wenn er Urlaub habe. Sie träumte sich nach Delmenhorst, ihren künftigen Wohnort, von dem sie so gut wie nichts wusste.

Doch es kam alles ganz anders.

Khudahafiz Pakistan, guten Tag Deutschland

Es war eisig, als Nasreen Kazim in Frankfurt landete, zu kalt für die Schlaghose und die dünne Bluse über dem inzwischen gewaltigen Schwangerschaftsbauch. Tagelang hatte sie sich den Kopf darüber zerbrochen, was sie für ein Leben in Deutschland brauchte und was davon alles in einen Koffer passte – und dabei ganz außer Acht gelassen, dass ein deutscher Septembertag nicht vergleichbar war mit einem pakistanischen Herbsttag. Die wenigen warmen Kleidungsstücke, die sie besaß, waren alle im Koffer.

Die Eltern und Geschwister meines Vaters hatten am Ende aufgegeben, meine Mutter vom Bleiben in Karatschi zu überzeugen, als sie ihnen ihr Flugticket präsentierte, das sie in einem Reisebüro gekauft hatte: Karatschi-Frankfurt-Bremen, Reisedatum: 22. September 1974. Die Verwandten halfen ihr resigniert bei den Reisevorbereitungen. Allen war klar, dass weitere Überredungsversuche nichts mehr nützen würden. Ihre Sehnsucht nach ihrem Mann, ihr Wille, Pakistan Richtung Westen zu verlassen, ihre Abenteuerlust hatten gesiegt.

Sie hatte Zähigkeit bewiesen, über die sich manch Angehöriger geärgert haben mag. Aber diese Eigenschaft sollte ihr später helfen, in Deutschland zu bleiben.

Von ihren eigenen Eltern hatte sich meine Mutter einige Tage vor ihrer Abreise verabschiedet, zum Flughafen begleitete sie ihre gesamte Schwiegerfamilie. Einige ihrer Schwestern ließen es sich nicht nehmen, zum Flughafen mitzufahren. Es wurde ein ewiger Aufenthalt, denn die Lufthansa-Maschine, die aus Bangkok kommen sollte, hatte Verspätung – am Ende einen vollen Tag. Aber keiner ärgerte sich darüber, schließlich zögerte sich so der Abschied, ein Abschied für Jahre, ein wenig hinaus. »Wir unterhielten uns über alles Mögliche, nur nicht darüber, dass ich jetzt für lange Zeit weggehe«, erinnert sich meine Mutter an die Stunden auf dem Flughafen. Wann würden sie sich wieder gegenüberstehen? Und wann würden die Verwandten das Kind sehen, das demnächst zur Welt kommen sollte? Diese Fragen traute sich niemand zu stellen – es hätte niemand eine Antwort gewusst. Und so verabschiedeten sich meine Mutter und ihre Verwandten, »*Khudahafiz, Khudahafiz*«, und versprachen einander, man werde sich, *Inschallah*, bald wiedersehen. Es war inzwischen der 23. September.

Mit einem Tag Verspätung also kam meine Mutter in Frankfurt an, um ein neues Leben zu beginnen: eine dreiundzwanzigjährige Frau, im achten Monat schwanger, mit einem großen Koffer und so gut wie keinen Deutschkenntnissen. Sie hatte keine Ahnung, auf was sie sich da einließ, aber die Willenskraft war stärker als jede Angst. »Heute wäre es wahrscheinlich umgekehrt«, sagt sie. War da überhaupt ein Keim von Angst, ein Moment der Unsicherheit?

Der Grenzbeamte begrüßte sie freundlich, warf einen Blick in ihren grünen pakistanischen Pass, drückte ein drei Monate gültiges Touristenvisum hinein, »wenn Sie länger bleiben wollen, gehen Sie bitte zu der örtlichen Ausländerbehörde«, das war's. Herzlich willkommen in Deutschland! Dieses Land sollte allerdings nur Zwischenstation sein – es ging ja noch weiter westlich, vielleicht in ein paar Monaten schon oder in einem Jahr. England oder Amerika waren das eigentliche Ziel, dort lebten Verwandte.

Sie wankte frierend durch die Flughafenhalle. Der Anschlussflug nach Bremen war längst weg, sie musste sich um eine neue Verbindung kümmern, aber wie? Der Flughafen war so groß und die Reisenden, die sie ansprach, verstanden sie nicht.

Fünf Männer, die sie um Hilfe bat, benahmen sich etwas seltsam, aber das merkte sie zu spät. »Ich wollte wissen, zu welchem der vielen Schalter ich muss. Aber sie redeten irgendeinen Unsinn, den ich nicht verstand, ich weiß nicht, ob es Deutsch oder eine andere Sprache war. Heute bin ich mir sicher, dass sie betrunken waren.« Denn einer von ihnen griff nach ihrer Hand, gab ihr einen Handkuss und furzte dabei vernehmlich.

»Ich war geschockt. Ich dachte: Diese Menschen haben überhaupt keine Manieren. Für einen Moment hielt ich es sogar für möglich, dass diese Art von Handkuss in Deutschland üblich ist.«

Die Männer suchten lachend das Weite.

»Ich fand eine pakistanische Familie, endlich Leute, die mich verstanden. Aber sie hatten keine Zeit, mir zu helfen, weil sie ihren Anschlussflug nach Chicago kriegen mussten.«

Chicago war Musik in ihren Ohren. Ihr Lied hieß leider Bremen.

Eine Lufthansa-Angestellte erklärte ihr schließlich, dass an diesem Tag kein Flug mehr nach Bremen ging. Sie nannte ihr ein Hotel für gestrandete Flugreisende: »›Hotel Ariane‹ hieß es, ich kann mich noch genau erinnern. Dorthin wurde ich gebracht, zusammen mit anderen Passagieren, die ebenfalls ihre Anschlussflüge verpasst hatten.« Am nächsten Morgen sollte es weitergehen.

Die erste Nacht in Deutschland, im ›Hotel Ariane‹.

»Mein Koffer wurde mir ausgehändigt, ich konnte, Gott sei Dank, meinen Mantel anziehen. Als ich am nächsten Morgen ganz früh aus dem Fenster schaute, fuhr gerade ein Mann mit dem Fahrrad vorbei und winkte mir zu. Jetzt hatte ich das Gefühl, dass die Menschen in Deutschland doch ganz freundlich sind.«

An diese Szene denke ich oft, seitdem meine Mutter sie das erste Mal geschildert hat: Ein Mann, der sich wahrscheinlich nichts dabei denkt, winkt einer Fremden zu. Keine aufdringliche Geste, einfach nur freundlich. Mir fällt dazu eine andere Szene ein: wie ein Baggerfahrer an einer Baustelle mich böse anguckt, Grimassen schneidet und mich anschließend brüllend wegjagt, ich war da vielleicht fünf oder sechs. Viele Jahre lang konnte ich Baggerfahrer nicht ausstehen. Mir wird die Bedeutung von ersten Eindrücken bewusst. Ich nehme mir vor, immer freundlich zu Unbekannten zu sein, vor allem an Flughäfen. Vielleicht sind das besondere Begegnungen für diese Menschen, an die sie sich noch Jahre später erinnern, während ich sie längst vergessen habe. Wie meine Mutter und der Radfahrer in Frankfurt.

Am Tag zuvor hatte mein Vater am Flughafen in Bremen vergeblich auf meine Mutter gewartet. Ein Kollege, Horst Meyer, der als Schiffskoch arbeitete, hatte ihm angeboten, vorerst im Haus der Eltern seiner Frau Karin unterzukommen: bei Mariechen und Erich Koch in Rastede, ein paar Kilometer nördlich von Oldenburg. Mein Vater hatte das Angebot dankend angenommen. Doch keine Spur von meiner Mutter, stattdessen die Nachricht, dass die Maschine aus Pakistan einen Tag Verspätung hatte.

Am 24. September wartete mein Vater erneut am Bremer Flughafen, und diesmal war die Maschine pünktlich. Meine Eltern trafen sich nach zwei Monaten wieder: ein Mann und eine Frau, die seit acht Monaten miteinander verheiratet waren, sich in dieser Zeit aber bis auf die ersten Wochen nach der Hochzeit und die drei Monate gemeinsamer Schiffsreise nicht gesehen hatten.

Auf nach Rastede! Was für eine schöne Fahrt, meine Mutter war begeistert: »Obwohl es Herbst war, war die Landschaft so grün. Die ganze Strecke über sah ich Felder und grüne Wiesen, auf denen Kühe herumstanden. Kühe, die wie in Bilderbüchern schwarzweiß oder braunweiß gefleckt waren und viel gesünder aussahen als die schmutzigen, abgemagerten, Müll fressenden Kühe in den Straßen von Karatschi. Und kein einziger Bettler!«

Bisher kannte sie nur diese Stadt mit ihren Millionen von Menschen, zerfallene Häuser wie Steinbrüche neben abgeriegelten Villenvierteln, Bettler und verkrüppelte Menschen auf den Straßen, den Staub und den Schmutz, knatternde Motorrikschas, die schwarze Rauchwolken hinter sich herzogen. Außerdem hatte sie bei Fahrten entlang des Stadtrands von Karatschi, an heruntergekommenen Dörfern vorbei, eine Ahnung vom ländlichen Pakistan bekommen.

»Aber so etwas wie der Weg nach Rastede, das war völlig neu für mich.« Jetzt war sie plötzlich in einer ganz anderen Welt: keine brennenden Müllberge, keine Schlaglöcher, keine streunenden Köter, stattdessen manikürte Gärten mit millimetergenau angeordneten Blumenarrangements, umgeben von Grasflächen, so gleichmäßig wie ein Teppich.

»Ich fand es sehr, sehr schön«, beschreibt meine Mutter ihre erste Autofahrt in Deutschland.

Und alles war so bemerkenswert still: kein Gehupe, kein Geschrei. Statt einer Mischung aus Abgasschwaden, Gewürzwolken und üblem Kloakengestank lag der Geruch von Kuhdung in der Luft, der ihr auf andere Weise die Besinnung raubte.

Meine Eltern lernten den Spruch: »Landluft ist gesund.«

»Hattest du kein Heimweh?«, frage ich sie.

»Überhaupt nicht«, sagt meine Mutter. »Damals nicht. Das kam erst viel später, für kurze Momente.«

»Nie«, erklärt auch mein Vater, der ohnehin selten lange an einem Ort in der Welt blieb, sondern per Schiff die Erde erkundete.

Meine Mutter lernte Mariechen und Erich Koch kennen, eine Frau mit dichtem, schon weißem Haar, immer wie aus dem Ei gepellt, und einen hochgewachsenen, kräftigen Mann mit auf der Seite gescheiteltem, weißem Haar und Händen groß wie Schaufeln. Die beiden schlossen die junge Frau aus Pakistan sofort ins Herz.

Und da meine Mutter mitbekam, wie Karin »Mutti« und »Vati« zu ihnen sagte, tat sie es ihr gleich.

Mariechen freute sich: »Ja, sag Mutti zu mir.«

Sie zeigte auf ihren Mann.

»Und das ist Vati.«

Sie zeigte auf sich.

»Mut-ti.«

Finger auf Erich.

»Va-ti.«

Und so wurde dieses Paar zu Mutti und Vati für meine Eltern – und später zu Omi und Opi für mich. Sie wurden eine Art Großelternersatz. Zwei weitere sollten im Laufe meines Lebens noch dazukommen. Wahlverwandte.

Heute mutet es seltsam an, dass Menschen ein fremdes Paar aus einem fernen Land aufnehmen, und zwar bedingungslos, nicht wissend, wie lange die Gäste bleiben werden. Es sollten mehrere Monate werden. Omi und Opi haben niemals Miete von meinen Eltern verlangt, niemals einen Pfennig für Essen und Trinken, fragten nie, wann sie sich denn endlich eine eigene Wohnung nehmen würden. Sie gaben, ohne zu fordern – so wie man seinen Kindern gibt. Sie leben seit einigen Jahren nicht mehr, ich würde ihnen heute gern noch einmal sagen, wie großartig ich das finde. Sie verlangten nur, dass meine Eltern am Familienleben teilnahmen, an den gemeinsamen Mahlzeiten und an Besuchen bei diversen Verwandten, sich also nicht in sich verkrochen.

Meine Mutter sagt, ohne die beiden hätte sie es wohl nicht geschafft. Sie waren die Starthilfe, die sie brauchte und mit der niemand in Pakistan gerechnet hatte, als all die Warnungen auf sie einprasselten.

Omi und Opi sprachen kaum Englisch. Wenn Karin und Horst da waren, die im Haus direkt hinter Omi und Opi lebten, übersetzten sie für die beiden, ansonsten ging es auch mit Händen und Füßen. Täglich schauten Karins Zwillingsschwester Ilse und deren Mann Hans-Hermann vorbei, auch sie halfen bei der Verständigung. Mein Vater sprach zu der Zeit schon einige Brocken Deutsch, die er an Bord und auf der Seefahrtschule gelernt hatte. Trotz der Sprachbarrieren haben sich alle gut verstanden.

Gleich am Tag nach ihrer Ankunft in Rastede fuhr meine Mutter mit Karin los, um Kleidung einzukaufen. Sie hatte nur eine sommerliche Garderobe in ihrem Koffer, dazwischen einen Mantel und einen Pullover. »Ich kaufte auch ein paar Baby-Klamotten, denn es waren ja nur noch ein paar Wochen bis zur Geburt.«

Karin regelte die Aufenthaltserlaubnis für meine Mutter bei der zuständigen Behörde in Westerstede im Landkreis Ammerland. Ein Besuch genügte, schon war ein Stempel im Reisepass mit dem

Eintrag »*Aufenthaltserlaubnis für die Bundesrepublik Deutschland einschl. des Landes Berlin*«. Darunter stand: »*Selbständige Erwerbstätigkeiten oder vergleichbare unselbständige Erwerbstätigkeiten nicht gestattet*« – sicherheitshalber fügte der Sachbearbeiter handschriftlich hinzu: »*Arbeitsaufnahme nicht gestattet.*«

Meine Mutter durfte bleiben, solange mein Vater sich in der Ausbildung zum Kapitän befand, hieß es, vorerst jedoch nur bis zum 22. September 1975, also ein Jahr. Danach konnte sie, je nach Ausbildungsstand meines Vaters, eine Verlängerung beantragen. Die Aufenthaltsgenehmigung ließ sich die Behörde mit zwanzig Mark bezahlen. Zwanzig Mark für ein Jahr Deutschland – 1974 war die Bundesrepublik noch ein offenes Land. Sechs Jahre später sollte ein Beamter, der unsere Ausweisung betrieb, schreiben, die Aufenthaltsgenehmigung für meine Mutter sei »*aus humanitären Gründen*« erteilt worden. Wie gnädig.

Hätten meine Eltern damals die Staatsbürgerschaft beantragt, wer weiß, ob sie sie nicht problemlos bekommen hätten. Aber damals war die Entscheidung, auf Dauer hierzubleiben, noch nicht gereift. Und als sie getroffen wurde, war es hierfür zu spät.

Mein Vater verbrachte die Tage wieder in Bremen. Der Urlaub war vorüber, er machte eine Fortbildung an der Seefahrtschule und meine Mutter war in einer Familie umsorgt, wie sie es sich vor ein paar Tagen nicht hätte träumen lassen. Alle Befürchtungen der Verwandten in Pakistan, sie würde niemanden in Deutschland haben, der ihr zur Seite stehen könnte, bewahrheiteten sich nicht. Wieder hatte sich gezeigt: Das Vertrauen in das Leben wird belohnt. Schade, dass ihre Eltern und Schwiegereltern die Rasteder Familie nie persönlich kennengelernt haben. Was sie wohl voneinander gehalten hätten?

Sabine, die zwölfjährige Tochter des Hauses, musste ihr Zimmer räumen und meinen Eltern zur Verfügung stellen. Opi holte ein blaues Himmelbettchen vom Dachboden, in dem schon mehrere Kinder der Familie geschlafen hatten, und bereitete es für das Kind vor, das demnächst zur Welt kommen sollte. Mein erstes Bett.

Was Sabine wohl von meinen Eltern gedacht hat? Schließlich bewohnten sie, Wildfremde, plötzlich ihr Zimmer. Und was Omi und Opi, Karin und Horst, Ilse und Hans-Hermann wohl von uns hielten? Kamen ihnen meine Eltern mit ihrem anderen Aussehen, ihrer Sprache, ihrem anderen kulturellen Hintergrund nicht sehr fremd vor? Als ich einmal meine Schulferien in Rastede verbrachte, fragte ich Omi. Sie sagte nur: »Och, gar nicht. Ich fand euch gar nicht anders.« Sie sagte das in dem Singsang, der den Menschen in dieser Region Niedersachsens eigen ist. »Ihr wart so schön braun. Seid ihr ja immer noch.« Dann lachte sie ihr wunderbar schnatterndes Lachen und strich mir durchs Haar.

Die Einschätzung meiner Mutter deckt sich mit der von Omi. »Alle diese Menschen kamen mir überhaupt nicht fremd vor. Ist das nicht komisch? Ich fühlte mich von Anfang an wohl.« So anders lebten die Deutschen gar nicht, dachte sie – das Konzept der Großfamilie war ihnen jedenfalls nicht gänzlich unbekannt.

Kochs waren unsere Patenfamilie.

Vielleicht braucht jeder, der aus einem fremdem Land, einer anderen Kultur kommt, so eine Patenfamilie: Menschen, die den Neuankömmling an die Hand nehmen, mit ihm zum Einkaufen gehen, ihm die nächste Stadt zeigen, ihn zu Behördengängen begleiten und so die Angst nehmen, ihn behutsam mit dem heimischen Essen vertraut machen. Das würde Integration sehr erleichtern: Beide Seiten würden voneinander lernen. Man sollte jeden Politiker, der von Ausländern mehr Integrationswillen fordert, verpflichten, für drei Monate eine ausländische Familie aufzunehmen.

Meine Mutter machte das erste Mal in ihrem Leben Bekanntschaft mit Schweinen. Die Tiere standen in einiger Entfernung auf einer Wiese, sie entdeckte sie, als sie mit Omi und Opi unterwegs war. »Ich wunderte mich: Was sind das für riesige Viecher? Schafe? Aber sie hatten kein Fell. Schweine kannte ich nur aus pakistanischen Bilderbüchern: kleine, rosafarbene Tiere. Diese Wesen hier waren schwarzbraun und riesengroß, fast so groß wie Kühe.« Sie starrte die Schweine an, sie begriff, dann entfuhr ihr: »Pigs! There are pigs!« Omi fiel diese Szene regelmäßig ein, wenn sie Geschichten von früher erzählte. »Deine Mutter sagte nur: ›Pigs!‹ Und ich: Ja, das sind ›pigs‹. Die hatte sie wohl noch nie zuvor gesehen.«

Schnatterndes Gelächter.

Es war nur eine Frage der Zeit, bis das Fleisch dieser Tiere auch auf dem Teller meiner Mutter landete. Ich weiß nicht, inwiefern Omi meine Eltern gefragt hat, ob sie Schweinefleisch essen, oder ob sie es ihnen überhaupt angeboten hat. Meine Mutter hatte es bis dahin trotz des Bratengeruchs an Bord und bei Kochs zu Hause nicht probiert, weil sie innerlich nicht dazu bereit war – noch nicht. Jahrelang hatte sie gehört, wie eklig Schweinefleisch ist. Sie hatte gesehen, dass mein Vater Schweinefleisch aß und fand es nicht weiter schlimm. Sie selbst rührte es nicht an. Aber dann briet Omi eines Abends Schweinekoteletts, kochte Kartoffeln und Rotkohl dazu und dünstete im Bratfett Ananasstücke an. Meine Mutter, hochschwanger, hatte großen Appetit.

»Was gibt es zum Abendessen?«

»Koteletts mit Ananas.«

»Ah, Koteletts mit Ananas!«

Kotelett hatte sie gelernt und Ananas heißt auch auf Urdu Ananas.

Es schmeckte ihr so gut, dass sie noch heute davon schwärmt. »Aus Pakistan kannte ich Lammkoteletts vom Grill, die sehen fast genauso aus.« Allerdings sind die viel schärfer, aber das war wohl zweitrangig. Fortan war Schweinefleisch für meine Mutter kein Problem mehr.

Dass Muslime kein Schweinefleisch essen, ist häufiger mal Gesprächsthema in meinem Bekanntenkreis. Gelegentlich höre ich Bewunderung heraus für die Entbehrung, die Muslime aus religiösen Gründen freiwillig auf sich nehmen durch den Verzicht auf ein schönes Stück Schweinebraten – was ihnen da Leckeres entgeht! Mein Hinweis, dass auch Juden kein Fleisch dieses Tieres und Hindus so gut wie gar kein Fleisch verzehren, zieht meist Erörterungen über die Verderblichkeit von Schweinefleisch, über Trichinen, winzige Fadenwürmer, und über die womöglich als unrein empfundene Lebensweise von Schweinen nach sich – schließlich fräßen sie jeden Dreck und man könne daher schon nachvollziehen, dass manche Menschen das unappetitlich finden.

»Das Schweinefleischverbot hat historisch gesehen sicherlich praktische Gründe«, lautet die Schlussfolgerung.

Ich kenne die persönlichen Gründe nicht, weshalb die halbe Menschheit kein Schwein isst. Meine Verwandten in aller Welt verzichten jedoch nicht auf Schweinefleisch, weil sie sich strikt an das Verbot in der zweiten Sure im Koran halten wollen oder weil sie an eine gesundheitsschädliche Wirkung glauben – sie finden es schlicht aus der Tiefe ihrer Seele heraus ekelhaft. Alkoholgenuss ist aus ihrer Sicht noch halbwegs verzeihlich, manche meiner Onkel und Cousins würden zu einem Whisky oder einem Bier nicht Nein sagen. Aber Schweinefleisch? Niemals!

Warum bloß?, wundern sich manche meiner deutschen Freunde, wenn ich ihnen das erzähle.

Die Antwort ist einfach: aus dem gleichen Grund, weshalb einige Leute Hundefleisch nicht unbedingt als Delikatesse betrachten, das manche Chinesen und Koreaner aber als kulinarische Köstlichkeit feiern. Religion, Erziehung, Gewöhnung – Appetit setzt sich aus vielen Faktoren zusammen.

Meine Eltern mochten Kotelett mit Ananas auf Anhieb, aber nicht immer gestaltete sich die Übernahme von Essgewohnheiten so einfach: So manches war äußerst gewöhnungsbedürftig. »Von zu Hause kannte ich, dass Essen gewürzt wird. Hier war das nicht der Fall.« Salz und Pfeffer zählen für meine Eltern bis heute nicht zu den ernst zu nehmenden Gewürzen. Omi verwendete nicht einmal Knoblauch – Knoblauch war ihr geradezu verhasst. Nie gab es *Chapatis*, *Rotis*, *Puris*, *Naan* oder eines der anderen etwa fünfhundert Fladenbrotsorten, selten Reis, stattdessen Kartoffeln – ein Gemüse als Beilage! Man kann Fladenbrot oder Reis doch auch nicht durch Blumenkohl ersetzen!

Und dann der andere Rhythmus: nur ein warmes Essen am Tag, meistens mittags. Zu Hause in Karatschi gab es mindestens zweimal eine warme Mahlzeit, oft hatte der Koch sogar zum Frühstück ein Gemüsecurry und heißes Fladenbrot zubereitet.

»An Omis Geburtstag war ich erstaunt, als sich die Gäste alle an einen Tisch setzten«, erinnert sich meine Mutter. »Feiern in Pakistan sind meistens Stehpartys, wo es vielleicht ein paar Tische und Stühle gibt, aber keine feste Sitzordnung. Und das Essen wird immer als Buffet serviert.«

Mit der Zeit lernten meine Eltern weitere Gerichte kennen und schätzen. Mein Vater mag Bratwürste besonders gerne, während meine Mutter bis heute eine Abneigung gegen Würste aller Art hegt und sie nur isst, wenn es keine Alternative gibt – wie übrigens die meisten meiner Verwandten Würste nicht mögen, sogar hassen, sie wegen ihrer Form für etwas Obszönes und wegen ihrer Konsistenz für etwas Ekelerregendes halten. »Püriertes Fett im Darm, das ist doch pervers!«, lautet das Urteil eines Cousins. Einmal, als uns eine Cousine aus Karatschi besuchte, musste sie sich nach einem einzigen Biss in eine Bratwurst übergeben, während meine Schwester und ich mit Genuss gleich zwei Stück in uns hineinstopften. Unsere Hemmungslosigkeit bestürzte sie. Heute weiß ich: Die Bratwurst ist eine Trennlinie zwischen West und Ost.

Auf meine Eltern machte vor allem die Brot- und Brötchenvielfalt Eindruck. Und all die herrlichen Torten und Kuchen! Inzwischen backt meine Mutter längst selbst Altländer Apfelkuchen, würzen meine Eltern, wenn es Schweinebraten gibt, nur mit Salz und Pfeffer. Und ihre Gäste dürfen sich an den Tisch setzen.

Am 19. Oktober 1974 wurde ich in Oldenburg geboren. Am Tag zuvor war meiner Mutter schlecht geworden. Karin und Omi hatten sich in der Küche gestritten, ob das nun Wehen waren oder nicht. Karin setzte meine Mutter und meinen Vater in ihr Auto und fuhr mit ihnen ins Oldenburger Krankenhaus. Meine Mutter erinnert sich: »Eine Krankenschwester, Schwester Edith nannten sie alle, redete ununterbrochen, aber ich verstand kein Wort und sagte zu allem Ja. Keine Ahnung, was sie mir erzählte oder was sie von mir wollte.«

Karin fragte meine Eltern, wie das Kind denn heißen solle, und da es damals noch nicht üblich war, vor der Geburt das Geschlecht des Kindes zu kennen, nannte meine Mutter ihr zwei Namen: Ramona und Hasnain. Beides waren Mitte der siebziger Jahre populäre Namen in Pakistan, Hasnain allerdings nur bei den Schiiten – der Name entlarvt meine schiitischen Wurzeln noch heute unter denen, die sich mit dem Islam auskennen.

»Aber das Kind braucht einen deutschen Namen«, versuchte Karin meine Mutter zu überzeugen. »Ihr wollt doch in Deutschland leben!« Meine Mutter, mitten in der Wehenhölle, mochte ihr just in diesem Moment nicht ihre England- und USA-Pläne erläutern. Sollte Karin ruhig glauben, dass sie in Deutschland bleiben wollte. Aber sie dachte sich: Wozu ein deutscher Name?

Karin nannte ihr mehrere zu der Zeit in Deutschland beliebte Vornamen, die meine Mutter größtenteils furchtbar fand. Bei dem Vorschlag »Niels« äußerte sie, das klinge gut. Wahrscheinlich erinnerte es sie an »Neil«, nur mit einem S am Ende. Karin fasste das wohl als Zustimmung auf. Mein Vater bekam von diesem Gespräch kurz vor meiner Geburt nichts mit.

Der Arzt gratulierte meinen Eltern und verkniff sich nach einem Blick in die Unterlagen nicht die Bemerkung, der Sohn sei ja auf den Tag genau neun Monate nach der Hochzeit geboren worden. Pünktlichkeit war schon immer meine Stärke.

Als er meinen Eltern die Geburtsurkunde aushändigte, traf sie der Schlag: Da stand tatsächlich »Hasnain Niels Kazim« – und Niels war als Rufname unterstrichen.

Karin hatte mich bei einem Standesbeamten gemeldet.

Als meine Eltern mir das zum ersten Mal erzählten, ich war da vielleicht acht Jahre alt, konnte ich es nicht glauben: Ich heiße Niels wegen eines Missverständnisses. »Gegen diesen Namen hatte ich ja nichts, aber ich dachte in diesem Moment, dass meine Eltern mich für komplett verrückt erklären würden«, erinnert sich meine Mutter. »Nicht mal einen Monat ist sie in Deutschland, und schon gibt sie ihrem Sohn so einen Namen.«

Später erklärte sie ihrem Vater Manzoor Ali Naqvi, wie es zu »Niels« in der Geburtsurkunde gekommen war. Der beruhigte sie: »Wer weiß, am Ende ist es vielleicht gut für den Jungen. Er wird doch sicher im Westen aufwachsen.«

Heute bin ich hin- und hergerissen, wie ich die Tatsache finden soll, dass ich nicht nur Hasnain, sondern auch Niels heiße. Einerseits hat so der deutsche Anteil in mir einen – eigentlich skandinavischen – Namen, und allein schon die skurrile Art und Weise, wie ich zu diesem Namen gekommen bin, lässt ihn mich akzeptieren. Andererseits: Hasnain Niels Kazim, das ist wie Dieter Mohammed Müller – es passt einfach nicht zusammen. Und unter Niels stelle ich mir einen hellhäutigen, blonden Hünen vor, was nicht gerade meinem Ebenbild entspricht.

Müsste ich die indischen, pakistanischen und deutschen Anteile in mir abwägen – ich meine nicht die genetischen, sondern die gefühlten –, dann wäre ich allerdings ein kleines bisschen mehr Niels als Hasnain. Es gab Zeiten im Kindergarten und in der Grundschule, da hätte ich den Namen Hasnain am liebsten getilgt und meine braune Haut und die schwarzen Haare gleich dazu und alles durch Niels und nielskonformes Äußeres ersetzt. Ich war froh, dass mich meine Kindergartenfreunde »Hansi« nannten. Sie wussten nichts von meinem richtigen Namen.

Längst habe ich mich mit Hasnain versöhnt. Über viele Jahre stand Niels nicht in meinem Reisepass, in keinem meiner Zeugnisse taucht dieser Name auf, er war irgendwann unter den Tisch gefallen, bis vor wenigen Jahren eine Sachbearbeiterin im Einwohnermeldeamt bei der Ausstellung eines neuen Reisepasses meine Geburtsurkunde sehen wollte. Seither steht Niels wieder drin. Meinen vollen Namen schreibe ich nur in Formularen, der Vollständigkeit halber. Mit Niels habe ich noch nie unterschrieben.

Als Opi von meiner Geburt erfuhr, sagte er: »Endlich ein Junge in der Familie!« Zwei Enkelinnen, Tanja und Ronda, hatte er zu diesem Zeitpunkt schon, er freute sich, dass nun ein Enkel dazukam: Niels. Der Gedanke an Opis Freude lässt auch mich diesen Namen hinnehmen. Im Laufe der Jahre bekam ich mehrmals von

»'n richtiger Oldenburger Jung«

ihm zu hören: »Bist 'n richtiger Oldenburger Jung.« Aber auch er nannte mich später immer »Hansi«, nicht Niels.

»Niedlich« war eines der Wörter, die meine Eltern häufig zu hören bekamen, als ich von Omis und Opis Verwandtschaft begutachtet wurde. Niedlich? Meine Eltern wunderten sich, sie verbanden »niedlich« mit dem englischen »neat«: sauber, rein – wieso sagten die Leute ständig, das Baby sei so sauber? Waren deutsche Babys etwa dreckiger?

Ich glaube, meine Mutter hat sich damals vieles zusammenreimen müssen, wahrscheinlich hat sie etliche Dinge noch nicht verstanden. Nur so erkläre ich mir ihre Auswahl in meinem Baby-Fotoalbum. Dort hat sie auf die Seite, auf die die Nachrichten des Geburtstags gehören, zwei Artikel aus einer Illustrierten eingeklebt: Der eine ist mit »*Rußland-Deutsche fühlen sich von Bonn im Stich gelassen*« überschrieben. Da geht es um die Sorge der sowjetischen Regierung darüber, dass zu viele Menschen das Land Richtung Deutschland verlassen wollen. Noch besser finde ich aber den zweiten Artikel: »*Wie in der DDR die Todesstrafe vollstreckt wird*«. Darin wird beschrieben, wie Strafgefangene »*in Lastwagen geführt und darin mit den Auspuffabgasen getötet*« werden. Ich bin mir sicher, dass sie damals nicht wusste, was genau sie da ins Album klebte.

Nun begannen, trotz der Fürsorge einer ganzen Familie, schwierige Zeiten für meine Mutter. Mein Vater war tagsüber unterwegs, Omi, Opi und deren Angehörige verstand sie kaum. Wie gerne hätte sie ihre Verwandten aus Pakistan bei sich gehabt! Erst jetzt, einen Monat nach ihrer Ankunft in Deutschland, spürte sie in ungnädiger Deutlichkeit, dass sie in einer anderen Welt, in der Fremde war: das andersartige Essen, die schwierigen deutschen Wörter, die vielen neuen Menschen, keine Schwester oder Freundin, mit der sie über alte Zeiten oder über den neuesten Kinofilm reden konnte. Und nun auch noch das schreiende Kind und keiner ihrer Verwandten in der Nähe, der sie in Sachen Kindererziehung unterstützen konnte.

»Die Sprachschwierigkeiten führten hin und wieder zu Missverständnissen.« Die kleine Ronda wollte sich das Baby angucken, als es gestillt wurde, und hüpfte dabei auf dem Sofa herum, auf dem meine Mutter mit mir saß. Meine Mutter wollte ihr sagen, dass sie still sitzen müsse, sonst wackele es zu sehr. Ronda verstand sie nicht, rannte aus dem Zimmer und begann zu weinen. Sie dachte, meine Mutter wollte sie beim Stillen nicht dabeihaben. »Ich konnte mich ihr nicht verständlich machen.« Das Reden mit Händen und Füßen klappte nicht immer.

Ich war, sagt man mir, ein Schreikind, das seinen Eltern viel Aufmerksamkeit abverlangte. Ich machte es ihnen in einer Zeit voller neuer Eindrücke nicht gerade leichter.

Inzwischen war es Anfang Dezember, meine Eltern lebten schon seit zweieinhalb Monaten bei der Familie Koch. Wäre es nach Omi und Opi gegangen, wären wir wahrscheinlich noch heute dort, aber meine Eltern bekamen inzwischen ein schlechtes Gewissen. Eine eigene Wohnung zu mieten trauten sie sich in diesem fremden Land dann doch nicht, zumal mein Vater jetzt sein lange geplantes Kapitänspatent machen wollte, aber nicht feststand, welche Seefahrtschule den nächsten Lehrgang anbieten würde.

In diese Überlegungen hinein rief Ingnot Schmeiser an, ein Schiffsingenieur, mit dem mein Vater eine Zeit lang zur See gefahren war. Ingnot lebte mit seiner Frau Ingrid und den Töchtern Heidi und Anja in Mannheim, besuchte aber auch gerade eine Schule in Bremen. Er merkte meinen Eltern eine gewisse Unruhe an, meine Mutter erklärte ihm, dass sie dringend eine Unterkunft brauchten, nachdem sie schon so viele Wochen bei Kochs gelebt hatten. Spontan luden Schmeisers sie nach Mannheim ein: Sie könnten doch ein paar Tage bei ihnen bleiben, bis klar sei, wo der nächste Lehrgang zum Kapitänspatent beginne. Dann könnten sie sich in Ruhe eine Wohnung suchen. Erleichtert sagten meine Eltern zu.

Ich glaube, Kochs waren alles andere als glücklich, dass meine Eltern weg wollten. Sie ließen uns nur ungern ziehen. Dauerhaft verübelt haben sie die Entscheidung meinen Eltern aber nicht, denn der Kontakt blieb über all die Jahrzehnte bestehen. Sie waren eben meine Omi und mein Opi und wurden es später auch für meine Schwester.

So zogen wir im Dezember 1974 nach Mannheim in die Lange Rötterstraße. Der Umzug verlief problemlos: Viel besaßen meine Eltern nicht, insgesamt passte alles in zwei Koffer. Auch mit Ingrid verständigte sich meine Mutter mit Händen und Füßen. Ingrid erfuhr, dass meine Mutter gerne nähte, und lieh ihr ihre Nähmaschine. Eines Tages bekam ich, wie alle Säuglinge, Fieber und musste mich übergeben. Meine Mutter erklärte Ingrid gerade, dass sie Medikamente für mich brauchte, aber Ingrid schnappte sich nur ihre Jacke und rannte aus der Wohnung. Meine Mutter war irritiert. Hatte sie etwas Falsches gesagt? Ein paar Minuten später kam Ingrid zurück – sie hatte die richtigen Mittel schon besorgt. »Ich wusste ja, was das Kind braucht. Es war kurz vor achtzehn Uhr, die Apotheke machte gleich zu und es hätte einfach zu lange gedauert, wenn ich dich hätte weiterreden lassen«, entschuldigte sie sich später.

Ingrid arbeitete bis zum Nachmittag, meine Mutter erkundete in der Zeit zu Fuß die unmittelbare Umgebung. Für längere Spaziergänge packte sie mich in den Kinderwagen, den sie gebraucht für fünfzig Mark erstanden hatte. Gegen Mittag, nach Schul- und Kindergartenschluss, trudelten die neunjährige Heidi und die fünfjährige Anja ein. »Anja sagte zur Begrüßung immer: ›Die Mutti kommt um eins.‹ Ich glaube, sie sagte es eher zu sich selbst als zu mir, um sich zu beruhigen«, erzählt meine Mutter. Ingrid erinnert sich daran, dass ihre Töchter meine Gesellschaft geliebt haben: Plötzlich war ein Baby da, um das sie sich kümmern konnten. »Für uns war das eine wunderbare Zeit.«

Das erste Weihnachten in ihrem Leben feierten meine Eltern in Mannheim, zum ersten Mal sahen sie einen geschmückten Tannenbaum in einer Wohnung. Ingnot und mein Vater waren aus Bremen gekommen, sie hatten bis ins neue Jahr hinein frei. »Gefeiert wurde im Kreis der Familie«, erzählt meine Mutter, »bei Ingnots Eltern, die auch in Mannheim lebten.« Marlies, eine Freundin Ingrids, lud alle zu Silvester ein. Sie wohnte ein paar Stockwerke über Ingrid, sodass sie nur die Treppe hinaufsteigen mussten. »Von dort haben wir das Feuerwerk über der Stadt gesehen und um Mitternacht gab es Sekt«, erinnert sich meine Mutter. Bei Omi und Opi hatte sie schon mal an einem Glas Wein genippt, nun trank sie ihr erstes Glas Sekt. »Ich verstehe nicht, wie Leute vergammelten Traubensaft mögen können«, sagt sie noch heute.

Es enttäuschte sie, dass kein Schnee fiel. Bislang kannte sie die weiße Pracht nur aus Bildern und Filmen. »Ich hatte gehört, dass in Deutschland im Winter immer Schnee liegt, aber im Winter 1974/1975 war nichts davon zu sehen.«

Die größere Enttäuschung musste meine Mutter aber ein paar Tage vor Weihnachten verkraften: Mein Vater hatte in Bremen erfahren, dass im Frühjahr 1975 der nächste Lehrgang für das Kapitänspatent, das sogenannte Befähigungszeugnis für die Kleine Fahrt, in einem Ort mit dem Namen Grünendeich stattfinden sollte. In diesem Kurs hatte er einen Platz bekommen.

Wo um Himmels willen lag Grünendeich? War das eine Stadt oder ein Dorf? Was gab es dort außer einer Seefahrtschule?

Meine Eltern hatten so sehr auf Bremen gehofft. Nun verlangte das Schicksal, dass sie an einen Ort ziehen sollten, dessen Namen sie noch nie gehört hatten, ihn nicht einmal aussprechen konnten und in dem auch mein Vater niemanden kannte.

Ein Blick in den Atlas linderte die Enttäuschung kein Stück: Der Ort war so klein, dass er darin nicht verzeichnet war. Erst eine Straßenkarte brachte Klarheit: Grünendeich war ein Dorf in einer Region, die Altes Land hieß, vierzig oder fünfzig Kilometer von Hamburg entfernt, mit vermutlich wenigen hundert Einwohnern. Der Ort gehörte zum Landkreis Stade und die nächsten Städte, die diese Bezeichnung verdienten, weil sie auf der Landkarte immerhin mit einem stecknadelkopfgroßen roten Fleck verzeichnet waren und nicht nur mit einem schwarzen Punkt, waren eben jenes Stade und ein Ort mit dem selbst für deutsche Verhältnisse merkwürdigen Namen Buxtehude.

Meine Mutter kam aus Karatschi und träumte von London oder New York. Und was bekam sie? Grünendeich.

Aber mein Vater wollte sein Patent unbedingt machen – schließlich hatte er einen ersten Anlauf in London abgebrochen und wollte nun beruflich weiterkommen. Um als Kapitän fahren zu dürfen, musste er diese eineinhalbjährige theoretische Ausbildung absolvieren. Und schließlich hatte er ja das deutsche Seefahrtsbuch, das ihm einen Aufenthalt in Deutschland und die Ausbildung an einer deutschen Seefahrtschule erlaubte. Diese Chance wollte er nicht ungenutzt verstreichen lassen – und sei sie verbunden mit einem Umzug nach Grünendeich. Dieser Ort hätte schon sehr schrecklich sein müssen, um ihn von seinen Plänen abzubringen.

Kaum hatte er die Nachricht erhalten, beschloss er, sich das Dorf anzuschauen. Ernüchtert stellte er fest, dass es keine Bahnanbindung gab – das letzte Stück nach Grünendeich musste er mit dem Taxi zurücklegen.

Eigentlich ganz hübsch, diese Gegend, dachte er. Lediglich ein Deich und eine Straße trennten die Seefahrtschule, einen modernen, weiß verputzten Bau, von der Elbe. Vom Deich aus konnte man sogar Hamburg auf der anderen Elbseite erahnen. Und die ganze Taxifahrt über hatte er Obstbäume an den Straßenrändern gesehen: kilometerweit Kirsch- und Apfelbäume. Hier könnten sie sich sicher wohlfühlen.

Meine Eltern entschieden sich in Mannheim für Grünendeich. Ingrid schlug vor, zum Jahresanfang in der Lokalzeitung per Kleinanzeige eine Wohnung in der Nähe der Seefahrtschule zu suchen. Meine Eltern schalteten eine Annonce im ›Stader Tageblatt‹, das später mehrere Artikel über den Kampf meiner Familie um ein Leben in Deutschland veröffentlichen und bei dem ich Jahrzehnte später meine ersten journalistischen Erfahrungen machen sollte.

Die Ausbeute war gering, schließlich wollten sie eine möblierte Wohnung, groß genug für eine Familie mit einem Kleinkind, aber nicht zu teuer – wir mussten in den kommenden Monaten mit Erspartem und mit der Unterstützung der Großeltern aus Pakistan auskommen.

Mein Vater fand zwar einige Monate später heraus, dass es so etwas wie staatliche Ausbildungsunterstützung gab – die aber wurde ihm mit dem Hinweis verweigert, er sei Ausländer und daher stehe ihm solche Hilfe nicht zu. Dabei hatte er in Deutschland schon ein paar Jahre Steuern und Sozialabgaben gezahlt. Als er anmerkte, dass zwei Klassenkameraden von ihm aus dem Libanon sehr wohl Geld bekämen, wurde er barsch zurechtgewiesen: Zu Libanon habe Deutschland nun einmal ganz andere Beziehungen als zu Pakistan. Mein Vater gab nicht nach. Nach ewigem Streit mit den Behörden erhielt er das Geld, etwa fünftausend Mark, doch noch. Da hatte er seine Ausbildung in Grünendeich längst abgeschlossen und seine Familie mit Mühe ernährt.

Zwei Wohnungsanbieter riefen an und verabredeten sich mit meinen Eltern Anfang Januar. Meine Eltern mieteten ein Auto, packten die Koffer und den Kinderwagen ein und machten sich auf den Weg Richtung Norden. Ingnot kam mit, er musste ohnehin wieder nach Bremen, Stade lag da fast auf dem Weg. Ingrid wäre auch gerne mitgefahren, aber mit dem ganzen Gepäck im Wagen war kaum mehr Platz. So blieb sie mit ihren zwei Töchtern in Mannheim. Vor allem für meine Mutter war es der zweite tränenreiche Abschied von neu gewonnenen Freunden, die zur Ersatzfamilie geworden waren. Wir machten uns auf einen siebenhundert Kilometer langen Weg in einen Ort, der unsere neue Heimat werden sollte.

Angekommen in der Fremde

Es begann schon dunkel zu werden, als Ingnot und meine Eltern in Stade ankamen: ein Städtchen mit kleinem Hafen, knapp tausend Jahre alt, Fachwerkhäuser, viel Kopfsteinpflaster, schon von Weitem fielen die zwei Kirchtürme ins Auge. In manchen Fenstern hing noch die Weihnachtsbeleuchtung.

Für einen Stadtrundgang war keine Zeit, außerdem hatte niemand Lust dazu. Die gut siebenstündige Fahrt war anstrengend gewesen, ich hatte fast ununterbrochen geschrien.

So fuhren sie direkt zum ersten Besichtigungstermin: eine Wohnung in einem Betonblock in der Nähe des Krankenhauses, nur wenige hundert Meter von der Innenstadt entfernt. »Man betrat sie durch die Küche und in einer Ecke war die Dusche«, erinnert sich meine Mutter und man merkt ihr eine gewisse Erschütterung an. Nach einem hastigen Blick in alle Zimmer verabschiedeten sie sich von dem Wohnungseigentümer, einem alten, mürrischen Mann.

»Wo wolltet ihr eigentlich nach den Besichtigungsterminen übernachten?«, frage ich meine Eltern.

»In einer der Wohnungen.«

»In welcher Wohnung?«

»Na, in einer von denen, die wir uns angeschaut haben.«

»Aber das waren doch nur zwei.«

»Ja, und?«

»Und was, wenn euch keine gefallen hätte? Oder wenn der Vermieter gesagt hätte, dass ihr erst später einziehen könnt?«

»Aber es hat doch geklappt.«

Eine der zwei Wohnungen musste, *Inschallah*, passen, und zwar so, dass die Familie sofort einziehen konnte – andernfalls hätten sich meine Eltern ein Hotel oder eine Pension suchen müssen, was sie sich für eine längere Zeit kaum leisten konnten. Und die erste Wohnung war schon ein Reinfall.

Ich glaube, heute würden meine Eltern wohl nicht mehr so handeln: einfach auf das Schicksal vertrauend, ohne Vorkehrungen getroffen zu haben.

Ich frage sie: »Würdet ihr das heute wieder so machen?«

»Bist du verrückt? Wo hätten wir denn die kommenden Tage übernachten sollen, wenn wir keine Wohnung bekommen hätten?«

Die zweite Wohnung lag auf halber Strecke zwischen Stade und Grünendeich, im Dorf Hollern-Twielenfleth.

Eigentlich sind es zwei Dörfer – Hollern, das etwas landeinwärts liegt, und Twielenfleth direkt an der Elbe –, die zusammen eine Gemeinde bilden. Twielenfleth wurde erstmals im Jahr 1059 urkundlich erwähnt, Hollern 1143. Einer Dorfchronik zufolge waren die ersten Siedler sächsische Bauern, die *»zu Schiff ankamen«*. Noch heute leben viele von der Landwirtschaft – die Region, das Alte Land, ist mit seinen Millionen von Bäumen auf etwa zehntausend Hektar Land eines der größten Obstanbaugebiete Europas. *»Im Kampf mit den Naturgewalten, mit Krieg, Feuer und Wassersnot nahm sie* [gemeint ist die Entwicklung des Dorfes] *ihren Fortgang und prägte einen Menschenschlag eigener Art, der sich unter unvorstellbaren Mühen und Opfern an Leben und Gut durch die Zeiten fortpflanzte bis auf den heutigen Tag: kernig und fest, eigen und stolz«*, heißt es in dem Vorwort einer Festschrift zum neunhundertjährigen Bestehen von Twielenfleth. Zuletzt waren es immer wieder die Wassermassen der Elbe, die das Land überschwemmten und, als die Deiche standen, diese Schutzwälle auflösten wie Kekse, die man in Kaffee tunkt.

Die Wohnung befand sich in Hollern, in der Hollernstraße. Die Autofahrt dorthin dauerte von Stade aus zehn Minuten. Meine Mutter war begeistert: überall am Straßenrand schöne alte, reetgedeckte Bauernhäuser, viel Fachwerk. Dazwischen die Weiten der Obsthöfe, überwiegend Kirsch- und Apfelbäume in langen Reihen, hier und da Zwetschgen- und Birnbäume, durch die man in dieser blattlosen Zeit kilometerweit bis zum Deich in Twielenfleth blicken konnte, hinter dem die Elbe in Richtung Nordsee fließt.

Es war ein altes Backsteinhaus mit vier Wohnungen, umgeben von einem großen Obstgarten mit Kirschbäumen. Vor dem Haus überragte ein beeindruckender Ahornbaum das Dach. Der Hausbesitzer hatte demjenigen, der ihm einen zuverlässigen Mieter verschaffte, hundert Mark Belohnung versprochen, viel Geld für die damalige Zeit. Eine Frau aus Twielenfleth, die sich das verdienen wollte, hatte auf die Zeitungsannonce meiner Eltern reagiert und sie in Mannheim angerufen.

»Ich erinnere mich noch, als wäre es gestern gewesen: Es war inzwischen schon dunkel draußen, im gegenüberliegenden Haus brannte Licht«, sagt meine Mutter. Der Ort strahlte eine Behaglichkeit aus, die ihr sofort gefiel. »Als wir den Hausflur betraten, hörte ich, wie in einer Wohnung eine Frau Englisch sprach. Da dachte ich: Gott sei Dank, hier kann mich jemand verstehen. Hier bleiben wir.« Später stellte sich heraus, dass es sich bei der Frau um eine ältere Dame handelte, Frau Budde, die zwar kein Wort Englisch, dafür aber Plattdeutsch sprach. Das hatte meine Mutter als Englisch wahrgenommen.

Meine Eltern stiegen die achtzehn Stufen zu der oberen Wohnung hinauf. Der Hausbesitzer Peter Cordes, der direkt nebenan ein Bauunternehmen führte, war an jenem Tag nicht da. Die Wohnungsvermittlerin, sie hieß Gudrun Gondeck, schloss ihnen die Tür auf.

Es war ein gemütliches Zwei-Zimmer-Appartement im Dachgeschoss mit vielen Schrägen. »Die Wohnung war komplett eingerichtet, mit uralten, hässlichen Möbeln, wahrscheinlich noch aus Vorkriegszeiten«, sagt mein Vater. »Aber das war uns in diesem Moment egal, wir waren froh, eine Wohnung gefunden zu haben, die uns gefiel.«

Meine Eltern blieben.

Als Seemann passte mein Vater gut in die Region, die eine lange Seefahrertradition hat. Schon 1774 fragte die Stader Regierung hier an, »*ob ein oder ander Untertan mit eigenen Schiffsgefäßen nach auswärtigen Reichen und Häfen fahre und besonders, es sei für eigene Rechnung oder für Fracht, inländische Produkte und Kaufmannsgüter auswärts bringe und ob solche durch Prämien nicht noch mehr dazu aufgemuntert werden könnten*«. Ein bisschen erinnert das an die Anzeige der Bremer Hansa-Reederei, auf die sich mein Vater einst beworben hatte.

Ingnot verabschiedete sich sofort nach Bremen. Er war froh, dass er dieses schreiende Kind nicht mehr ertragen musste.

Meine Mutter beschreibt ihren ersten Eindruck: »Auf dem Bett im Schlafzimmer lagen Kissen und Decken, aber natürlich keine Bettwäsche. Es war schon spät und wir konnten nichts mehr einkaufen, also schliefen wir einfach so in dem Bett.«

Und was, wenn nicht einmal Kissen und Decke da gewesen wären?

»Ja, weiß ich auch nicht. Es hat aber alles geklappt.«

Es wurde das Paradies meiner ersten Lebensjahre. Ich erinnere mich an das Sofa im Wohnzimmer, mit beigefarbenem Stoff bezogen und so elastischen Metallfedern, dass man wunderbar darauf herumspringen konnte, an einen alten, dunklen Holzschrank mit Glastüren, in dem meine Eltern all das Zeug präsentierten, das mein Vater aus verschiedenen Ländern mitgebracht hatte: Schnitzereien, Vasen und eine spanische Flamencotänzerin im gelben Kleid. Ich bestaunte diese Sachen oft. Mittlerweile bin ich überzeugt, dass fast jede pakistanische und indische Familie, egal wo sie lebt, bei sich zu Hause eine Glasvitrine mit Souvenirs hat.

Ich erinnere mich an einen Besuch bei einem Onkel und einer Tante in Karatschi, ich war da noch ein Kind. In ihrem Wohnzimmer stand ein Glasschrank, in dem Figuren aus ›Star Wars‹, Spielzeugautos und ein Taschenrechner, der auf Knopfdruck diverse Melodien in gruseligen Pieptönen spielte, ausgestellt waren. Ihr

Sohn durfte sich diese Sachen nur anschauen, aber nicht anfassen. Das Spielzeug hatten Verwandte aus den USA geschickt. Als ich zu Besuch war, wurden die Sachen ausnahmsweise herausgeholt und mein Cousin und ich durften damit spielen. Den Taschenrechner bekam ich zum Abschied sogar geschenkt.

Meine Eltern haben sich in all den Jahren in Deutschland sehr verändert: Bei ihnen gibt es heute keinen Ausstellungsschrank mehr.

Im Schlafzimmer standen ein dunkelbrauner Kleiderschrank mit einem Spiegel an einer Tür, in dem ich mich manchmal versteckte, und unter einer Schräge mit Kippfenster ein dazu passendes Doppelbett. Wenn man im Bett lag, konnte man den Himmel und die Äste der Kirschbäume sehen. Von dort beobachtete ich gerne Flugzeuge, die ihre Kondensstreifen zogen. Das Badezimmer war blau gefliest, in der Küche standen ein paar zusammengesuchte Schränke, ein Elektroherd und in einer Ecke ein Esstisch und Stühle mit rotem Kunststoffbezug.

Gudrun Gondeck tauchte am nächsten Tag wieder auf und führte meine Eltern durch das Dorf: zum Lebensmittelladen, nach heutigem Maßstab eher ein Kiosk, und zur Schlachterei Jenke. Geschäfte, die es längst nicht mehr gibt. Sie zeigte meinen Eltern die nächste Bushaltestelle und nahm sie in ihrem Auto mit nach Stade, zu einem größeren Einkaufsmarkt, damit meine Eltern die alltäglichen Dinge kaufen konnten, die ihnen fehlten: Bettwäsche, Handtücher, ein paar Kosmetika, Lebensmittel. Anschließend fuhr sie meine Eltern zu einer Frau in Twielenfleth, von der sie wusste, dass sie ihr altes Kochtopfset verkaufen wollte – damals wurde weniger weggeschmissen als heute. Für fünfzig Mark erstanden meine Eltern vier gebrauchte Kochtöpfe. »Das war damals ganz schön viel Geld«, sagt meine Mutter. »Aber egal. Hauptsache, wir hatten Töpfe.«

Für meinen Vater war das der zweite Anfang bei Null, doch diesmal war keine Vertreibung vorausgegangen, war er nicht auf der Flucht. Und er wusste: Die Türen seines Elternhauses in Karatschi standen ihm, seiner Frau und seinem Sohn jederzeit offen – es gab ein Netz, in das er fallen konnte.

Ihre Sachen, die sie noch in Pakistan hatten, wollten meine Eltern nicht nach Deutschland verschiffen lassen. Es war preiswerter, sich hier neu auszustatten.

Für meine Mutter war es eine gänzlich ungewohnte Situation: Zu Hause in Karatschi hatte ihre Familie zwei Autos mit Chauffeur, mehrere Angestellte, ein schickes Haus, einen Fernseher, längst Telefonanschluss. Ständig herrschte ein Kommen und Gehen. Und hier? Nichts. Kein Auto, keine Bediensteten, kein Telefon. Keine Freunde, keine Verwandten. Nur eine Zwei-Zimmer-Wohnung.

Mein Vater musste bis zum Lehrgangsbeginn Anfang März wieder aufs Schiff, meine Mutter blieb alleine mit mir zurück.

»Ich hatte nicht mal einen Fernseher oder ein Radio«, sagt sie. »Ich weiß gar nicht, wie ich das ausgehalten habe. Im Vergleich zum Leben in Karatschi hatte sich mein Lebensstandard deutlich verschlechtert. Heute würde ich gleich am zweiten Tag abhauen.«

Sie denkt an diese Zeit.

»Erst jetzt kam der Kulturschock.«

Ein Leben in der Kleinfamilie. Ohne Hilfe der großen Verwandtschaft. Jeden Tag selbst kochen. Die Wohnung selbst putzen. Das Kind selbst versorgen. Alles alleine machen müssen. Und niemanden haben, der das Problem versteht. Kein Pakistaner, kein Inder weit und breit. Nur wir. So etwas kann einen Kulturschock ausmachen.

Auf die Idee, Fernseher und Radio ohne meinen Vater zu kaufen, kam sie gar nicht. Dazu fühlte sie sich noch viel zu unsicher in der fremden Umgebung. Erst einige Wochen später nahmen sie etwas von den Ersparnissen und kauften diese Geräte und einen Plattenspieler mit futuristisch gerundetem, weißem Kunststoffgehäuse gleich dazu.

Geld war knapp, obwohl mein Vater all die Jahre sparsam gelebt und zuletzt als Offizier gut verdient hatte. Aber die Rücklagen mussten die kommenden eineinhalb Jahre ausreichen. Solange mein Vater die Seefahrtschule besuchte, verdiente er kein Geld. Das sorglose Leben in Wohlstand war in Pakistan geblieben. »Aber wir waren glücklich. Vielleicht hatten wir nicht viel, als wir nach Hollern kamen, aber es fehlte uns an nichts«, stellt mein Vater heute fest.

Das, was fehlte, besorgten sie sich nach und nach: elektrische Geräte wie Haartrockner, Kühlschrank und Waschmaschine, außerdem Winterkleidung, Küchenutensilien, ein paar Möbelstücke.

Meine Mutter hätte regelmäßig explodieren können, wenn manche Leute so taten, als sei sie dem Urwald entflohen. »Ach, Sie hatten schon einen Herd? Ich dachte, so etwas gibt es dort noch nicht, in – na, wie heißt das noch gleich, wo Sie herkommen?«, sagte ihr einmal eine Frau, mit der sie im örtlichen Blumengeschäft über Rezepte ins Gespräch kam.

»Die dachte wirklich, ich hätte in Pakistan in einer Höhle gelebt und auf offenem Feuer gekocht, was die Männer tagsüber gejagt und nach Hause gebracht hatten. Wahrscheinlich glaubte sie auch, dass ich aus dem Fell unsere Kleidung nähte, mit Nadeln aus Knochen.«

Auf solche Fragen ging meine Mutter aber trotzdem höflich ein, erklärte, dass sie es in Karatschi sehr gut gehabt habe, ersparte den Menschen aber Details über den Wohlstand ihrer Familie. »Wahrscheinlich hätten sie mir sowieso nicht geglaubt.«

Vielleicht hätten sie sich gewundert, weshalb jemand ein so bequemes Leben in einer südasiatischen Metropole aufgibt, um in der norddeutschen Provinz in zunächst ärmlichen Verhältnissen zu leben. Vielleicht hätten sie nicht verstanden, dass Menschen aus Abenteuerlust und aus einem unbändigen Willen, ein Leben in einer neuen Welt zu beginnen, ausgerechnet in ihr Dorf ziehen. Was sollte an Hollern-Twielenfleth schon abenteuerlich sein?

Vom Leben in Indien und Pakistan, von den dortigen Familientraditionen mit all den Erwartungen und Regeln und Verpflichtungen hatten sie keine Vorstellung. Also kamen sie nicht auf die Idee, dass jemand einfach ein anderes Lebenskonzept verwirklichen wollte und deshalb siebentausend Kilometer weit weg in eine andere Ecke der Welt zog. Sie waren überzeugt: Die sind

Das erste pakistanische Paar in Hollern-Twielenfleth

hergekommen, weil es ihnen hier wirtschaftlich besser geht. Weil sie einen besseren Lebensstandard suchen und hier endlich einen Herd mit Stromanschluss haben.

Aber so dachten nur die wenigsten, jedenfalls bekamen meine Eltern es nur sehr selten mit. Die meisten Menschen im Dorf begegneten ihnen mit einer Mischung aus Freundlichkeit und Hilfsbereitschaft, bei manchen war natürlich auch eine Prise Neugier dabei: Wir waren die ersten Pakistaner in dem Dorf und ich bin mir nicht sicher, ob seither jemals wieder eine pakistanische oder indische Familie nach Hollern-Twielenfleth gezogen ist.

»Ihr fielt damals auf, mit euren schwarzen Haaren«, sagt Gudrun Gondeck. »Was haben deine Eltern gut ausgesehen, deine Mutter mit ihrem langen Haar und in ihren schicken Klamotten!«

Ich frage mich, was in den Köpfen der Leute vorging, als sie meine Eltern sahen: die Frau immer modisch gekleidet, Schlaghosen, High Heels, blumige Blusen und Kleider, die sie oft selbst nähte, der Mann mit Haaren bis über die Ohren und Elvis-Koteletten fast bis zum Kinn und ebenfalls in weiten Hosen. Dachten sie: So also sehen Pakistaner aus? Hätte meine Mutter Kopftuch oder Burka getragen, wie es manche Frauen in Pakistan tun, oder einen Sari – was hätten die Leute in Rastede, in Mannheim, in Hollern dann gesagt? Welchen Unterschied hätte es gemacht?

Was die Kleidung betraf, waren meine Eltern längst im Westen angekommen: Im Schrank meiner Mutter hingen zwar noch ein paar Saris, fünf Meter lange, bunte Tücher, die auf eine ganz bestimmte Art und Weise um den Körper gewickelt werden, aber sie trug sie kaum noch. Mein Vater benutzte seinen Shalwar Kameez als Haus- und Schlafanzug.

Pakistan war nach Jahren der Militärdiktatur erstmals wieder demokratisch regiert zu jener Zeit. Wenn mal etwas über dieses Land zu lesen war oder im Fernsehen lief, ging es häufig um Kaschmir und den Hass auf Indien, seltener um die wachsende Armut. Von Islamisten, bedrohlichen Koranschulen und Selbstmordattentätern war damals noch nicht die Rede.

Ausländer waren kein neues Phänomen in Hollern-Twielenfleth: In dem Ort lebten, wie in der ganzen Region, Türken, manche mit Familie, andere alleine. Sie bekamen von den Landwirten meist ein Zimmer und ein bisschen Geld und halfen dafür bei der Obsternte mit. Gelegentlich fuhr die Polizei durch die Straßen und kontrollierte ihre Papiere – für uns Dorfkinder spannende Augenblicke im Alltag. Manche Türken wurden weggeschickt, vermutlich in die Türkei, wohin sonst, waren aber ein paar Wochen später wieder da. Kein Wunder, dass sie sehr zurückgezogen lebten und Kontakte zu anderen Dorfbewohnern mieden. Sie taten niemandem etwas und waren akzeptiert, nicht mehr und nicht weniger – und wer sonst hätte den Bauern damals für so wenig Geld geholfen?

Als ich sieben Jahre alt war, freundete ich mich mit einem Türken an, der auf einem benachbarten Obsthof aushalf. Mehmet war immer sehr freundlich zu mir und schenkte mir regelmäßig Zitronenbonbons. Mit seinem unrasierten Gesicht und seinem schwarzen Haar im anfänglichen Ergrauungsstadium kam er mir uralt vor – er muss vielleicht Anfang dreißig gewesen sein.

Mehmet erzählte mir, dass die Menschen in der Türkei Zwiebeln »wie Apfel« essen. Er trat den Beweis an, nahm eine Zwiebel, häutete sie und biss herzhaft hinein. Mir reichte er auch eine und ich tat es ihm nach. Meine Augen tränten, aber nach einer Explosion im Gehirn verwandelte sich das Brennen in eine angenehm scharfe Süße. Seither bin ich ein großer Freund von Zwiebeln, esse sie allerdings nur ungern »wie Apfel«.

Mehmet lachte. »Jetzt bist du auch ein Türke.«

Ich überlegte mir, ihm im Gegenzug mal eine Chilischote anzubieten, ihn hineinbeißen zu lassen und ihm dann zu sagen: »Jetzt bist du auch ein Pakistaner.« Aber dann hatte ich doch nie eine Schote dabei.

Es war meine erste und einzige Verbindung zu einem Türken in Hollern. Von einem Tag auf den anderen war er verschwunden. Ich habe ihn nie wiedergesehen.

Am Morgen nach dem spontanen Einzug in ihre erste eigene Wohnung hängten meine Eltern eine Tüte mit einem Fläschchen Sirup an die gegenüberliegende Wohnungstür, außerdem eine Karte: »Herzliche Grüße von Familie Kazim. Wir sind die neuen Nachbarn.«

Ein paar Stunden später klopfte es an der Tür, davor stand die Nachbarin, die sich für das Geschenk bedanken und sich vorstellen wollte: Ottilie Truetsch, eine Frau Anfang vierzig. Bald schon sollte sie zu unserer Familie gehören – und wir zu ihrer. Auch sie war erst seit wenigen Monaten in Deutschland und vor Kurzem eingezogen. Sie kam aus Siebenbürgen in Rumänien, wohin ihre Vorfahren im zwölften Jahrhundert von der Rhein- und Moselgegend ausgewandert waren. Man nannte sie die »Siebenbürger Sachsen«.

Ottilies Bruder Alfred war im Zweiten Weltkrieg als junger Soldat nach Deutschland gekommen, Rumänien zählte in dieser Zeit noch zu den Verbündeten. Nach dem Krieg war das Land plötzlich kommunistisch – und Alfred durfte nicht wieder zurück. Fast zwanzig Jahre vergingen, bis er seine Eltern und seine Schwester beim ersten Besuch in Siebenbürgen seit Kriegsende wiedersah.

In den Sechzigerjahren stellte die Familie einen Antrag auf Ausreise nach Deutschland – von deutscher Seite aus waren sie als Deutschrumänen im Rahmen der Familienzusammenführung willkommen, doch die rumänische Regierung verweigerte ihnen viele Jahre lang den Wunsch.

Und dann ging alles doch ganz schnell: 1970, nach fast zehnjährigem Bemühen um eine Genehmigung, reiste Ottilie Truetsch mit ihrer Mutter, die ebenfalls Ottilie hieß, und ihrem Vater Michael nach Deutschland. Alfred lebte mit seiner Frau inzwischen in Stade und so zog Ottilie mit ihren Eltern in seine Nähe – nach Hollern-Twielenfleth.

Mit der Zeit wurde aus Ottilie Truetsch für uns Otti, aus ihren Eltern, die später im Erdgeschoss unseres Hauses lebten, Oma und Opa, und ich erzählte Jahre später meinen Freunden in der Schule stolz, dass Oma 1901 und Opa sogar 1896 geboren wurde. Opa ist neben Kazim Ali Khan der einzige mir persönlich bekannte Mensch, der im neunzehnten Jahrhundert geboren wurde.

Wir schlossen einander ins Herz.

Erst kürzlich sagte mir Otti zwischen einer ihrer vielen Reisen – denn sie reist für ihr Leben gern und hat fast alle Teile der Welt gesehen –, sie habe zwar keine eigenen Kinder, aber dafür ja uns.

Umgekehrt hatten wir keine Verwandten in unserer Nähe, dafür Otti, Oma und Opa.

Wir gaben uns gegenseitig, was wir ohne einander nicht hatten.

In diesem Haus in der Hollernstraße kreuzten sich die Wege von zwei Familien, die in ihrer jeweiligen Heimat – die eine in Rumänien, die andere in Pakistan – nicht mehr glücklich gewesen waren und einen Neuanfang suchten. Kurze Zeit vorher hatten sie nicht nur nichts voneinander gewusst, sie hatten auch noch nie von Hollern-Twielenfleth gehört. Erstaunlich, wohin der Zufall einen führt.

»Für mich war es ein Segen, dass ihr da wart, denn mit deiner Mutter habe ich mich immer auf Englisch unterhalten und konnte so meine Sprachkenntnisse verbessern«, erzählte Otti. »Bis heute reden wir Englisch miteinander und wenn uns mal ein Wort nicht einfällt, nehmen wir eben das deutsche. Mit deinem Vater spreche ich aber erstaunlicherweise immer Deutsch.« Nach kurzem Überlegen sagte sie: »Als ich deinen Vater kennenlernte, konnte er sich schon auf Deutsch verständigen. Es gab also keine Notwendigkeit, auf Englisch auszuweichen. Seither haben wir es so beibehalten.«

Otti fand kurz nach ihrer Ankunft in Hollern Arbeit bei einem Stromerzeuger, sie fuhr täglich mit ihrem goldenen Opel Kadett, den sie »Bernie« nannte, in ihr Büro auf dem Gelände des Stader Kernkraftwerks, das damals gerade ans Netz gegangen war. In meiner kindlichen Wahrnehmung arbeitete sie direkt im Reaktor, sie war in meiner Vorstellung die Person, die die Schalter betätigte und so dafür sorgte, dass die Menschen Strom hatten.

Bis in meine Jugend hinein verband ich das Atomkraftwerk immer mit Otti und konnte nicht verstehen, warum Menschen dagegen demonstrierten – gegen Atomstrom zu sein, bedeutete für mich, gegen Otti zu sein. Als vor ein paar Jahren der Ausstieg aus der Atomenergie beschlossen wurde und das Stader Kraftwerk als eines der ersten vom Netz ging, war Otti schon im Ruhestand.

Meine Mutter freute sich, als sie vor dem Nachbarhaus mit

dem Reetdach einen Kinderwagen entdeckte. Ihr Sohn war also nicht das einzige Baby in der Nachbarschaft. Sie fragte den Vermieter Peter Cordes, einen großen, kräftigen, ein bisschen brummigen, aber freundlichen Mann, wer denn die Nachbarn da drüben seien.

In dem Haus wohnten Irmgard und Simon Kirschner mit ihren Töchtern Gisela und Gertrud. Gisela war bereits verheiratet und gemeinsam mit ihrem Mann Heiner Laurich freute sie sich auf ihr eigenes Haus, das gerade neben ihrem Elternhaus gebaut wurde. In diesem Haus habe ich meinem Gefühl nach meine halbe Kindheit verbracht.

Der Kinderwagen gehörte der einjährigen Marina, Giselas Tochter. Ein zweites Mädchen, Sabine, war noch keinen Monat alt und befand sich seit der Geburt im Krankenhaus, da es etwas zu früh zur Welt gekommen war.

Auch Kirschners und Laurichs hatten schon von der pakistanischen Frau mit dem Kind gehört, deren Mann zur See fuhr. Eines Tages kam meine Mutter mit Gisela ins Gespräch. Wer kleine Kinder hat, überwindet kulturelle Grenzen leichter: Sie unterhielten sich über ihre Kinder und meine Mutter bat Gisela, ihr einige Dinge aus der Stadt mitzubringen. Wir hatten zu der Zeit noch kein Auto, meine Mutter besaß gar keinen Führerschein. Die Busfahrten von Hollern nach Stade und zurück, mich auf dem Arm oder im Kinderwagen, dazu auf dem Rückweg Taschen und Tüten voller Einkäufe, die Sprachschwierigkeiten, die fremde Gegend – das war ein bisschen viel für sie alleine.

Die Drogerie Reitemeyer in Stade, ein Geschäft, in dem der Chef noch persönlich hinterm Tresen stand, bot meiner Mutter schließlich an, ihr die verschiedenen Breisorten in Gläschen und die Windeln nach Hause zu liefern.

Fast zwanzig Jahre später, 1994. Ich gebe einen Negativfilm in diesem Geschäft zur Entwicklung ab, bin schon auf dem Weg zur Tür, als Herr Reitemeyer meinen Namen auf der Auftragstüte sieht. Quer durch den vollen Laden ruft er mir zu: »Herr Kazim, ich hab Sie gar nicht wiedererkannt! Ich weiß noch, welche Windeln Sie getragen haben!«

Wenn Heimat dort ist, wo der Kaufmann sich auch nach zwei Jahrzehnten erinnert, welche Windeln man getragen hat, dann wurden Hollern-Twielenfleth und Stade zu meiner Heimat.

Meine Mutter begann, sich wohlzufühlen, fand Freunde, lernte nach und nach alle Nachbarn kennen, darunter die Plattdeutsch sprechende Frau Budde und Frau Stuhlemer, beides ältere Damen aus dem Erdgeschoss. Frau Stuhlemer konnte meinen Namen nicht aussprechen und sagte stattdessen einfach »Hansi«, eine Schöpfung, die schon bald bis nach Pakistan, bis in die USA drang und die bis zum Ende meiner Schulzeit an mir haftete.

Meine Mutter merkte schnell, dass die Menschen in Hollern-Twielenfleth einander halfen, wenn Hilfe gefragt war – auch ihr, der fremden Frau aus dem fernen Pakistan. Sie war also nicht allein.

Ich wundere mich, wenn Leute sagen, die Altländer seien verschlossen, kühl und geizig noch dazu. Vielleicht brauchen manche ein bisschen Zeit, um sich gegenüber Fremden zu öffnen – aber dann sind sie die herzlichsten Menschen, die man sich vorstellen kann.

Die Tage vergingen jetzt rasch, meine Mutter hatte mit mir alle Hände voll zu tun, ich schrie nach wie vor viel. Nichts half, kein gutes Zureden, kein Füttern, kein Singen, kein Ins-Bett-Legen. Erst als meine Eltern ein Radio besaßen, entdeckten sie das Wundermittel: »Sobald ›Griechischer Wein‹ von Udo Jürgens lief, wurdest du ruhig«, sagt meine Mutter. Was für ein Glück: Das Lied wurde 1975 ein Hit und daher permanent gespielt. Vielleicht liegt es an dieser Prägung im Säuglingsalter, dass ich dieses Lied bis heute mag. Dass es um Ausländer geht, die von ihrer Heimat träumen, ist reiner Zufall und hat nichts zu bedeuten.

Sie sagten sich immer wieder: Irgendwann geht es zurück. Und das Ersparte genügt zu Hause für ein kleines Glück. Und bald denkt keiner mehr daran, wie es hier war.

Ich kann mir Liedtexte nur selten merken, aus meiner Kindheit kenne ich kaum noch welche. Der von ›Griechischer Wein‹ ist einer der wenigen, den ich seit Jahren vom Anfang bis zum Ende auswendig weiß.

Telefonieren kostete noch ein Vermögen, man unterschied zwischen Orts-, Regional- und Ferngesprächen und für ein längeres Telefonat nach Pakistan musste man zuvor fast schon einen Termin bei seinem Bankberater ausmachen, um über einen Kredit zu reden. Da wir kein Telefon besaßen, rief meine Mutter nur selten bei den Verwandten an, und zwar aus einer Telefonzelle, die Taschen voller Münzen. Meinen Vater konnte sie auf seinem Schiff nicht erreichen, dafür meldete er sich regelmäßig: Er wählte einfach die Nummer von Otti.

Ende Februar 1975 war er wieder zu Hause, in ein paar Tagen begann die Seefahrtschule in Grünendeich. Für die täglichen Fahrten dorthin kaufte er sich ein Mofa. »Das war so ein Ding mit einem kleinen Motor am Vorderrad«, erinnert sich mein Vater. »Zum Starten musste man es wie ein Fahrrad treten und dann, wenn es Fahrt aufgenommen hatte, den Motor anwerfen.«

Zwei Polizisten staunten nicht schlecht, als sie sahen, wie eines Tages die gesamte Familie Kazim auf diesem Mofa die Hollernstraße entlangknatterte: Mein Vater fuhr, meine Mutter saß hinter ihm, dazwischen hatten sie mich, das Baby, geklemmt – alle ohne Helm. »Damals gab es noch keine Helmpflicht, aber die fanden das natürlich trotzdem nicht gut«, sagt mein Vater. Er hatte komplett vergessen, dass er nicht in Indien oder Pakistan unterwegs war, wo es üblich war – und übrigens immer noch ist –, dass eine ganze Familie sich auf einem motorisierten Zweirad fortbewegt. Dort hätten sogar noch ein bis zwei weitere Personen auf das Gefährt gepasst.

Zu gern wüsste ich, was die Polizisten dachten. Ob sie uns für verrückt hielten?

Sie stoppten uns. »So geht das aber nicht, junger Freund«, ermahnte einer der beiden meinen Vater. Sie kontrollierten seine Papiere, aber es blieb bei einer Verwarnung. Und mein Vater verzichtete fortan darauf, seine Familie auf dem Mofa herumzukutschieren. Ein Auto musste her.

Das erste eigene Auto seines Lebens kaufte er von einem Kollegen, der mit ihm am Lehrgang in Grünendeich teilnahm: einen uralten weißen VW Käfer für nur fünfzig Mark. Leider gab der kurze Zeit später den Geist auf, weil mein Vater auf unebener Straße mit der Ölwanne aufgesetzt hatte – der Wagen verlor Öl, mein Vater fuhr weiter, nach ein paar Kilometern qualmte der Motor. Der Hollerner Autohändler machte ihm klar, dass der Käfer kaum noch zu retten sei, und verkaufte ihm einen rundlichen, himmelblauen Kombi, einen VW Passat Variant. Er gefiel meiner Mutter nicht. »Was hast du dir da andrehen lassen?«, schimpfte sie.

Ich weiß nicht, ob auch dieses Gefährt nicht allzu lange hielt oder ob es einfach die Unzufriedenheit war, jedenfalls kaufte mein Vater 1976 das dritte Auto: wieder gebraucht, wieder beim Händler in Hollern, dem einzigen, den es im Ort gab. Diesmal war es ein Käfer in Orange.

Es sind vergilbte Bilder, die ich aus dieser Zeit kenne. Fotos, über die sich ein braun-gelb-oranger Schleier gelegt hat, was aber nicht weiter stört, weil die Farben zu den Siebzigerjahren passen. Knatternde Erinnerungen, die mein Vater mit seiner Super-8-Kamera gefilmt hat. Wie ich im gelben Strampler am Steuer des Kombis sitze. Wie ich um den orangen Käfer laufe. Ein kleiner Junge im Matrosenanzug. Mein Go-Cart. Mein erster Geburtstag im Oktober, Otti, die mich auf dem Arm hält, Gisela mit ihren Töchtern, unser Vermieter Peter Cordes mit seiner Frau Senta, Freunde aus Stade, auf dem Tisch ein Kuchen in der Form einer Eins.

Während es uns also gut ging, sorgten sich die Verwandten um uns. Wie wir wohl in Deutschland lebten? Ob es an etwas fehlte? Wie meine Eltern in der Fremde zurechtkamen? Und warum riefen wir nur so selten an? Wann endlich bekamen wir einen Telefonanschluss? Wie entwickelte sich das Kind?

Mitte März, wir waren seit zehn Wochen in Hollern, reiste mein Großvater Kazim Ali Khan nach Deutschland, um nach dem Rechten zu sehen. Er muss damals schon über achtzig Jahre alt gewesen sein. Mein Vater wollte ihn vom Flughafen in Hamburg abholen und hatte sich mit dem weißen Käfer auf den einstündigen Weg gemacht. Doch am Flughafen traf er seinen Vater nicht an, obwohl das Flugzeug laut Anzeigetafel längst gelandet war.

Mein Großvater hatte sich kurzerhand in ein Taxi gesetzt. Meine Mutter erzählt: »Ich war zu Hause geblieben und wartete nun auf die beiden. Plötzlich höre ich draußen Rufe auf Urdu: ›Ist da jemand? Ist jemand zu Hause?‹«

Kazim Ali Khan war in Hollern-Twielenfleth angekommen.

»Was machst du denn hier, ganz alleine?«

»Ich wollte euch besuchen, was sonst.«

»Ja, aber wie bist du ...?«

»Mit einem Taxi. Das war eine sehr nette Fahrerin, ich habe mich gut mit ihr unterhalten.«

Unterdessen geriet mein Vater am Flughafen in Panik: Wo war sein Vater? Wen sollte er anrufen? Die Verwandten in Pakistan würden krank vor Sorge werden und konnten ohnehin nicht helfen. Meine Mutter konnte er nicht erreichen, denn Otti war bei der Arbeit. Er machte sich wieder auf den Weg nach Hause – wo er einen fröhlichen Kazim Ali Khan vorfand, der mit seinem Enkelkind spielte.

Ein lustiges Bild: Ein Nawab aus Karatschi, Sohn eines Rajas, volles, graues Haar, grauer Schnurrbart, schwarze Hornbrille, steht in seinem weißen Shalwar Kameez in einer Zweizimmerwohnung in Hollern-Twielenfleth.

Ein paar Tage später kam auch Zahra, die älteste Schwester meines Vaters, mit ihrem Mann. Die beiden waren aus Saudi-Arabien angereist, Zahra arbeitete als Ärztin in einem Krankenhaus, ihr Mann in der pakistanischen Botschaft. In den Räumen des kleinen Appartements drängten sich nun fünf Erwachsene und ein Säugling.

Impressionen: Es schneit. Meine Eltern, Kazim Ali Khan, Zahra und ihr Mann sitzen auf dem Sofa in Ottis Wohnzimmer. Ein Blick aus dem Fenster, auf eine haushohe Tanne. Mein Großvater deutet mit dem Finger nach draußen. Mehr als achtzig Lebensjahre und keine einzige Schneeflocke. Und jetzt, in Hollern, Schnee – mitten im März.

»Look! Snow! It's snowing!«

Alle springen auf, laufen zum Fenster. Otti freut sich mit uns.

Noch ein Bild von meinem Großvater: Er steht vor unserem Haus im Schnee, wieder trägt er seinen weißen Shalwar Kameez, darüber eine dicke Daunenjacke. An den Beinen ist er viel zu dünn bekleidet.

Ich frage mich, ob die Menschen, die ihn so sahen, ahnten, was für ein Leben dieser Mann geführt hatte, ob sie spürten, dass das der Sohn eines ehrwürdigen Rajas war, oder ob sie ihn nur für einen verrückten Alten im Kaftan hielten. Noch so ein merkwürdiger Ausländer. Und was sie wohl über meine Tante dachten, die stets einen Sari trug, meistens einen leuchtend gelben?

Kazim Ali Khan blieb zwei Wochen bei uns, meine Tante und mein Onkel zehn Tage. Es war eine Zeit, in der es in unserem Haus besonders intensiv wie in Pakistan roch. Ständig brodelte ein Topf mit Curry auf dem Herd, wurden Fladenbrote gebacken, dampfte Reis in einer Schüssel. Kazim Ali Khan hatte Gewürze mitgebracht. Meine Eltern hatten aber auch ohne diesen Nachschub einen beeindruckenden Vorrat, aufbewahrt in ausgespülten Instant-Kaffee-Gläsern, da sie zu dieser Zeit – trotz durchaus positiver Eindrücke vom deutschen Essen – noch ausschließlich pakistanische und indische Gerichte kochten. Und im Lädchen in Hollern gab es ja fast nichts anderes als Salz und Pfeffer im Gewürzregal.

Ein paar Hollerner Nachbarn, die sie einluden, lernten, was es heißt, scharf zu essen. Einer von ihnen teilte ein paar Tage später ungefragt seine Erfahrungen mit: »Bei eurem Essen brennt es zweimal: einmal zu Beginn der Verdauung und einmal am Ende, haha.«

Der Geruch in unserer Wohnung rührte aber auch von der Kleidung der Verwandten her, eine Mischung aus Mottenkugeln, Koriander, Räucherstäbchen, Benzin und Rosenwasser. Wann immer ich von einer Reise aus Südasien zurück nach Deutschland komme und meinen Koffer öffne, steigt mir eine Wolke aus diesem intensiven, aber nicht unangenehmen Geruch entgegen, den meine Hemden und Hosen dort angenommen haben und der in mir sofort Fernweh aufkommen lässt, obwohl ich ja gerade dort war. Ein vertrauter Geruch, wobei man beim ersten Wahrnehmen keine Ahnung hat, dass es so etwas in dieser Welt gibt: den Duft von Südasien.

Unsere Verwandten hatten sich vergewissert, dass es uns gut ging und dass wir ein halbwegs menschenwürdiges Leben in Hollern führten, wenn auch ihrer Meinung nach nicht standesgemäß. Aber was sollten sie tun? Allen voran gaben sie die Schuld dafür meiner Mutter – schließlich war sie nicht davon zu überzeugen, nach Pakistan zurückzukehren, also sollte sie doch, bei Allah, in ihrer Kleinstwohnung in diesem Dorf glücklich werden.

Als sie gingen, blieb nur ihr Geruch, und es keimte so etwas wie Sehnsucht und Heimweh in meiner Mutter auf. Wie es ihren Eltern wohl ging? Was sie von Hollern-Twielenfleth, von Otti, von dem schönen Obstgarten halten würden? Wir haben es nie erfahren, Manzoor Ali Naqvi und Qamar Jehan besuchten uns nie in Deutschland. Auch meine Großmutter väterlicherseits, Afsar Begum, kam nie, obwohl sie einmal, als sie schon über neunzig war, den weiten Weg von Pakistan in die USA auf sich nahm. Eine mehrtägige Pause in Europa wollte sie aber nicht machen. Für Kazim Ali Khan blieb es bei diesem einzigen Aufenthalt.

Im Laufe der Jahrzehnte haben uns einige Verwandte in Deutschland besucht: meine Tanten, Onkel, Cousins und Cousinen. So richtig wohl hat sich hier keiner von ihnen gefühlt. Es waren schöne Treffen, keine Frage, voller Gespräche über alte Zeiten, voller Begegnungen mit unseren deutschen Freunden, damit die Verwandten sehen konnten, dass wir nicht alleine waren, voller

Sightseeing, Hamburg, Elbe, Stader Innenstadt. Aber sie fühlten sich immer irgendwie fremd, weil es ihrer Meinung nach in Stade so wenig Lebensnotwendiges gab.

»Wie kommt ihr nur ohne die ganzen Gewürze aus?«

»Wie könnt ihr nur ohne Kontakt zu anderen Pakistanern leben?«

»Was, in Stade gibt es keine Moschee?«

»Was die hier als Currypulver verkaufen, ist eine Zumutung.«

»Ihr könnt hier keine indischen oder pakistanischen Fernsehprogramme empfangen?«

Selbst die meisten meiner Verwandten, die seit Jahren in den USA oder in Großbritannien lebten und zu uns nach Deutschland kamen, fanden unser Leben im Landkreis Stade eher merkwürdig. In London, Washington oder Houston gibt es wenigstens eine *Desi*-Community, Desi-Restaurants, Geschäfte mit Desi-Klamotten, Desi-Videotheken. Desi bedeutet »einheimisch« auf Hindi und Urdu, gemeint ist alles, was indisch oder pakistanisch ist.

Stade ist nicht desi genug.

Die meisten von ihnen sehen Pakistan als ihre Heimat an. Nur in meiner Generation finden sich einige, die mit Pakistan nicht viel am Hut haben. Weil sie dort nicht geboren wurden oder schon seit Jahren nicht mehr dort waren.

Was meine Eltern damals, Mitte der Siebzigerjahre, wohl geantwortet hätten, wenn jemand sie zum Beispiel bei einem Urlaub in London gefragt hätte, woher sie kommen? Aus Hollern-Twielenfleth, Deutschland? Aus Karatschi, Pakistan?

Sie können heute nur Vermutungen darüber anstellen. Wahrscheinlich Karatschi.

Was antworten sie heute?

Stade.

Was antworte ich?

Aus Hamburg. Eigentlich aus Stade, um exakt zu sein: aus einem Dorf, das Hollern-Twielenfleth heißt, gar nicht so weit von Hamburg entfernt. Aber jetzt lebe ich in Hamburg. Na ja, geboren bin ich in Oldenburg, dem niedersächsischen, nicht dem schleswig-holsteinischen. Ursprünglich kommt meine Familie aber aus Pakistan, aus Karatschi. Genau genommen aus Indien, aus Lucknow in Uttar Pradesh und aus Delhi. Meine Oma stammt allerdings aus Shimla, ihr Vater aus Persien. Aber Stade passt schon.

Oft folgt, nachdem ich »Hamburg« gesagt habe, schon die Nachfrage: »Aber ich meine, woher kommen Sie richtig? Wo ist Ihre Heimat?« Ich verstehe, was diese Leute wissen wollen, und ich setze meine Antwort wie beschrieben fort.

Früher habe ich auf Hamburg beharrt. Nur um den Fragesteller zu ärgern. Manche konnte man so in Verzweiflung treiben.

»Ja, sag ich doch: aus Hamburg. Ich komme richtig aus Hamburg. Meine Heimat ist Hamburg.«

Ich sagte »Hammbuich«, das klang glaubwürdiger.

»Schon klar, aber wo liegen Ihre Wurzeln?«

»Meine Wurzeln? In Oldenburg, da bin ich geboren. Und in Stade, da bin ich größtenteils aufgewachsen.«

»Ja, natürlich, verstehe, aber ich meine das Herkunftsland Ihrer Familie.«

»Herkunftsland meiner Familie? Also, jetzt werden Sie aber sehr persönlich, wieso wollen Sie das denn wissen?«

Ich genoss das.

Die Antwort auf meine Frage hätte jetzt lauten können: »Hören Sie, Sie haben ausländische Wurzeln, ich kann's doch sehen, jeder kann es sehen, Sie haben relativ dunkle Haut und schwarze Haare, außerdem einen fremd klingenden Namen. Und was ist schon dabei, ich frage doch nur, weil's mich interessiert. Ich finde es spannend, etwas über Menschen zu erfahren, die aus anderen Ländern kommen und wahrscheinlich einen komplett anderen Lebensweg hatten als ich.«

Aber das traute sich niemand. Warum eigentlich nicht?

Vielleicht liegt das daran, dass viele Deutsche mit Wurzeln in weiß Gott welchen Ländern – irgendein Idiot hat die Bezeichnung »Mitbürger mit Migrationshintergrund« für sie erfunden – so reagieren wie ich früher und damit für Verunsicherung gesorgt haben.

Ich hörte jedenfalls irgendwann damit auf, lange um den Kern der Sache herumzureden. Neugier muss man belohnen und daher ehrliche Antworten geben. Und ich mag es, wenn man mich nach meiner Herkunft fragt, schließlich zeigt es Interesse. Krampfhaftes Ignorieren von Andersartigkeit finde ich seltsam.

Auf jeden Fall muss ich mir eine kürzere ehrliche Antwort überlegen. Die jetzige ist definitiv zu lang.

Nur ganz selten fällt es mir noch schwer, meinen Zynismus zurückzuhalten. Zum Beispiel, wenn jemand zu mir sagt: »Ah, Indien, ich war kürzlich in einem indischen Restaurant.« Oder: »Wo haben Sie so gutes Deutsch gelernt?«

Mit dem Deutsch meiner Mutter war es in den ersten Monaten in Hollern-Twielenfleth so eine Sache. Sie nahm hier und da Brocken auf, merkte sich die wichtigsten Wörter und Floskeln. Aber sie dachte – noch – nicht daran, einen Deutschkurs zu besuchen. Mit mir, einem Kleinkind, wäre das ohnehin nicht zu organisieren gewesen. Außerdem schlummerte tief in ihr sowieso noch der Gedanke: Irgendwann geht es nach England oder in die USA. Und Englisch konnte sie.

Aber sie verstand sich prächtig mit den Nachbarn, lernte immer mehr Leute kennen, machte auch Bekanntschaft mit Stadern.

Mit meinem Vater unterhielt sie sich auf Urdu und auf Englisch, meine Eltern redeten mit mir ebenfalls Urdu und Englisch, die Nachbarn Deutsch. Daher lernte ich ein Gemisch aus drei Sprachen. Ich sagte als Kleinkind, das ein paar Wörter brabbelt, »ocks« *(socks)*, »iskit« *(biscuit)* und »gali« (*gari*, Urdu für Auto), aber auch »dake« (danke) und »guteteit« (Gesundheit).

Erstaunlicherweise fühlte meine Mutter sich trotz der Sprachbarriere in Hollern zu Hause. Als meine Eltern nach einem vierwöchigen Besuch bei Verwandten in London zurückkehrten und die kleine Wohnung betraten, sagten sie: »Home, sweet home.«

Allzu lange sollte ihr Glück nicht andauern.

Einmal Karatschi und zurück

Nur noch zwei Monate. »Ich kann Ihnen leider keine längere Aufenthaltserlaubnis geben«, sagte der Beamte in der Stader Ausländerbehörde. »Die Ausbildung Ihres Mannes endet im August, daher kann ich Ihnen die Genehmigung nur bis zum 31. August 1976 ausstellen. Bis Ende August müssen Sie ausreisen.«

Meine Eltern hatten immer gewusst, dass ihnen das Bleiberecht nur für die Zeit der Ausbildung meines Vaters gewährt würde. Die Worte des Beamten trafen sie dennoch unvorbereitet. Sie hatten sich in Hollern-Twielenfleth eingelebt, hatten Freundschaften geschlossen, fühlten sich mit den Menschen und dem Ort verbunden.

Der Beamte redete auf meine Eltern ein, vieles davon verstanden die beiden nicht, weil er zu schnell sprach und Wörter benutzte, die ihnen fremd waren. Sie nickten trotzdem, widersprachen nicht. Was hätten sie sagen sollen? Hören Sie auf mit dem Quatsch und sehen Sie zu, dass Sie das in eine unbefristete Aufenthaltsgenehmigung umwandeln?

Die Monate waren unmerklich verronnen. Die beiden Sommer in Hollern waren wunderschön gewesen, grüne Weiten mit weißen, dann roten Punkten: erst die Kirschblüte, dann die Kirschenzeit. Unser Vermieter hatte nichts dagegen, dass die Bewohner seiner vier Wohnungen ihren Appetit auf frische Kirschen im Garten stillten. Solange Menschen zwischen den Bäumen herumliefen, kamen wenigstens die Vögel nicht, denen die Kirschen ebenfalls schmeckten. »Wie im Paradies«, sagen meine Eltern: »Kirschen vom Baum direkt in den Mund.« Im Frühherbst kam die Apfelernte, in den Obsthöfen standen Türme von Apfelkisten. Ein Aroma von Most breitete sich aus, ein betörender Duft von Fäulnis, der einen benommen machte und auf der Zunge lag, wenn man sich ihm zu lange aussetzte. Dann das erste Weihnachten in der eigenen Wohnung, in der Wohnzimmerecke ein geschmückter Tannenbaum. Otti hatte ihn von ihrer Firma bekommen, bislang hatte sie jedes Jahr dankend abgelehnt, dieses Mal griff sie zu und überließ ihn uns. Wir feierten ohnehin zusammen.

Das alles sollte nur noch eine Erinnerung sein? Zwei Monate Bleiberecht, keinen Tag länger, obwohl wir niemandem zur Last fallen würden. Die Hansa-Reederei bescheinigte meinem Vater schriftlich, dass sie ihn sofort nach Ende seiner Ausbildung als Offizier einstellen werde.

»Tut mir leid, ich muss mich an die Gesetze halten. Mehr als eine Verlängerung der Aufenthaltserlaubnis bis Ende August kann ich Ihnen nicht geben«, sagte der Sachbearbeiter, nachdem er minutenlang in den Unterlagen geblättert hatte. Er war neu in der Behörde. Dass er durchaus Ermessensspielraum hatte bei der Vergabe von Aufenthaltsgenehmigungen, verschwieg er.

Für seinen Dienst und das bisschen Tinte im Pass zahlten meine Eltern jeweils zehn Mark.

Ob er sich genauso strikt an die Gesetze hielt, wenn Ausländer vor ihm saßen, die ein geschliffenes Deutsch an den Tag legten und die ihre Rechte bis ins kleinste Detail kannten?

»Wir hätten auf den Tisch hauen sollen«, sagt mein Vater rückblickend. »Ich habe hier jahrelang gearbeitet und Steuern gezahlt, deshalb hätten wir uns weigern sollen, diese zweimonatige Frist hinzunehmen.«

Meine Mutter fügt hinzu: »Und wir hätten gleich sagen sollen, dass wir in Deutschland bleiben. Nicht nur für zwei Monate, sondern für immer!« Sie sagt das mit einer Wut im Bauch, vergessend, dass das damals noch gar nicht ihre Absicht war: für immer zu bleiben.

Vielleicht wäre alles anders gekommen, wenn meine Eltern sich schon zu diesem Zeitpunkt endgültig für ein Leben in Deutschland entschieden hätten. Vielleicht hätten sie sich eine Menge Probleme erspart, wenn sie ganz klar gesagt hätten: Uns kriegt hier niemand mehr weg, basta! Aber damals spielte Deutschland in ihren Träumen immer noch nicht die Hauptrolle.

Die erste Aufenthaltserlaubnis für meine Mutter war ein Jahr gültig gewesen. Drei Wochen vor dem Ende dieser Frist, Anfang September 1975, waren meine Eltern nach Stade zur Ausländerbehörde gefahren. Eine problemlose Begegnung: Ein Sachbearbeiter rief die beiden in sein Büro, hörte sich ihren Wunsch an, blickte auf das Seefahrtsbuch meines Vaters und blätterte die grünen pakistanischen Reisepässe durch. Ein Eintrag schien ihn zu irritieren, jedenfalls verharrte sein Blick lange darauf: »*Valid for all countries of the world except Israel*«. Eine bemerkenswerte Szene: In dem Land, das für die Ermordung von Millionen Juden verantwortlich war, sorgte dieser Gültigkeitshinweis dreißig Jahre nach dem Ende des Zweiten Weltkriegs für Verwirrung. Was dem Staatsbediensteten wohl durch den Kopf ging?

Ich habe mir ältere pakistanische Pässe meiner Verwandtschaft angeschaut. In manchen steht der gleiche Eintrag, in anderen sind die Länder, in die die Inhaber reisen durften, seitenlang aufgelistet. Pakistan hat offensichtlich ein Problem mit Ländern, die mit dem Buchstaben I beginnen: Israel fehlt immer, je nach politischer Stimmung auch Indien. Zudem sind mehrere Ostblockstaaten, darunter die DDR, nicht aufgeführt.

Kommentarlos knallte der Beamte einen Stempel in die Pässe, wieder eine »*Aufenthaltserlaubnis für die Bundesrepublik Deutschland einschl. des Landes Berlin*«, diesmal aber über das Arbeitsverbot hinaus mit dem Zusatz versehen: »*Der Nachzug von Familienangehörigen ist ohne Genehmigung der Ausländerbehörde nicht gestattet.*« In den Pass meines Vaters schrieb er außerdem: »*Aufenthaltserlaubnis berechtigt nur zum Besuch der Seefahrtschule Grünendeich.*« Handschriftlich trug der Sachbearbeiter in beide Pässe das Gültigkeitsdatum ein: 30. Juni 1976.

Mein Vater sagte ihm, seine Ausbildung ende aber erst im August, doch der schüttelte nur den Kopf. »Dann kommen Sie wieder und wir verlängern noch einmal«, beschied er. Meine Eltern verstanden nicht, weshalb er nicht gleich den 31. August 1976 eintrug. Aber sie sagten nichts, sie waren erleichtert, dass sie den Stempel hatten und gehen konnten.

Die Atmosphäre, die hallenden Räume, die kargen Stühle im Warteraum, der Mief, den der Kunststoffboden ausströmte, der barsche Umgangston der Beamten, die spürbar von den vielen schlecht Deutsch sprechenden Ausländern genervt waren, all das schüchterte sie ein.

Die Behörde kassierte damals vierzig Mark von meinen Eltern, zwanzig Mark pro Stempel.

Und nun das: »Bis Ende August müssen Sie ausreisen.«

Meiner Mutter fielen in dieser Situation ein paar der deutschen Schimpfworte ein, die sie an Bord der »Steinfels« gelernt hatte. Aber sie hütete sich, irgendeines davon laut zu sagen.

Meine Eltern fanden sich damit ab, dass die Zeit in Deutschland vorbei war. Nur nicht wehmütig werden, immer positiv denken. Bald könnte der alte, fast vergessene Traum von einem Leben in den USA oder in Großbritannien wahr werden.

Zur Kapitänsausbildung gehörte, dass mein Vater im Anschluss an die Seefahrtschule zwei Jahre als Erster Offizier zur See fahren musste – »sein Patent ausfahren« heißt das. Erst danach sollte er sein Kapitänspatent bekommen; als Kapitän hätte er als Nichtdeutscher auf einem deutschen Schiff aber auch dann nicht fahren dürfen. Hansa stellte ihn, wie angekündigt, ein. Das deutsche Seefahrtsbuch blieb damit in seinem Besitz. Dieses Dokument berechtigte ihn, weiter in Deutschland zu bleiben. »Genau genommen war meine Ausbildung ja noch gar nicht beendet, es fehlte der praktische Teil. Das hätten wir dem Typen in der Ausländerbehörde sagen und auf einer Verlängerung bestehen müssen«, sagt mein Vater. »Notfalls auf dem Gerichtsweg.« Aber damals war meinen Eltern nicht klar, wie man mit Behörden umgehen muss.

Und dass man auch in Deutschland für sein Recht gelegentlich kämpfen muss.

Damals dachten sie noch: Was der Beamte sagt, wird seine Richtigkeit haben.

Mein Vater kaufte Bretter, um eine containergroße Kiste zu bauen. Das war die günstigste Art, einen Behälter für den gesamten Hausstand zu bekommen. Peter Cordes half ihm dabei. Meine Eltern verkauften die Waschmaschine, der Wasserdruck in den Leitungen von Karatschi hätte nicht gereicht, um das Gerät zu betreiben. Alles andere, was sich in fast zwei Jahren Deutschland angesammelt hatte, verfrachtete mein Vater in den Holzbehälter: Haartrockner, Kühlschrank, den Plattenspieler mit weißem Kunststoffgehäuse – schöne Geschenke für die Verwandten in Pakistan. Peter Cordes fuhr die Kiste mit seinem Lastwagen, mit dem er normalerweise Ziegelsteine und Zement zu Baustellen transportierte, zum Hamburger Hafen. Sie wurde auf ein Schiff der Hansa-Reederei verladen. Drei Monate später, im November 1976, kam sie in Karatschi an.

Wozu warten, wenn die uns hier nicht haben wollen? Jetzt hatte mein Vater noch Gelegenheit, uns zu begleiten, bevor er Ende August wieder aufs Schiff musste. Meine Eltern verabschiedeten sich von allen Freunden, von Otti, Oma und Opa, von Kirschners und Familie Laurich. Sie verabschiedeten sich so, wie man es tut, wenn man davon ausgeht, dass man sich nie wiedersieht: schweren Herzens. Von Freunden aus Stade bekamen sie ein Album mit Bildern aus der gemeinsamen Zeit. »Es war schön mit euch! Tschüss und bis bald«, endete es.

Und bald denkt keiner mehr daran, wie es hier war.

Alle Verwandten in Pakistan erzählten mir, wie sehr sie sich damals freuten, als sie hörten, dass wir zurückkommen. Einen Monat vor Ablauf der Aufenthaltserlaubnis flogen meine Eltern mit mir nach Karatschi. Am frühen Morgen des ersten Augusttages betrat ich, bald ein Jahr und zehn Monate alt, das erste Mal pakistanischen Boden.

Sich in Karatschi auf den ersten Blick zu verlieben, scheint mir unmöglich. Diese Stadt ohne Zentrum kann man erst auf den zweiten, vielleicht sogar erst auf den dritten oder vierten Blick mögen, von lieben will ich gar nicht reden. Der allgegenwärtige Gestank, der einen schier umbringt, Hundstage, eher Hundsmonate, in denen man vor Hitze zerfließt, dazu die dampfende Feuchtigkeit in der Monsunzeit von Juli bis September, der unerträgliche Verkehrslärm, das ständige Surren der Mücken, der zur Routine gewordene tägliche Stromausfall über mehrere Stunden, Geschichten über Korruption, Überfälle, Terror – Karatschi kann selbst besonnene Gemüter in den Wahnsinn treiben. Von einer mörderischen Magen-Darm-Infektion trennt einen hier immer nur ein Schluck Leitungswasser.

Die einzige unerschöpfliche Ressource ist Zeit, jedenfalls dauert in dieser Stadt alles ewig: die Besuche von Freunden und Verwandten, das Warten auf einen Handwerker, beim Arzt, in der Schlange im Geschäft. Terminvereinbarungen sind nie wörtlich zu nehmen. Gut, dass es so selten deutsche Pünktlichkeitsmenschen hierher verschlägt – sie würden sehr bald durchdrehen.

Nur wer sich auf all das einlässt, das Chaos akzeptiert, man könnte sagen: resigniert, erkennt den Charme dieser Stadt. Menschen, die einem permanent Tee anbieten, für die Gastfreundschaft oberstes Prinzip ist, selbst wenn sie nichts besitzen; Gebäude mit Verzierungen an den Fassaden, die bröckelnd an die Pracht kolonialer Zeiten erinnern; Moscheen aus Jahrhunderten, in denen islamische Kunst noch Maßstäbe setzte und diese Religion für das Schöne in der Welt stand; eine kulinarische Vielfalt, die West und Ost – afghanische und indische Küche –, salzig und süß, scharf und mild vereint.

Karatschi, in der englischen Schreibweise *Karachi* oder, wie alteingesessene *Karachiites* gerne schreiben: *Kurrachee* – ein klangvoller Name für eine der größten Städte der Welt. Der Legende nach leitet er sich von einem Frauennamen ab: Mai Kolachi war eine Fischerin aus der Provinz Sindh, die sich an der Küste des

Arabischen Meeres niederließ. Vom Erfolg dieser Frau angelockt, zogen nach und nach immer mehr Fischer in den Ort, den sie fortan Kolachi nannten. Mitte des achtzehnten Jahrhunderts war Kolachi jedenfalls noch ein Fischerdorf, bevor seine für den Handel geografisch günstige Lage es zu einer Stadt werden ließ. Anderen Erzählungen zufolge soll der Ort schon viel früher existiert haben – unter dem Namen Krokala, wo Alexander der Große mit einem Segelschiff anlegte.

Die Bevölkerung dieser Stadt wuchs nach der Gründung Pakistans 1947 explosionsartig, die meisten der Millionen muslimischer Auswanderer aus Indien kamen zunächst hierher. Bei kaum einem Einwohner spielt die Familiengeschichte vor der Teilung des Subkontinents in dieser Stadt. Karatschi ist seit Mitte des vergangenen Jahrhunderts so etwas wie ein *melting pot* der Muslime Südasiens.

Meine Schulfreunde aus Stade machten sich nicht nur über den Namen Karatschi, sondern auch über den des Stadtteils lustig, als ich ihnen einmal erzählte, wo genau meine Verwandten väterlicherseits lebten: in Nazimabad. Das Z wird wie im Englischen stimmhaft gesprochen, also ›Nasimabad‹, aber meine Freunde sahen das ›Nazi‹ darin und dachten, ich hätte mir den Namen ausgedacht. Dabei heißt Nazimabad noch heute so und liegt im Norden von Karatschi. Einst war es das vornehmste Viertel der Stadt, heute leben dort überwiegend streng religiöse *Pathanen*, Einwanderer aus Afghanistan. Auf den Straßen sind ausschließlich Männer mit Bärten zu sehen, während die Frauen hinter hohen Schutzmauern verborgen bleiben. Meine Verwandten sind vor ein paar Jahren von dort weggezogen.

Die ersten Ereignisse meines Lebens, an die ich mich schemenhaft erinnere, haben mit Karatschi zu tun. Hier verbrachte ich meine Tage in einem Montessori-Kindergarten: ein Gebäude, in dem der Spielraum ein Glaskasten war, in dem braune, ordentlich gekleidete Kinder mit gekämmten schwarzen Haaren auf dem Fußboden spielen. Ich hocke mittendrin, schreiend.

Ich hatte furchtbare Angst, dass meine Mutter mich nicht mehr abholen würde – schließlich war mein Vater kurz nach unserer Ankunft in Karatschi verschwunden, wieder auf sein Schiff, weg für mehrere Monate. Wer gab mir die Garantie, dass nicht auch meine Mutter abhauen würde? Mein Urvertrauen war erschüttert. Dazu die fremde Umgebung, die unzähligen neuen Leute um mich herum, Verwandte, Freunde, Bekannte, Kindergärtnerin, Kindergartenkinder, was weiß ich. Alles, was mir aus meinem bisherigen kurzen Leben geblieben war, war meine Mutter. Ich war zu klein, um zu verstehen, dass mein Vater als Seemann arbeitete und auf diese familienunfreundliche Weise unseren Lebensunterhalt verdiente.

Er wurde mein Held, der mir jeden Wunsch zu erfüllen versuchte, sobald er Urlaub hatte und bei mir war. Die tägliche Erziehungsarbeit musste meine Mutter leisten.

Alle meine Tanten und Onkel, Großeltern, Cousins und Cousinen waren für mich liebe, aber fremde Menschen. Ich klammerte mich an meine Mutter. Jeden Morgen, wenn ich in den Kindergarten ein paar Straßen vom Haus von Manzoor Ali Naqvi entfernt gebracht werden sollte, gab es Geschrei. Ich brüllte, was meine Stimme hergab. Mein Großvater hielt es irgendwann nicht mehr aus. »Lasst den Jungen doch zu Hause!«, schimpfte er. »Irgendwann wird er sich daran gewöhnt haben, dass sein Vater weg ist, dann probieren wir es wieder mit dem Kindergarten.« Meine Mutter hörte auf ihren Vater – nach nur ein paar Wochen war der Kindergarten für mich vorbei.

Meine Verwandten umsorgten mich, das ängstliche Kleinkind, und versuchten, mich zu beschäftigen. Mein Onkel Jamal, der jüngste Bruder meiner Mutter, fing im Garten einen Frosch und forderte mich auf, die Hand auszustrecken. »Hier«, sagte er und setzte mir das Tier auf die Handfläche. Der Frosch urinierte und hüpfte, nachdem sich eine Pfütze auf meiner Hand gebildet hatte, in die Abenddämmerung davon. Ich schrie. Jamal lachte. Auch dieses Bild sehe ich ganz scharf. Als wäre es noch keine Jahrzehnte her.

An einem anderen Tag entdeckte Jamal eine zweiköpfige Schlange in der Auffahrt des Hauses: zwei Köpfe am selben Ende, vermutlich waren es zwei zusammengewachsene Tiere. Jamal rief mich und die ganze Familie aufgeregt herbei. Meine Großmutter nahm mich sofort wieder ins Haus, wer weiß, was dieses Ungeheuer mir antun könnte. Ich frage mich, was Jamal mit dieser tierischen Sensation angestellt hat. Hat er die Schlange fotografiert? Heute würden wahrscheinlich alle Zeitungen der Welt das Bild veröffentlichen. Hat er sie getötet? Oder sie an einen Zoo oder eine Forschungseinrichtung verkauft? Inzwischen arbeitet er als Mediziner in New York, und wann immer ich ihn treffe, vergesse ich, ihn zu fragen.

Allmählich gewöhnte ich mich an das Leben in Karatschi, so wie Kinder sich eben mit den Umständen abfinden. Die Geborgenheit der Großfamilie vertrieb das Gefühl der Fremde. Manchmal wohnten wir bei meinen Großeltern mütterlicherseits in Jamshed Town, dann wieder bei den Großeltern väterlicherseits in Nazimabad.

Ich hatte so viele Verwandte, dass ich mir als Kind – und auch heute noch – nicht merken konnte, wer in welchem Verwandtschaftsgrad zu mir stand. Noch komplizierter wurde die Sache dadurch, dass man auf Urdu nicht einfach Tante und Onkel zu seiner Tante und seinem Onkel sagt, nein: Der Bruder der Mutter ist *Mamoo*, dessen Frau *Mumani*, die Schwester der Mutter *Khala*, deren Mann *Khalu*, den Bruder des Vaters redet man mit *Chacha* an, dessen Frau mit *Chachi*, die Schwester des Vaters ist *Phuppi*, deren Mann *Phuppa*. So wie Oma und Opa mütterlicherseits *Nani* und *Nana* und väterlicherseits entsprechend *Dadi* und *Dada* sind.

Als braver pakistanischer Junge sollte man sich die Bezeichnungen besser merken.

Zwei große Häuser und die jeweilige Umgebung wurden zu dem Gebiet, auf dem ich mich sicher fühlte. Die Schwiegerfamilie meiner Mutter hatte aufgegeben, von ihr zu verlangen, dauerhaft nur bei ihr zu wohnen. Sie hatte vor der Sturheit meiner Mutter kapituliert.

Es war ein fröhliches Leben. Lachende Tanten. Witze erzählende Onkel. Verwandte, die andere Verwandte imitierten, vielleicht eine merkwürdige Sprechweise, eine seltsame Art zu gehen, ihr Schmatzen beim Essen. Im Hintergrund eine ratternde Nähmaschine. Scheppernde Töpfe. Ständig hing jemand am Telefon. Immer Leben in der Bude. Draußen die Krähen. Karatschi-Krähen.

Wenn meine Großmutter Qamar Jehan mit mir zum Einkaufen ging, warf sie sich gelegentlich eine schwarze Burka über – immer dann, wenn sie ihren bequemen Haus-Shalwar-Kameez trug und keine Lust hatte, sich umzuziehen. Die Burka war perfekt, um ohne großen Aufwand korrekt gekleidet zu sein. So ging sie mit mir zu Fuß zum Markt in der Tariq Road, wo ich mir immer etwas aussuchen durfte, ein Spielzeug oder Bonbons. Zu dieser Oma gewann ich schnell Zutrauen. Selbst ihre komplette Verhüllung machte mir keine Angst, obwohl sie sie gespenstisch erscheinen ließ. Für meine Großmutter hatte die Burka keine religiöse Bedeutung, sondern war einfach nur ein praktisches Kleidungsstück. Einmal wöchentlich wusch sie es und breitete es zum Trocknen auf dem Rasen aus. »Omas Krähenklamotten« nannte ich das schwarze Ding.

Auch im Elternhaus meines Vaters wurde ich verwöhnt. Mein Opa Kazim Ali Khan kochte trotz seines hohen Alters noch süße Speisen für mich, briet morgens Spiegeleier und bereitete abends unterschiedliche Currys zu. Ich staunte über die Eidechsen, die draußen an den Hauswänden in eine Starre verfielen und sich nur selten, dann aber blitzartig bewegten. Manchmal verirrte sich ein Tierchen ins Haus und sorgte für Geschrei unter den Tanten. Hier gefiel mir besonders, dass ich mehrere Cousins und Cousinen als Spielgefährten hatte, die alle im selben Haus oder ganz in der Nähe wohnten. In der Familie meiner Mutter war das nicht der Fall, die meisten ihrer Geschwister blieben kinderlos und die, die Kinder hatten, wohnten weit weg. Umso mehr Aufmerksamkeit blieb für mich.

Gemeinsam mit meinen Tanten und Onkeln erkundete ich den riesigen Garten, besuchte regelmäßig das Chamäleon in der Gartenecke und freute mich, wenn ich Eidechsen oder Schlangen sah, wobei die ganze Familie ein Auge darauf hatte, dass ich nicht ins hohe Gras am Gartenrand verschwand, wo eine Begegnung mit einer Schlange böse hätte ausgehen können. Meiner Meinung nach konnte dieser Garten mit dem in Hollern-Twielenfleth gut mithalten.

Im Gegensatz zu mir fiel meiner Mutter das Einleben schwer. Obwohl sie in Karatschi aufgewachsen war, spürte sie, dass sie hier nicht auf ewig bleiben konnte. Jahrelang hatte sie vom Westen geträumt, hatte zwei Jahre in Deutschland gelebt, endlich, und nun saß sie wieder in Karatschi. Dort hatte ihr niemand ins Leben reingeredet, ihr gesagt, was sie zu tun und was zu lassen habe. Hier war das anders, hier hatte sie das Gefühl, dass zu viele Leute ihr Leben bestimmen wollten.

Manche ihrer Freundinnen hatten inzwischen geheiratet und lebten nun weit weg, zum Teil in den USA. Obwohl immer noch viele Schulfreundinnen in ihrer Nähe waren und obwohl meine Mutter das Zusammensein mit ihren Geschwistern und ihrer großen Familie genoss, blieb sie unglücklich. Sie vermisste meinen Vater, der sich alle paar Wochen aus einem anderen Land meldete, und sie vermisste, was sie nie gedacht hätte, Hollern-Twielenfleth: das Paradies, wo es im Frühling an jeder Ecke weiß und rosa blühte, im Sommer nach Kirschen und Erdbeeren roch, im Herbst, wenn die Blätter gelb und braun und rot wurden, nach Äpfeln, und wo es im Winter schneite und die Luft so kalt und klar war, dass es nichts Besseres gab als einen Spaziergang an der Elbe und danach eine heiße Tasse Kakao. Wo die Menschen so freundlich zu ihr waren. Wo sie sich trotz ihrer Einsamkeit und trotz eines Lebens, das viel weniger komfortabel war als das in Karatschi, wohlfühlte, weil sie ihr Leben so leben konnte, wie sie wollte. Ach, Hollern-Twielenfleth! Wie gern wäre sie jetzt dort gewesen!

Erst jetzt wurde meiner Mutter bewusst, dass sie nicht in die

USA ziehen wollte oder nach Großbritannien, auch nicht wirklich nach Deutschland, sondern nach Hollern-Twielenfleth.

Am 4. Februar 1977, ein halbes Jahr nach ihrer Rückkehr nach Karatschi, beantragte sie beim deutschen Generalkonsulat eine Aufenthaltserlaubnis für Deutschland. Als Ziel gab sie Bremen an, da dort die Hansa-Reederei ihren Sitz hatte. Nach sechs Wochen bangen Wartens erhielt sie die Antwort: »*Es tut mir leid, Ihnen mitteilen zu müssen, daß die zuständigen Behörden in Bremen Ihnen keine Aufenthaltsgenehmigung erteilen. Das Generalkonsulat ist daher nicht in der Lage, Ihnen ein Visum auszustellen.*«

Meine Mutter ließ sich nicht entmutigen. Drei Monate später beantragte sie erneut eine Aufenthaltsgenehmigung. Als Ziel nannte sie jetzt Hollern-Twielenfleth. Diesmal dauerte es nur vier Wochen, bis das Generalkonsulat antwortete. Wieder wurde ihr Antrag abgelehnt. Auch der Landkreis Stade weigerte sich, eine solche Genehmigung zu erteilen.

Wieder ließ meine Mutter nicht locker. Sie wollte weg aus Karatschi, und zwar nicht irgendwohin, sondern nach Hollern, ins Alte Land. Also stellte sie im Oktober einen dritten Antrag an das Generalkonsulat in Karatschi. Schließlich lenkte man ein, am 17. November bekam sie die Aufenthaltsgenehmigung in ihren Pass gestempelt. »*Mit Bedingung/Auflage versehen: gilt nur für Besuchszwecke; Kaution in Höhe von Rs. 10.000,– (DM ca. 2300,–) hinterlegt*«, schrieb ihr der Sachbearbeiter dazu, nachdem er das Geld kassiert hatte, mit dem zur Not auch ein Abschiebeflug hätte bezahlt werden können. Vier Monate, vom 25. November 1977 bis zum 24. März 1978, durfte meine Mutter sich in Deutschland aufhalten – für diese Genehmigung langte der deutsche Staat diesmal kräftiger als bisher zu: hundertsiebzig Mark.

Der Stader Beamte, der später unsere Ausweisung betrieb, beschrieb das Vorgehen meiner Mutter einmal so: Sie habe »*eine Aufenthaltserlaubnis in Form des Sichtvermerks zum Zwecke des Familiennachzuges beantragt. Da für fahrende Seeleute der Nachzug von Familienangehörigen grundsätzlich nicht gestattet wird und zudem die Voraussetzungen für einen Familiennachzug im vorliegenden Falle nicht erfüllt waren, wurde die Zustimmung zur Erteilung der Aufenthaltserlaubnis in Form des Sichtvermerks von der Freien und Hansestadt Bremen sowie von mir verweigert. Nach mehrfacher Vorsprache des Ehemannes wurde aufgrund vorliegender besonderer Umstände aus humanitären Gründen die Einreise Frau Kazims für einen viermonatigen Besuchsaufenthalt gestattet*«. Der Beamte betonte, meine Eltern hätten ausdrücklich erklärt, dass es sich lediglich um einen Besuchsaufenthalt handele.

Meiner Mutter wurde ein viermonatiger Aufenthalt nur unter der Bedingung erlaubt, dass mein Vater ihre Ausreise zum vorgesehenen Termin garantierte. Dabei wollten meine Eltern überhaupt nicht zurück nach Pakistan, jedenfalls nicht schon nach vier Monaten. Dennoch unterschrieben sie. Jetzt ging es erst einmal darum, dass mein Vater meine Mutter wiedersah. Wenigstens für ein paar Tage, während sein Schiff in Bremen oder in Hamburg lag. Sie akzeptierten die Bedingungen, obwohl sie alles andere als einverstanden waren.

»Machen Sie sich mal keine Sorgen«, sagte der Mitarbeiter beim Generalkonsulat zu meiner Mutter. »Wenn Sie sich keiner Gesetzesübertretung oder sonstiger Verfehlung schuldig machen, sind die Behörden vor Ort sicher bereit, die Aufenthaltsgenehmigung zu verlängern.«

Darf man den Staat belügen?

Ich kenne alle Argumente: Wo kämen wir hin, wenn jeder nach Deutschland wollte? Wir können doch nicht jeden ins Land lassen! Wenn wir keine Grenzen hätten, würden alle armen Menschen in die reichen Länder ziehen, in der Hoffnung, ihrer Armut zu entkommen!

Meine Eltern wollten nichts anderes als ein Leben in Hollern-Twielenfleth. Sie wollten kein Geld, niemandem auf die Nerven gehen und freiwillig ein weniger komfortables Leben leben, als sie es früher gewohnt waren. Und definitiv war es nicht ihre Absicht, »die Belange der Bundesrepublik Deutschland zu beeinträchtigen«, denn wer das tut, erhält laut Ausländergesetz sowieso keine Aufenthaltserlaubnis. Was auch immer »die Belange der Bundesrepublik Deutschland« sein mögen.

Die älteste Schwester meines Vaters, Zahra, machte meiner Mutter einen Vorschlag: Warum ging sie nicht alleine nach Deutschland und ließ mich bei ihr? Sie selbst war kinderlos geblieben und lebte, nach Jahren in Saudi-Arabien, nun wieder in Pakistan im Haus ihrer Eltern und arbeitete als Anästhesistin für die pakistanische Armee: Schmerzbetäubung für Krieger. Sie könnte doch für mich sorgen und ich würde auf diese Weise in der Großfamilie aufwachsen. Ich könnte bis zur Einschulung in Pakistan bleiben, und sollte meine Mutter dann immer noch in Deutschland sein, würde sie mich rechtzeitig zum Schulbeginn nach Hollern bringen.

Meine Mutter lehnte dankend ab.

Der Vorschlag meiner Tante mag sich ungewöhnlich anhören, ist es aber nicht. In Pakistan und Indien wachsen Kinder meist in Großfamilien auf, und nicht selten übernimmt jemand anderes als die Eltern die Erziehung: mal ist es die älteste Tante oder der älteste Onkel, mal sind es die Großeltern. Manchmal erziehen auch die älteren Geschwister die jüngeren. Und kinderlos Gebliebene kümmern sich häufig um ihre Nichten und Neffen und behandeln sie, als wären sie der eigene Nachwuchs.

Es war ein gut gemeinter Gedanke meiner Tante, eine Idee aus Liebe. Trotzdem läuft es mir kalt den Rücken hinunter, wenn ich daran denke, was aus mir geworden wäre, wenn meine Eltern Ja gesagt hätten. Dann hätte ich meine ersten sechs Lebensjahre in Karatschi verbracht. Vielleicht wäre ich auch nie nach Deutschland gekommen, irgendeinen Grund hätte es immer gegeben, weiter in Pakistan zu bleiben. »Er hat doch so viele Freunde hier, warum soll er in Deutschland zur Schule, wo er niemanden kennt?« Oder: »Er fühlt sich so wohl in der Großfamilie, sollen wir ihn da wirklich rausreißen?« Oder: »Die Schulen in Pakistan sind viel besser als die in Deutschland. Hier lernt er von Anfang an Englisch.«

Mein Urdu wäre sicherlich flüssiger als mein jetziges. Ich hätte ein engeres Verhältnis zu meinen Verwandten und eine sehr viel klarere Erinnerung an meine verstorbenen Großeltern. Und wie wäre dann mein Verhältnis zu meinen Eltern? Ich wäre einfach pakistanischer programmiert, ein Mensch wird nun mal in den ersten Lebensjahren geprägt, was Einfluss auf Tausende von Dingen gehabt hätte: auf meine Einstellung zur Religion, zu Familie und Partnerschaft, zur Arbeit, kurz: auf das Leben. Wahrscheinlich wäre ich gescheitert, wenn ich als Sechs- oder Siebenjähriger nach Deutschland gekommen wäre, ohne ein Wort Deutsch zu sprechen oder verstehen zu können. Wie weit kommt man als Kind in der Schule, wenn man die Sprache nicht oder nur schlecht kann? Was nützt einem Talent, Intelligenz oder Lernwille, wenn man nicht sagen kann, was man sagen will? Und genügt eine später erworbene Sprachkenntnis mit Akzent, um akzeptiert zu werden? Ist man nicht selbst dann der ewige Ausländer?

Ich bin mir sicher: Mit ihrem Nein hat meine Mutter eine der wichtigsten Entscheidungen für mein Leben getroffen. Vielleicht war es sogar die wichtigste überhaupt. Ein einfaches Nein.

Während mein Vater nach wie vor auf den Weltmeeren unterwegs war, bereitete meine Mutter im November 1977 unseren erneuten Umzug nach Deutschland vor. Wieder packte sie nur zwei Koffer, diesmal mit genügend winterlicher Kleidung, sie wusste jetzt, was uns in Deutschland erwartete. All die Sachen aus dem Holzcontainer waren ohnehin an die Verwandtschaft verschenkt. Vor allem der Kühlschrank tat in der Hitze von Karatschi gute Dienste. Und der weiße Plattenspieler im Siebziger-Jahre-Design steht heute noch funktionstüchtig in einem pakistanischen Wohnzimmer.

Als mein Vater mit seinem Schiff in Hamburg festmachte, rief er, eher aus einer Laune heraus, bei Peter Cordes an, um zu fragen, ob eine der vier Wohnungen in unserem alten Haus frei sei – und war überglücklich zu hören, dass unsere alte Dachgeschosswohnung noch unbewohnt war. »Die hat keiner gemietet, seit ihr weg seid.« Mich würde nicht wundern, wenn Hollern-Twielenfleth in den eineinhalb Jahren, in denen wir in Pakistan gelebt haben, keinen einzigen Neuzugang bekommen hätte.

Mein Vater sagte sofort zu. Wir hatten unser Zuhause wieder!

Auch meine Mutter machte Luftsprünge, als sie diese Nachricht hörte. Sie wusste genau: Es ging zurück zu den alten Nachbarn, zu den alten Freunden und zum großen Garten, in dem ich herumtoben konnte. »Wir fahren, Inschallah, zu Peter«, sagte sie mir. An unseren Vermieter Peter Cordes habe ich als Kind in Pakistan immer gedacht, wenn nachts ein pfeifender Wachmann durch die Straßen ging, ein alter Mann, den die Bewohner des Viertels bezahlten, damit er mit seinem Bambusstock seine Runden drehte. Auch Peter pfiff gerne und laut, wenn er auf dem Hof seiner Baufirma Sand oder Ziegelsteine verlud. »Und zu Otti und Marina und Sabine.«

Ich war betrübt und glücklich zugleich. Mir war sofort klar, dass ich meine lieb gewonnenen Verwandten verlassen würde. Aber Unbehagen bereitete mir, dass meine Mutter Inschallah gesagt hatte – »so Gott will«. So Gott wollte, sollten wir also nach Deutschland reisen. Ich war zwar noch ein kleines Kind, aber das hatte ich begriffen: Inschallah bedeutete fast immer: nie.

Im Koran steht in der achtzehnten Sure: *»Sage niemals: ›Ich werde morgen etwas tun‹ ohne den Zusatz ›Inschallah – so Gott will!‹ Du wirst dich an Gott erinnern, solltest du es vergessen.«*

Meine Verwandten und meine muslimischen Freunde sagen permanent Inschallah.

»Morgen gehen wir chinesisch essen, Inschallah.«

»Inschallah, bald kommt Mohsin Chacha aus Texas zu Besuch.«

»Maheen wird, Inschallah, heiraten und viele Kinder bekommen.«

Als Kind und Jugendlicher bedeutete Inschallah für mich immer: Das kannst du dir abschminken. Es war ein Signalwort für Wahrscheinlichkeit gleich null.

»Fahren wir nach Stade zum Jahrmarkt?« – »Das machen wir morgen oder übermorgen, Inschallah.«

»Ich brauche einen Computer, kaufst du mir einen? Gerade gibt es einen im Angebot.« – »Inschallah, Inschallah.«

»Wann machen wir einen Ausflug nach Hamburg?« – »Inschallah, bald.«

Inschallah ist das Gegenteil von »Was du heute kannst besorgen, das verschiebe nicht auf morgen«. Es bedeutet: Bloß keine Eile, Gott wird's schon richten, verschiebe alles auf morgen, sag Inschallah und vergiss die Angelegenheit. Inschallah heißt: Was weiß ich, wann wir dieses oder jenes tun, vielleicht morgen, vielleicht in einem Jahr, vielleicht nie. Es kann auch bedeuten: Hör auf, mich mit deinen Wünschen zu nerven. Es ist eine höfliche Art, Nein zu sagen. Ein verpacktes Nein, sozusagen.

Und nein heißt in Südasien nicht immer nein, ja nicht immer ja. Was wann was heißt, erschließt sich aus dem Kontext. Es ist sehr kompliziert. Manche westliche Ausländer verstehen es nie und verzweifeln. Mit viel Übung kann man es aber lernen, Inschallah.

Wann immer meine Eltern dieses Wort benutzten, wurde ich wütend. Im Laufe der Jahre verschwand es aus ihrem Wortschatz.

Diesmal jedoch hatte das Inschallah keine aufschiebende Wirkung: Wir reisten am 25. November 1977 tatsächlich wieder nach Deutschland.

Als meine Mutter mit mir nach fünfzehn Monaten wieder nach Hollern kam, war alles so, wie sie es verlassen hatte. Meinen Eltern stand jetzt die längste und schwerste Prüfung ihres Lebens bevor.

Bi uns to Hus, im Olen Land

Es war ein eisiger Winter mit meterhohem Schnee, als wollte uns die Natur zeigen: So kann es hier zugehen im Norden Deutschlands. Na, doch lieber wieder zurück nach Karatschi, wo es schön heiß ist?

Der erste Weihnachtsschmuck hing schon in den Fenstern der Nachbarshäuser und diesmal zierte er ein paar Tage nach unserem Einzug in die Hollerner Wohnung auch unsere Fenster.

Die Nachbarn feierten unsere Rückkehr: Oma und Opa Truetsch waren glücklich, uns wiederzuhaben, und Otti hatte, sobald sie von meinem Vater von unserer Ankunft erfahren hatte, ein paar Lebensmittel eingekauft, damit wir für die ersten Tage versorgt waren. Die Namen unserer Hollerner Freunde waren mir alle noch geläufig, meine Mutter hatte in den Monaten in Pakistan oft von ihnen erzählt. Die Gesichter aber waren für mich, den Dreijährigen, alle wieder neu.

Meine Eltern erzählten den Nachbarn, dass sie diesmal am liebsten für immer bleiben wollten, dass meine Mutter und ich aber nur ein Visum für vier Monate bekommen hätten.

»Und weshalb nur für vier Monate?«, fragten die.

»Keine Ahnung, es war schon schwer genug, überhaupt eins zu erhalten.« Meine Mutter berichtete von den Versuchen, beim Generalkonsulat in Karatschi ein Visum zu bekommen, und von dem Geld, das sie dort als Sicherheit hatte hinterlegen müssen. »Vier Monate waren das Maximum, worauf sie sich einließen.«

Nur drei Wochen nach unserer Rückkehr, am 13. Dezember 1977, erschien im ›Stader Tageblatt‹ ein Artikel über uns: *»Ausländergesetze lassen keinen Spielraum mehr: Nach vier Monaten* *wird die Familie Kazim wieder getrennt.«* Unser Drama war bis zur Lokalpresse durchgedrungen, im Dorf redete man seit Tagen darüber, wohl auch mangels anderer Themen. Der Artikel machte unser Schicksal endgültig im ganzen Ort bekannt.

Zwei Wochen vor Weihnachten erklärte die Ausländerbehörde dem ›Stader Tageblatt‹, dass es keine Verlängerung der Aufenthaltserlaubnis für uns geben werde. Von wegen, die Behörden würden die Genehmigung verlängern, wenn meine Mutter sich »keiner Gesetzesübertretung oder sonstiger Verfehlung schuldig« mache, wie der Sachbearbeiter im Konsulat in Karatschi meiner Mutter noch Hoffnung gemacht hatte.

Ich fand diesen Artikel fast drei Jahrzehnte nach seiner Veröffentlichung in dem blauen Ordner vom Dachboden meiner Eltern zwischen den ganzen Behördenpapieren abgeheftet.

Kreis Stade (ST). Auf dem deutschen Konsulat in Karatschi mußten für den kleinen Hasnain Kazim und seine Mutter 10.000 Rupien hinterlegt werden, bevor sie in den Landkreis Stade reisen durften: Flugkosten für die Rückreise: denn in Deutschland dürfen die beiden nicht bleiben. Der Weihnachtswunsch von Vater Hasan Kazim wird mit Sicherheit ein Wunsch bleiben. Er wollte Sohn und Ehefrau zumindest für jene Zeit in seine Wohnung nach Hollern holen, in der er noch auf deutschen Schiffen zur See fährt. Wenigstens für eineinhalb Jahre, die er noch benötigt, bis er das Patent AI-Kapitän auf kleiner Fahrt ausgehändigt bekommt. Die dafür nötigen Prüfungen hat er bereits bestanden.

Ein zweispaltiges Foto bebildert die Geschichte auf der ersten Seite der Lokalnachrichten: Ich hocke auf dem Schoß meines Vaters und beiße in ein trockenes Brötchen. Mein Vater hat lange Haare und Koteletten, typisch Siebzigerjahre. Neben uns sitzt meine Mutter, ebenfalls ganz im Stil der Siebziger. Aufgenommen wurde das Bild in den Redaktionsräumen der Zeitung. Jemand aus Hollern hatte sie über unseren hoffnungslosen Fall informiert. Der

Autor des Artikels hatte meine Eltern daraufhin zum Gespräch in sein Büro gebeten.

Ich las den Artikel, las ihn noch einmal, fand es merkwürdig, dass es da um uns ging, um unsere Zukunft. Dass da Fremde darüber entscheiden, wo wir zu leben beziehungsweise nicht zu leben haben. Der Artikel geht noch weiter, berichtet nunmehr distanziert über unsere Situation:

Daß er [mein Vater] *seine junge Familie nachholen möchte, scheint auf den ersten Blick kein unbilliger Wunsch, dennoch bleibt er unerfüllbar. Das Ausländergesetz spricht dagegen und das Ordnungsamt des Kreises, für solche Fragen zuständig, kann im Falle Kazim nicht helfen. Dort hat man ohnehin die einschlägigen Vorschriften schon großzügig ausgelegt, als man die Ehefrau einreisen ließ.*

Für die Beamten zählen solcher Art Probleme zum täglichen Brot. Zwar hat die Bundesrepublik eine denkbar großzügige Ausländergesetzgebung, aber auf persönliche Probleme der Betroffenen, mögen sie noch so verständlich sein, kann man nur sehr bedingt Rücksicht nehmen. Amtsleiter Heinz Wiederspahn: »Wir dürfen keine Präzedenzfälle schaffen und auch wenn es uns schwer fällt, gilt doch immer der Grundsatz der Gleichbehandlung.«

Im Falle Kazim heißt das im Klartext: die Ehefrau muß nach vier Monaten, wenn ihre Aufenthaltserlaubnis abgelaufen ist, wieder nach Pakistan zurückfliegen. Hasan Kazim hat dann mehr als 5000 Mark dafür ausgegeben, daß Frau und Kind für vier Monate in Hollern leben durften. Eine Tatsache freilich, auf die die Beamten ihn vorher ausdrücklich hingewiesen haben. Die Geschichte des Seemannes aus Pakistan ist zudem kein Einzelfall. Ein Aufenthalt in der Bundesrepublik oder sogar die deutsche Staatsbürgerschaft steht vornehmlich in außereuropäischen Ländern hoch im Kurs.

Nicht zuletzt aus diesem Grund hat der Gesetzgeber für klar umrissene Vorschriften gesorgt. Es gibt damit auch für Hasan Kazim keine Ausnahme. Dazu noch einmal Oberamtsrat Wiederspahn: »Er war nur für die Dauer des Besuches der Seefahrtschule Grünendeich im Besitz einer Aufenthaltserlaubnis, die für diesen Zeitraum einen dauernden Aufenthalt an Land gestattete. Jetzt leistet er die für das Kapitänspatent erforderlichen Fahrenszeiten ab. Die von der Ausländerbehörde Hamburg erteilte Aufenthaltserlaubnis berechtigt aber nur zur Berufsausbildung in der deutschen Seefahrt. Ein Daueraufenthalt an Land ist nicht gestattet. Somit kann auch der Ehefrau kein Dauerwohnrecht im Rahmen der Familienzusammenführung genehmigt werden.«

Zumal Hasan Kazim nach Beendigung seiner Ausbildung ohnehin verpflichtet ist, nach Pakistan zurückzukehren. Auch hier gibt es klare gesetzliche Vorschriften. Staatsangehörigen außereuropäischer Staaten ist grundsätzlich die Aufnahme einer Erwerbstätigkeit nicht zu gestatten.

Was für eine miserable Lage: Unser Schicksal hing davon ab, wie Beamte die Gesetze auslegten. Wäre ich heute in so einer Situation, würde ich schleunigst meine Sachen packen und mich verabschieden. Wozu bleiben, wenn man unerwünscht ist? Welcher Ort kann schon so schön sein, dass es sich lohnt, einen zermürbenden Kampf mit den Behörden aufzunehmen?

Hollern-Twielenfleth.

Meine Eltern profitierten außerdem von ihrer südasiatischen Mentalität: Irgendwie wird's schon werden, Inschallah. Sie richteten sich in ihrer Zweizimmerwohnung ein und organisierten ein schönes Weihnachtsfest. Otti steuerte wieder den Tannenbaum bei, ich bekam eine batteriebetriebene Eisenbahn, die Achten auf Plastikschienen fuhr; die Dampflok machte echten Qualm, an dessen Geruch ich mich heute noch erinnere.

Das Problem mit der Aufenthaltserlaubnis löste sich vorerst wie von selbst: Meine Mutter wurde wieder schwanger, unser Hausarzt Heinz Gosch attestierte ihr eine Risikoschwangerschaft. Damit durfte sie vorerst nicht ausgewiesen werden. Und ich auch nicht.

Es war kein Plan zur Verhinderung einer Ausweisung, sondern schlicht Zufall, betonen meine Eltern noch heute. Sie wollten immer zwei Kinder haben, höchstens im Abstand von vier Jahren. Genau das war jetzt der Fall.

Meine Mutter fuhr zur Ausländerbehörde zu jenem Beamten mit dem buschigen Schnurrbart, der sie vor mehr als einem Jahr zur Ausreise nach Pakistan gezwungen hatte. »Sachbearbeiter für das Ausländerwesen« war er. Sie legte ihm das Attest vor, in dem die Formulierung *»nicht reisefähig«* stand.

»Unerhört«, murmelte der Mann in seinen Schnurrbart. »Sie haben die Schwangerschaft doch nur herbeigeführt, um in Deutschland bleiben zu können.«

Meine Mutter, die zu diesem Zeitpunkt kaum Deutsch sprach, verstand nicht, was sie gehört hatte – sie merkte sich nur diese ungelenke Formulierung und berichtete ihren Freunden davon. Die waren empört. »Eine Beleidigung ist das!«, schimpfte einer.

Doktor Gosch war besonders erzürnt. Er ließ sich von meinen Eltern ihre ganze Geschichte erzählen, hörte, dass sie schon einmal in Deutschland gelebt hatten, nun wiedergekommen waren, um möglichst dauerhaft zu bleiben, erfuhr von den Schwierigkeiten mit den Behörden. Er überlegte sich seine eigene Strategie.

Mürrisch stempelte der Beamte meiner Mutter eine neue Aufenthaltsgenehmigung in den Pass – gültig bis zum 24. Juli 1978, obwohl der Geburtstermin für Mitte August vorhergesagt war. Sollte diese Frau doch ihr Kind in Pakistan kriegen! *»Gilt nur bis zu der Wiederherstellung der Reisefähigkeit«*, trug er ein, damit eine Möglichkeit offenblieb, sie sogar noch vor diesem Termin abzuschieben. Wieder musste meine Mutter zahlen: dreißig Mark für maximal vier Monate.

Wir blieben.

Kurz vor Ablauf der Frist stellte der Hausarzt ihr ein neues Attest aus: immer noch nicht reisefähig. Wieder stempelte der Beamte, spürbar verärgert, eine Verlängerung in ihren Pass. Wieder kritzelte er handschriftlich dazu, dass diese Genehmigung nur gelte, bis meine Mutter reisefähig sei – maximal bis zum 24. November 1978. Bis dahin wäre das Kind ja auf der Welt und einer Ausreise stünde nichts mehr im Wege. Und wieder kassierte er dreißig Mark.

Am 10. August 1978 wurde meine Schwester im Stader Krankenhaus geboren. Meine Eltern nannten sie Zahra, wie die älteste Schwester meines Vaters. Ein Zweitname blieb ihr erspart.

Ich war alles andere als glücklich. Nun war es vorbei mit der ungeteilten Aufmerksamkeit meiner Eltern. Was sollte ich mit einer Schwester anfangen? Mein Vater kaufte mir am Tag der Geburt eine blaue Schaufel für meine Sandkiste. Vom Spielzeugladen aus gingen wir ins Krankenhaus, ich sollte Zahra das erste Mal zu Gesicht bekommen. Hinter einer Glaswand standen mehrere Kinderbetten, mein Vater nahm mich auf den Arm, damit ich die Armee an Neugeborenen betrachten konnte. Eine Krankenschwester betrat den Raum hinter der Glasscheibe, schritt zu einem Bettchen in der Mitte und hob daraus ein schwarz behaartes Baby in die Höhe. Die Krankenschwester grinste. Mein Vater grinste. Wahrscheinlich grinste auch meine Mutter, die in ihrem Krankenzimmer lag und sich von den Strapazen der Geburt erholte. Ich hing auf dem Arm meines Vaters und betrachtete meine neue Schaufel. Dann guckte ich mir dieses Baby an. Alles klar, meine Schwester war also ein knautschiges, haariges Bündel. Und nun?

So lief das damals im Krankenhaus: bloß keinen Kontakt mit dem Neugeborenen, es könnte Keime, Viren, Bakterien abbekommen! Wahrscheinlich war auch das eine *klare gesetzliche Vorschrift*. Säuglinge wurden in sterile Kämmerchen verbannt, wo selbst ihre Mütter nicht ohne Weiteres hinkamen, und wahrscheinlich erst *nach gesetzlich vorgeschriebener Frist* und *Herbeiführung einer ärztlichen Freigabe* den sehnsüchtigen Eltern übergeben.

Zu Hause stellte ich abends an diesem Tag meine Schaufel in die Ecke und klingelte bei Otti. Ich hatte mir vorgenommen, meine Schwester loszuwerden.

»Otti?«

»Ja, mein Schatz?«

»Du hast doch keine Kinder, oder?«

»Nein, mein Schatz, aber ich hab ja dich und jetzt auch deine Schwester.«

»Willst du nicht Zahra haben?«, fragte ich sie.

Otti verkniff sich ein Lachen, wie sie mir Jahre später gestand.

Allzu gerne hätte ich meine Schwester gegen ein Tretauto oder ein Fahrrad eingetauscht. Ich bot sie mehreren Nachbarn an, aber niemand ging auf meinen Geschäftsvorschlag ein. Wohl oder übel fügte ich mich meinem Schicksal. Ich war knapp vier. Noch nicht geschäftsfähig.

Im Nachhinein tut mir das natürlich leid. Nicht nur, weil sie meine Schwester ist, sondern auch, weil sie als Kleinkind sehr kränklich war und wir dank ihrer permanenten Erkältung und ihrer immer wieder auftretenden schlimmen Bauchschmerzen, was sich später als Störung der Bauchspeicheldrüse herausstellte, nicht abgeschoben werden durften. Ihre Krankheit war ein unfreiwilliges Opfer für die Familie: Unser Arzt bescheinigte ihr, dass sie nicht reisefähig war. Ohne meine Schwester wären wir sicher nicht in Deutschland geblieben. Mir ist das erst klar, seitdem ich die Papiere vom Dachboden meiner Eltern durchforstet und dort auch die Atteste gefunden habe.

Es ging deshalb weiter wie bisher: Eine Verlängerung der Aufenthaltserlaubnis folgte der nächsten. Wir durften bis zum 24. Februar 1979, dann bis zum 30. Juni bleiben, schließlich trug uns der Schnurrbartträger den 31. März 1980 als Frist in den Pass. Und jedes Mal schrieb er dazu: *»Gilt nur bis zur Wiederherstellung der Reisefähigkeit des Kindes Zahra Kazim.«*

Der Artikelschreiber vom ›Stader Tageblatt‹ hatte zu sehr auf das vertraut, was ihm die Ausländerbehörde gesteckt hatte. *Der Weihnachtswunsch von Vater Hasan Kazim wird mit Sicherheit ein Wunsch bleiben.*

Von wegen. Wir blieben. Aber die Sorge vor einem Ende unserer Zeit in Deutschland blieb die Konstante im Leben meiner Eltern.

Sie stellten einen Antrag auf Aufenthaltsberechtigung in Deutschland. Eine Aufenthaltsberechtigung war eine Genehmigung zum dauerhaften Aufenthalt in Deutschland, während eine Aufenthaltserlaubnis an eine Frist oder an einen Zweck wie zum Beispiel eine Ausbildung gebunden ist. Mit diesem Antrag machten sie nun erstmals deutlich: Wir wollen für immer bleiben.

Zwei Jahre nach dem Artikel im ›Stader Tageblatt‹ erschien wieder eine Geschichte über uns, diesmal auf der Titelseite des wöchentlich erscheinenden Anzeigenblattes ›Neue Stader‹.

»Familie Kazim möchte bleiben – Die Gesetze stehen dagegen«, lautete die Überschrift.

Diesmal war kein Bild von uns, sondern von Ordnungsamtschef Heinz Wiederspahn zu sehen, sein Zitat unter dem Foto: *»Die Ausländergesetze sind nun mal so.«*

Auch der Verfasser dieses Artikels räumt unserem Fall kaum Chancen ein: Die Beamten des Landkreises Stade würden keine Möglichkeit sehen, uns eine Erlaubnis für einen weiteren Aufenthalt in Deutschland zu geben.

Damit scheint der jahrelange Kampf der Kazims um ihr Verbleiben in der Bundesrepublik ein negatives Ende zu nehmen. Das vorläufig letzte Wort wird der Regierungspräsident in Lüneburg sprechen. Bei ihm liegt es, den abschlägigen Bescheid der Landkreisbehörden auf einen Antrag auf Aufenthaltsberechtigung eventuell zu revidieren.

Der Artikel erzählt die Geschichte meiner Eltern bis 1979, wie sie nach Deutschland kamen, mein Vater seine Ausbildung machte, meine Mutter mit mir nach Pakistan und wieder zurück reiste und wie meine Eltern darum kämpften, bleiben zu dürfen.

Die Familie Kazim hatte inzwischen einen Antrag auf Aufenthaltsberechtigung gestellt, dessen Stattgebung einer Einbürgerung gleichkäme.

Aber der Landkreis lehnte ab. Heinz Wiederspahn: »Hierzu gibt es eindeutige Rechtsvorschriften. Deutschland ist kein Einwanderungsland. Es gibt keine gesetzliche Handhabe, Ausländern den ständigen Aufenthalt in der Bundesrepublik zu gestatten. Außen vor stehen hier nur die EG-Mitgliedstaaten und Ehegatten deutscher Bürger.«

Zwar läßt Hasan Kazim den abschlägigen Bescheid bei der Widerspruchsbehörde in Lüneburg prüfen, aber über den 31. März nächsten Jahres [1980] *hinaus geht nichts mehr. Selbst eine Klage beim Oberverwaltungsgericht hat keine aufschiebende Wirkung. Die Familie, die sich in Deutschland wohlfühlt, die voll integriert ist, die niemandem auf der Tasche liegt, die gerne in Deutschland bleiben möchte, muß dann wohl endgültig unser Land verlassen.*

Der Artikel war ein Rückschlag für meine Eltern – schwarz auf weiß lesen zu müssen, dass alle Bemühungen nicht fruchteten und dass sie Deutschland wohl endgültig verlassen mussten. Doch sie kämpften weiter.

Auch die Stader Ausländerbehörde gab nicht auf, der Beamte verlor zunehmend die Geduld mit uns und betrachtete es geradezu als Unverschämtheit, dass wir nun sogar für immer bleiben wollten.

Der Gesundheitszustand meiner Schwester verbesserte sich nicht und meine Eltern machten keine Anstalten, das Land zu verlassen. Der Beamte kündigte im Gespräch mit meinen Eltern an, dass sie sich auf ihre Abreise bis Ende März 1980 einstellen sollten. Eine Verlängerung der Aufenthaltserlaubnis darüber hinaus werde es nicht geben. Den Antrag auf Aufenthaltsberechtigung lehnte er ab.

Mein Vater nahm die Hilfe eines Rechtsanwalts in Anspruch, ein Experte für Ausländerrecht aus Hannover, den ihm ein Freund empfohlen hatte. Meine Eltern legten nun bei der Bezirksregierung Lüneburg Widerspruch gegen die Entscheidungen des Landkreises ein. Nach Erscheinen des Artikels in der ›Neuen Stader‹ riet der Anwalt meinen Eltern, Ruhe zu bewahren und abzuwarten.

Doktor Gosch schrieb Atteste, was das Zeug hielt. Er wollte uns helfen, sah, dass meine Eltern sich im Alten Land wohlfühlten und hier leben wollten. Wer das Alte Land liebt, kann kein schlechter Mensch sein, dachte er. Beim Formulieren der Atteste ließ er sich zu immer drastischeren Diagnosen hinreißen. Am 11. März 1980 schrieb er etwas von »*Allergie unklarer Genese*« und einer Bronchitis. »*Für das Kleinkind bedeutet die Einreise nach Pakistan aus klimatischen und Ernährungsgründen Lebensgefahr.*«

Der Beamte wurde misstrauisch. War es möglich, dass Heinz Gosch ein Freund meiner Eltern war, der die Atteste aus Gefälligkeit ausstellte?

Er schrieb deshalb meiner Mutter: »*Sehr geehrte Frau Kazim! Sie werden gebeten, zur amtsärztlichen Untersuchung wegen Verlängerung der Aufenthaltserlaubnis mit Ihrem Kind Zahra am Mittwoch, d. 26.3.80 um 8.30 Uhr in das Gesundheitsamt Stade zu kommen. Bei Verhinderung bitte ich um rechtzeitige Nachricht. Die Untersuchung ist gebührenfrei. Hochachtungsvoll!*«, dahinter eine krakelige Unterschrift. Ein Amtsarzt sollte also überprüfen, ob die Diagnosen von Doktor Gosch stimmten. Wenn nicht, sollten wir sofort ausgewiesen werden.

Meine Mutter informierte unseren Hausarzt über diese Anordnung.

»Dann fahren Sie mal!«, antwortete er ihr gelassen.

Am besagten Tag stieg meine Mutter mit meiner Schwester im Arm in den Bus und fuhr zum Gesundheitsamt. Der untersuchende Arzt war ein Doktor Wessolowski, Chefarzt der Kinderklinik in Stade. Er stellte eine »*Kinderfachärztliche Bescheinigung*« aus, in der er attestierte, Zahra leide an einer »*rezidivierenden chronischen spastischen Bronchitis*« und sei »*in absehbarer Zeit nicht reisefähig, so daß die Eltern mit dem Kind noch für längere Zeit am bisherigen Wohnort bleiben müssen*«.

Ich weiß bis heute nicht, ob Gosch und Wessolowski sich abgesprochen hatten, ob sie sich überhaupt kannten, oder ob sie einfach nur der Regel folgten: Ein Arzt widerspricht dem anderen nicht, jedenfalls nicht auf Weisung eines Kommunalbeamten. Vielleicht war meine Schwester auch tatsächlich krank genug, um eine Abschiebung zu verhindern.

Jetzt blieb auch der Ausländerbehörde nichts anderes übrig, als die *Wiederherstellung der Reisefähigkeit des Kindes Zahra Kazim* abzuwarten – obwohl inzwischen die Bezirksregierung in Lüneburg gegen uns entschieden hatte. Ihrer Meinung nach hatte die Stader Behörde sich an die Verfahrensregeln gehalten und lediglich ihren Ermessensspielraum genutzt. Außerdem war sie der Ansicht, mein Vater habe sich *»nicht seit 1962 ständig in der Bundesrepublik aufgehalten. Bis zur Aufnahme der Ausbildung* [an der Seefahrtschule Grünendeich] *1975 ist er als Besatzungsmitglied eines deutschen Schiffes nur zum Landgang, nicht aber zur Erwerbstätigkeit oder Begründung eines Wohnsitzes berechtigt gewesen.«* Demnach hatten meine Eltern sich also illegal in Hollern niedergelassen. Die Bezirksregierung schrieb weiter: *»Die beiden 1974 und 1978 geborenen Kinder sind noch nicht in die hiesigen Lebensverhältnisse hineingewachsen, so daß sie sich in Pakistan unschwer wieder einleben könnten, zumal sich das älteste Kind bereits 1976/1977 dort aufgehalten hat.«*

Als der Beamte uns nun trotzdem eine Verlängerung in den Pass stempeln musste, war er offensichtlich verwirrt – er vergaß, dass der September nur dreißig Tage hat, und schrieb uns als neue Frist den »31. September 1980« in die Dokumente. Meine Eltern hatten das Gefühl, er empfand das als persönliche Niederlage; spätestens seit sie mitbekommen hatten, dass in Stade lebende Inder, mit denen sie befreundet waren, problemlos die für einen Verbleib erforderlichen Papiere und Stempel von ihm erhielten, waren sie überzeugt, dass dieser Beamte einen privaten Feldzug gegen sie führte. Warum, konnten sie sich nicht erklären.

Für mich begann derweil der Ernst des Lebens: Meine Eltern meldeten mich im Kindergarten an. Sie waren davon überzeugt, dass es das Beste für mich wäre, dorthin zu gehen, anstatt zu Hause zu hocken. Der evangelische Kindergarten war in einem alten Gebäude am Ende einer Sackgasse in Twielenfleth untergebracht. Wenn jemals ein Auto dorthin kam, dann war es jemand, der sein Kind hinbringen oder abholen wollte. Dennoch mussten wir, wenn wir zum Spielplatz auf der gegenüberliegenden Straßenseite wollten, jedes Mal am Straßenrand stehen bleiben, nach links schauen, nach rechts, wieder nach links, und erst dann durften wir die Straße, die eher ein Weg war, überqueren. Das war unsere Verkehrsschulung.

Was links und rechts war, verstand ich, aber vieles andere offensichtlich nicht. Denn eines Tages kam die kleine Sabine Laurich zu uns und fragte meine Mutter: »Warum spricht Hansi so komisch Deutsch?«

Meine Mutter erstarrte.

»Hansi spricht komisch Deutsch?«

»Ja. Ganz komisch. Ich versteh den nich.«

Meine Mutter erklärte ihr, dass ich eine Zeit lang in einem anderen Land gelebt hätte und Deutsch daher für mich noch neu sei. Sabine gab sich mit dieser Erklärung zufrieden. Dass meine Mutter ähnlich merkwürdig wie ich sprach, war ihr anscheinend nicht bewusst. Vielleicht traute sie sich auch nur nicht, ihr das zu sagen.

Für meine Mutter war Sabines Bemerkung ein Schlüsselerlebnis. Ein vierjähriges Kind hatte ihr mit einer einfachen Frage deutlich gemacht, dass wir unbedingt die Sprache dieses Landes lernen mussten, um uns zu integrieren. Ihr Kind konnte nur dann vernünftig Deutsch lernen, wenn sie selbst ihre Sprachkenntnisse verbesserte und mit mir Deutsch anstatt Englisch und Urdu sprach. Sie meldete sich an der Volkshochschule zu einem Kurs an: Deutsch für Ausländer.

Ich erinnere mich tatsächlich an gewisse Sprachprobleme. »Du Arschloch!«, sagte einmal mein etwas ruppiger Freund Michael Stolle zu mir, der es Jahre später als Stabhochspringer bis zu den Olympischen Spielen bringen sollte.

»Mama, Arschloch *kja hai?*«, fragte ich am Nachmittag, als ich aus dem Kindergarten kam. Meine Mutter erklärte mir die Anatomie des Körpers und dabei beiläufig auch jenes Wort.

»Aber das ist ein schlechtes Wort, du darfst es nicht benutzen«, warnte sie mich.

Am nächsten Tag benutzte ich es doch. Beim Mittagessen im Kindergarten, es gab Hirsebrei, rief ich Michael quer über den Tisch, ohne erkennbaren Anlass, zu: »Du bist selbst ein Arschloch.«

Das gab mächtig Ärger von der Kindergärtnerin! Wenigstens wusste ich jetzt, warum.

Meine Sprachprobleme verschwanden rasch. Das hatte ich meiner Mutter zu verdanken, die fortan mit mir, wann immer möglich, Deutsch sprach – und der ›Sesamstraße‹, wo permanent so ein verklemmter Mann jedem, der ihm über den Weg lief, einen Buchstaben verkaufen wollte.

»Willst du ein O?«, fragte er und öffnete wie ein Exhibitionist seinen Mantel, unter dem sich ein O versteckte.

»Wer, ich?«

»Pssssst, ja du!«

Am nächsten Abend war es der Buchstabe A. Dann das L.

Ich liebte diese Dialoge. Obwohl sie immer demselben Muster folgten, fand ich sie spannend. Und die anschließenden Beiträge, wo nach dem A ein Apfel, ein Anker, ein Auto über den Bildschirm flogen, nach dem Z ein Zebra, ein Zahn und ein Zeppelin, liebte ich mindestens genauso.

Die ›Sesamstraße‹ war ein tägliches Ritual, das ich feierlich zelebrierte: Wenige Minuten vor achtzehn Uhr schaltete ich das dritte Programm ein. Meine Mutter oder mein Vater brachten mir ein Brot mit Leberwurst, Rührei und einen Becher Kakao auf einem orange-braun geblümten Kunststofftablett ins Wohnzimmer. Ich saß im Schneidersitz auf dem Boden, mampfte mein Essen und starrte gebannt auf den Bildschirm. Eine halbe Stunde lang war ich nicht ansprechbar.

Und so lernte ich dank der ›Sesamstraße‹ noch in der Kindergartenzeit lesen und schreiben. Als ich als Fünfjähriger der Kindergärtnerin verkündete, ich könne schon schwierige Wörter schreiben, stellte sie mich auf die Probe: »Schreib mal ›Kuh‹.«

Ich schrieb: ›Ku‹.

Sie sagte: »Schreib mal ›Katze‹.«

Ich schrieb: ›Katse‹.

Sie forderte mich heraus. »Und ›Krokodil‹?«

Ich schrieb: ›Krokodil‹.

Endlich war sie sprachlos.

Pakistanische und indische Kinder sind intensive Fernsehgucker. Die Kinder meiner Cousins und Cousinen konnten schon mit drei Jahren den Videorekorder bedienen und Aufnahmen programmieren. Fernsehen ist in Südasien Grundrecht, auch für Kinder. Selbst in Elendsvierteln, wo es an vielem mangelt, fehlt fast nie ein Fernseher in der Wohnung. Debatten über zu viel Medienkonsum sind eine typisch westliche Angelegenheit. Viele meiner Verwandten hätten kein Verständnis, wenn ich das permanente Laufen des Fernsehers oder die Tatsache, dass kleine Kinder mitten in der Woche bis weit nach Mitternacht vor der Glotze hocken, kritisieren würde.

Meine Eltern ließen uns Kinder zwar nicht permanent, aber doch viel fernsehen. Ich erinnere mich, dass ich als Kleinkind freitagabends auf dem Sofa kauerte und ›Derrick‹ guckte. Ein Mann war erstochen worden.

»Was heißt ›erstochen‹?«, fragte ich.

Meine Eltern überlegten.

»Ich glaube, das heißt, dass er keine Luft mehr bekommen hat«, sagte mein Vater.

Der weitere Verlauf des Krimis zeigte, dass das keinen Sinn ergab. Meine Mutter sagte: »Ich glaube, das heißt, dass er mit einem Messer getötet wurde.«

Sicher war sie sich aber nicht. Sie schlug »erstechen« im Lexikon nach. Sie fand auch heraus, dass mein Vater ›erdrosseln‹ gemeint hatte und dass dieses Wort mit dem Vogel Drossel nichts zu tun hat.

Ich weiß nicht, ob diese Krimis einen Schaden bei mir anrichteten, jedenfalls blieb ich ein ängstliches Kerlchen und schrie nach wie vor wie am Spieß, wenn ich in den Kindergarten musste. Vielleicht war es immer noch die Angst, von meiner Mutter getrennt zu werden und dann ganz alleine zu sein, denn mein Vater war wieder für vier bis sechs Monate auf seinem Schiff unterwegs. Verlustangst ist eine schlimme Angst. Meine Mutter, meine Schwester und ich waren wieder alleine. Mein Vater fehlte mir.

Zum Kindergarten holte uns morgens ein orangefarbener VW-Bus ab, der die Runde durch Hollern-Twielenfleth machte und an verabredeten Punkten hielt. Meine Mutter wartete vor unserem Haus mit mir auf den Bus und spielte mit mir, um mich abzulenken. Gisela Laurich kam auch jeden Morgen mit ihren beiden Töchtern Marina und Sabine dazu. Wenn der Bus dann knatternd um die Ecke bog, begann ich zu schreien und versuchte wegzulaufen. Während Marina und Sabine brav und ganz alleine in den Bus stiegen, rannte Gisela hinter mir her, packte mich und stieg gemeinsam mit mir in den Bus.

So ging das wochenlang.

Gisela begleitete mich, um mir die Angst zu nehmen. Meine Mutter sollte zu Hause bleiben, damit ich lernte, mich von ihr wenigstens für ein paar Stunden zu trennen. In den ersten Tagen blieb Gisela sogar die ganze Zeit über im Kindergarten – nicht wegen ihrer beiden Töchter, die das Schicksal des Kindergartens schnell akzeptiert hatten, sondern meinetwegen.

Ich begann, Gisela zu vertrauen. Viele Nachmittage verbrachte ich bei Laurichs, wenn wir aus dem Kindergarten zurückkamen. Sabine und ich freundeten uns an, oft verbündeten wir uns gegen die ein Jahr ältere Marina und machten ihr das Leben zur Hölle, indem wir ihr zum Beispiel immer und bei allem widersprachen oder so taten, als hätten wir Geheimnisse vor ihr.

Im Sommer veranstalteten wir Hollerner Kinder in der Vorderstraße, einem nur wenig befahrenen Dorfweg parallel zur Hauptstraße, Wettbewerbe im Kirschkern-Weitspucken. Oder wir besuchten plattdeutsche Theateraufführungen der Laienspielgruppe und sahen uns Stücke mit Namen wie ›Bi uns to Hus, im Olen Land‹ an. Im Winter, sobald der erste Schnee fiel, banden wir unsere Schlitten an einen Trecker und ein Bauer zog uns von einem Ende der Vorderstraße bis zum anderen, immerhin ein paar Kilometer. Oder wir fuhren nach Twielenfleth zum Deich und rodelten der Elbe entgegen, hunderte Mal am Tag, runter, rauf, runter, rauf, bis das Gras unter der Schneedecke zu sehen war.

Wenn ich ab und zu bei Laurichs Abendbrot essen durfte, stellten wir Kinder Gisela alle Fragen der Welt: Wie wird Salami gemacht? Wie wird man Kindergärtnerin? Was ist Muskatnuss? Wie macht man aus Holz Papier? Woraus besteht Tinte? Und woraus Marmelade? Alles, was uns in den Kopf kam und uns nicht ganz klar war, fragten wir Gisela. Anstatt genervt zu sein, beantwortete sie uns geduldig jede Frage. Oft gab sie uns Kinderbücher oder holte ein Lexikon und schlug die Antwort nach. Meine Leidenschaft für Bücher habe ich von ihr.

Marina und Sabine mussten sich, im Gegensatz zu mir, zur festen Zeit bettfertig machen. Ich sah immer zu, dass ich rechtzeitig zur ›Sesamstraße‹ zu Hause war. Mit meinem gelben Fahrrad fuhr ich die hundert Meter nach Hause. Marina und Sabine waren nicht so abhängig von dieser Sendung wie ich.

Auch im Kindergarten wurde meine Leidenschaft fürs Lesen gefördert, ich bekam ›Räuber Hotzenplotz‹ und ›Jim Knopf‹ in die Hände, manchmal las uns eine der Kindergärtnerinnen daraus vor. Im Kindergarten lernte ich auch die wichtigsten Bibelgeschichten kennen. Meine Eltern hatten nichts dagegen, im Gegenteil, sie freuten sich über mein grundsätzliches Interesse an Erzählungen. Ich fand sie so spannend, dass Oma, Opa und Otti mir, als ich schon in der Schule war, eine Kinderbibel zum Geburtstag schenkten.

Zu Weihnachten führten wir ein Krippenspiel in der Twielenflether Kirche auf. Ich spielte natürlich den schwarzen König Caspar. Meine Mutter besuchte zum ersten Mal in ihrem Leben einen christlichen Gottesdienst.

Eine merkwürdige Vorstellung: Ein schiitischer pakistanischer Junge, der samt Familie kurz vor der Ausweisung steht, spielt in der evangelischen Kirche im Dorf Twielenfleth einen der Heiligen Drei Könige.

»Für dich brauchen wir keine Schminke«, sagte ein Mädchen aus meiner Kindergartengruppe und kicherte über ihren Witz. Ich ignorierte sie. Dieses altkluge Mädchen konnte ich von Anfang an nicht leiden und jetzt gab sie auch noch mit ihrer Rolle als Maria an und tänzelte permanent um den Jungen herum, der den Säugling Jesus spielen sollte, obwohl der fast einen Kopf größer war als sie. Blöde Kuh, dachte ich.

Das Krippenspiel lief gut über die Bühne, ich sagte meinen Text fehlerfrei auf. Meine Mutter war stolz auf mich.

Und ich war stolz auf meine Mutter, denn sie hatte begonnen, den Führerschein zu machen. Ich hatte es immer merkwürdig gefunden, dass Gisela Auto fahren konnte, Otti, die ihren Führerschein erst in Deutschland gemacht hatte auch, aber meine Mutter nicht.

Sie hatte es satt, immer mit meiner Schwester im Arm und mir an der Hand mit dem Bus nach Stade zum Einkaufen zu fahren und auf dem Rückweg auch noch die Tragetaschen zu schleppen. Sie hatte sich daher entschlossen, die Fahrschule zu besuchen, und sobald mein Vater wieder von seinem Schiff kam, sollte er ein Auto kaufen.

Laurichs hatten einen hautfarbenen Golf I, den ich furchtbar schick fand. Meine Eltern ließen sich leider nicht von mir überzeugen, sich auch so ein Auto anzuschaffen. Sie entschieden sich für einen gebrauchten Ford Escort – in Braun. Sie waren ziemlich stolz auf dieses Auto. Was Autofarben betraf, hatten die Menschen Ende der Siebziger und Anfang der Achtziger wirklich einen seltsamen Geschmack.

Ich bekam schnell zu spüren, dass es ein Fehler gewesen war, ein braunes Auto zu kaufen. Ein Kindergartenfreund warf mir in einem Streit darüber, wessen Vater das schnellere Auto hatte, an den Kopf: »Euer Auto ist genauso braun wie du.«

Er hatte völlig recht, genauso wie das Mädchen, das mir sagte, ich brauche keine Schminke für die Rolle des dunklen Königs. Kinder sagen oft die brutale Wahrheit, als Ausländerkind bekommt man solche Wahrheiten besonders häufig zu hören. Mich verletzte das jedes Mal. Und jedes Mal wünschte ich mir ein bisschen mehr, weiß zu sein wie alle anderen.

Meine Eltern merkten nichts von meinem Leid. Ich erzählte ihnen nie von den Vorfällen, weil ich kein Schwächling sein wollte.

Ich hasste die Farbe Braun.

Deshalb war ich froh, als meine Eltern mir eines Tages, ich ging da schon zur Schule, erzählten, sie würden ein neues Auto kaufen – ihren ersten Neuwagen, einen Toyota Starlet. Ich hatte keine Ahnung, was das für ein Auto war, malte mir aber das heißeste Rennauto, den bulligsten Geländewagen, den größten Luxusschlitten aus, wie ich sie von meinen Spielkarten kannte, dachte aber nicht eine Sekunde lang an einen Kleinwagen. Umso größer war meine Enttäuschung, als das Auto einige Wochen später beim Händler stand und wir es abholten. Es war klein. Und es war braun. Braun metallic, um genau zu sein.

»Ich erinnere mich noch, wie ich damit zur Volkshochschule zum Deutschkurs fuhr und mich extra ans Fenster setzte, damit ich das Auto auf dem Parkplatz im Blick hatte«, erzählt meine Mutter. »Wir waren sehr glücklich, ein ganz neues Auto zu haben.«

Dann meldete sich der schnurrbärtige Beamte wieder. Er kündigte meinen Eltern telefonisch an, die Aufenthaltserlaubnis nun definitiv nicht mehr zu verlängern – die gesamte Familie solle sich auf eine Ausreise bis Ende September 1980 vorbereiten.

Meine Mutter wollte mit dem Beamten von Angesicht zu Angesicht reden. Sie bat per Brief um einen Termin. Er schickte seine Antwort an den Anwalt meiner Eltern: *»Angesichts der eindeutigen Rechtslage sowie der Tatsache, daß alle wichtigen Argumente bereits ausgetauscht wurden, halte ich ein persönliches Gespräch nicht für sehr erfolgversprechend.«*

Meine Mutter blieb hartnäckig: Sie rief den Beamten an und bat noch einmal um ein Treffen, um ihre Bitte um Verlängerung des Bleiberechts persönlich vorzubringen – und bekam einen Termin für acht Uhr.

Sie erinnert sich noch heute genau an diesen Tag im Spätsommer 1980. Um fünf Minuten vor acht war sie da. Sie klopfte an die Bürotür.

»Ach, Sie schon wieder, ja, nehmen Sie draußen Platz. Ich rufe Sie rein.«

Meine Mutter schloss die Tür wieder, setzte sich auf einen Holzstuhl im Flur. Mit der Zeit füllte sich der Raum, immer mehr Menschen aus verschiedenen Ländern kamen in die Behörde, um sich einen Stempel in ihren Reisepass geben zu lassen.

Es wurde neun Uhr. Viele derjenigen, die später als meine Mutter gekommen waren, waren längst verrichteter Dinge wieder gegangen.

Um zehn Uhr klopfte meine Mutter noch einmal an die Tür. Sie öffnete sie einen Spalt weit. Der Beamte machte gerade Pause, hatte die Beine auf den Schreibtisch gelegt, blätterte in einer Zeitschrift und hielt einen Becher Kaffee in der Hand.

»Was wollen Sie? Ich habe Ihnen doch gesagt, dass ich Sie reinrufe, wenn Sie dran sind!«, brüllte er sie an.

Meine Mutter schloss verängstigt die Tür. Sie setzte sich wieder in den Flur.

Eineinhalb Stunden später wurde sie hereingerufen. Noch bevor sie etwas sagen konnte, prasselte ein Wortschwall auf sie ein.

»Frau Kazim, Sie wollen hier in Deutschland bleiben. Sie wollen nicht für einige Zeit bleiben, Sie wollen für immer bleiben, schließlich haben Sie einen Antrag auf Aufenthaltsberechtigung gestellt. Aber da muss ich Ihnen ganz klar sagen: Das geht nicht! Wir sind kein Einwanderungsland! Wir haben Ihnen immer wieder Aufenthaltsgenehmigungen gegeben, aber Sie können nicht dauerhaft hier bleiben oder sogar Deutsche werden, das ist ausgeschlossen!«

Meine Mutter, die inzwischen gut genug Deutsch beherrschte, um den Beamten zu verstehen, war verwirrt, weil er so auf sie einredete. Sie hatte doch noch gar nichts gesagt! Wahrscheinlich, dachte sie, war er wütend, weil sie sich einen Anwalt genommen hatten und sich wehrten.

»Frau Kazim, ich muss Ihnen sagen, dass Sie einen großen Fehler begehen mit Ihrem Bemühen, Deutsch zu lernen. Sie müssen das Land auf jeden Fall verlassen und dann wird es für Sie, vor allem aber für Ihre Kinder, sehr schwierig, sich in Pakistan zurechtzufinden. Wie sollen sie sich da verständigen, wenn sie nur Deutsch sprechen?«

Meine Mutter wunderte sich, warum der Beamte davon redete, wir müssten »auf jeden Fall« das Land verlassen. Sie grübelte, weshalb er so sicher war, dass wir »nicht Deutsche werden« konnten. War es nun endgültig aus? Mussten wir zurück nach Pakistan, in ein Land, das uns, der gesamten Familie, mittlerweile fremd geworden war? In ihrer Verwirrung wurde ihr der ungeheuerliche Vorwurf, sie bemühe sich, Deutsch zu lernen, erst viel später bewusst. Hieß es sonst nicht immer, Ausländer strengten sich nicht genug an, die Sprache zumindest in Grundzügen zu beherrschen?

Ich muss Ihnen sagen, dass Sie einen großen Fehler begehen mit Ihrem Bemühen, Deutsch zu lernen.

Integriert man sich nicht, ist es ein Fehler, heißt es in Debatten. Ausländer sollten sich bitte einfügen in die Gesellschaft, in der sie leben, manche sprechen sogar von anpassen. Zu viel Integration ist aber auch wieder falsch, jedenfalls fand das der Beamte. Wie viel Integration ist das richtige Maß? Genügt die Sprache? Was hat es mit der »Leitkultur« auf sich? Muss man Text und Melodie der Nationalhymne kennen? Oder Gedichte von Schiller und Goethe aufsagen können? Muss man das Grundgesetz gelesen haben oder genügt es, nicht dagegen zu verstoßen? Was sollen diese merkwürdigen Einbürgerungstests, die Dinge abfragen, die, da bin ich mir ganz sicher, viele Deutsche nicht wissen? Was ist mit der Kleidung? Darf ich im Shalwar Kameez, darf eine Frau in Deutschland im Sari in die Öffentlichkeit? Und wie steht's mit der Religion?

Meine Eltern waren noch längst nicht am Ende ihres Weges. Sie setzten ihn fort, auch wenn der Beamte das für falsch hielt.

Meine Mutter bedankte sich bei dem Beamten, stand auf, ohne ihren Wunsch um eine Verlängerung der Aufenthaltserlaubnis vorgetragen zu haben, und verließ die Behörde.

Zu Hause weinte sie.

Der Anwalt legte meinen Eltern nahe, gegen den Landkreis Stade zu klagen – sowohl gegen die Nichtverlängerung der Aufenthaltserlaubnis als auch gegen das Nein zur Aufenthaltsberechtigung. Meine Eltern folgten diesem Rat. Das Verwaltungsgericht Stade nahm sich der Sache in zwei getrennten Prozessen an. Meine Eltern beantragten außerdem die aufschiebende Wirkung, um im Land bleiben zu dürfen, bis alles endgültig entschieden war.

Die Einzelheiten all dieser Prozesse und Verfahren sind heute längst vergessen. Niemand in unserer Familie blättert noch in den dicken Bündeln Papier, die daran erinnern, wie zermürbend diese Zeit war. Meine Eltern verdrängten die Angelegenheit schon damals, so gut sie konnten. Sie wollten nur, dass das alles so schnell wie möglich vorbei war und wir in Deutschland bleiben durften. Sicher hatten sie zudem Sprachprobleme, ihr Deutsch war nicht gut genug, um all die Behörden- und Anwaltsbriefe, all das Amts- und Juristendeutsch zu verstehen. Viele der Vorgänge musste ich aus den Dokumenten vom Dachboden meiner Eltern rekonstruieren.

Kurz nach dieser denkwürdigen Begegnung fragte der Beamte beim Anwalt meiner Eltern erneut nach dem Gesundheitszustand meiner Schwester. Der schrieb sofort an uns: »*Es erscheint mir daher sinnvoll, wenn Sie versuchen, bei Ihrem zuständigen Arzt die Reisefähigkeit Ihres Kindes überprüfen zu lassen und mir ein entsprechendes Attest schicken.*«

Doktor Gosch war verunsichert, er wusste von den Vorwürfen des Landkreises Stade, er stelle uns »Gefälligkeitsatteste« aus. Als meine Eltern ihn aufsuchten, machte meine Schwester einen gesunden Eindruck. Er erklärte sie für reisefähig.

Die Ausländerbehörde forderte meine Eltern daraufhin ultimativ auf, Deutschland bis zum 31. Dezember 1980 zu verlassen. Bis dahin bekamen wir nun nur noch den Status von »geduldeten Ausländern«. Die sogenannte Duldung war ein Formular, mit dem meine Eltern alle paar Wochen zur Ausländerbehörde fahren und sich einen neuen Stempel geben lassen mussten – um sicherzustellen, dass sie nicht untertauchten und womöglich illegal in Deutschland blieben. Die Duldung, auch *»Bescheinigung über die Aussetzung der Abschiebung«* genannt, war der niedrigste Aufenthaltsstatus, die Arbeitserlaubnis für meinen Vater war damit dahin.

Der Anwalt schrieb meinen Eltern eine beruhigende Notiz: *»Seien Sie vorerst unbesorgt. Der Landkreis Stade kann Sie, wenn überhaupt, erst abschieben, wenn eine Abschiebungsverfügung erlassen worden ist. Auch dagegen kann gerichtlich vorgegangen werden.«*

Die Behörde setzte plötzlich auf eine neue Argumentation. Wörtlich schrieb der Beamte dem Anwalt am 10. November 1980:

Ihre Mandanten kommen aus einem Entwicklungsland. Die Aufenthaltserlaubnisse des Herrn Kazim wurden unter dem Gesichtspunkt der Entwicklungshilfe zu Ausbildungszwecken erteilt. (...) Eine Verlängerung der Aufenthaltserlaubnis des Herrn Kazim würde Belange der Bundesrepublik Deutschland beeinträchtigen, da hierdurch das Wirksamwerden der geleisteten Entwicklungshilfe verhindert würde.

Die Bezirksregierung Lüneburg schrieb einem Freund meiner Eltern, der sich dort für uns eingesetzt hatte, einen ähnlichen Brief:

Nach § 2 Abs. 1 Satz 1 Ausländergesetz darf eine Aufenthaltserlaubnis nur erteilt werden, wenn die Anwesenheit des Ausländers Belange der Bundesrepublik nicht beeinträchtigt. Zu den Belan-

gen der Bundesrepublik Deutschland gehört auch das Wirksamwerden der von ihr geleisteten Entwicklungshilfe. Der Zweck der Entwicklungshilfe gebietet es, den dauernden Aufenthalt eines Ausbildungsbewerbers in der Bundesrepublik Deutschland zu verhindern. (...) Pakistan gehört zu den Entwicklungsländern. Herr Kazim ist zu Ausbildungszwecken in die Bundesrepublik Deutschland eingereist, diese Ausbildung ist beendet. Durch die Erteilung einer weiteren Aufenthaltserlaubnis würden also Belange der Bundesrepublik beeinträchtigt. Unter diesen Umständen sehe ich leider keinen Weg, der Familie Kazim den weiteren Aufenthalt in der Bundesrepublik Deutschland zu ermöglichen. Auch den beiden erst 2 und 6 Jahre alten Kindern der Eheleute Kazim kann eine Rückkehr nach Pakistan durchaus zugemutet werden. Es ist bei dem Alter der Kinder nicht zu befürchten, daß diese bei einer Rückkehr zusammen mit den Eltern gesundheitlich oder anderweitig Schaden erleiden könnten.

Entwicklungshilfe? Welche Entwicklungshilfe? Niemals war vorher davon die Rede gewesen, die Ausbildung meines Vaters war nicht aus Entwicklungshilfemitteln finanziert worden. Die Reederei Hansa hatte Anfang der Sechzigerjahre weltweit Personal gesucht, das zur See fahren wollte, weil sie dieses Personal dringend benötigte – und mein Vater hatte sich beworben. Hinter vorgehaltener Hand hieß es, vor allem für die Fahrten in heiße Länder seien südländische Seefahrer gute Leute, denen würde die Hitze nichts ausmachen, erzählte mir Jahre später ein pensionierter Hansa-Kapitän. Und jetzt sollte das plötzlich Entwicklungshilfe sein. Mit dieser neuen Argumentation trat der Vertreter des Landkreises vor Gericht auf.

Der Anwalt meiner Eltern entgegnete dem Landkreis schriftlich:

Nach meiner Auffassung läßt sich die Entscheidung über den Antrag der Mitglieder der Familie Kazim nicht mit entwicklungspolitischen Gesichtspunkten lösen. Es bestehen Zweifel daran, daß dies von Anfang an ein Gesichtspunkt war. Ganz abgesehen davon gilt, daß entwicklungspolitische Gesichtspunkte zurückzustellen sind, wenn sich der Antragsteller längere Zeit rechtmäßig hier aufhält, aus der Ehe Kinder hervorgegangen sind und diese in die deutschen Lebensverhältnisse hineingewachsen sind.

Hollerner und Stader Freunde meiner Eltern schalteten nun auch die Bonner Politik ein – sie verfassten Briefe an das Bundesinnenministerium, und der Gewerkschafter Wolfgang Baars schrieb an seinen Freund Wolfgang von Geldern von der CDU, Staatssekretär im Bundeslandwirtschaftsministerium, und bat um Hilfe.

Lieber Wolfgang,
anläßlich einer Tagung der UN-World-Maritime-University in Malmö, Schweden, hatte ich Gelegenheit, den Fall Kazim ausführlich mit Commodore S. K. Shamsie, Commandant der Pakistan Marine Academy, Karachi, Pakistan, zu besprechen. Besonders haben wir die Frage geprüft, ob die Ausbildung von Herrn Kazim (Kapitän auf Kleiner Fahrt) den Interessen Pakistans entspricht. Commodore Shamsie hat die Frage eindeutig verneint und könnte Dir dies auch persönlich bestätigen. Wenn überhaupt, bräuchte Pakistan für seine wenigen Schiffe und die Administration Kapitäne auf Großer Fahrt. Commodore Shamsie hat dringend dazu geraten, Herrn Kazim den Aufenthalt bis zum Abschluß des Patentes ›Kapitän auf Großer Fahrt‹ zu gewähren.

Wir sind der Meinung, daß die weitere Anwesenheit der Familie Kazim die Belange der Bundesrepublik nicht beeinträchtigt, ja sogar im Interesse Pakistans dringend geboten ist. Wir sind hier der Meinung, daß darüber hinaus in diesem speziellen Fall über eine dauerhafte Aufenthaltserlaubnis aus besonderen Gründen positiv entschieden werden sollte. Nicht zuletzt für den Wahlkreis wäre dies von erheblicher Bedeutung.
Mit herzlichen Grüßen
Dein Wolfgang Baars

Von solchen Vorgängen bekam ich nichts mit. Meine Eltern versuchten immer, ihre Probleme mit den Behörden vor uns Kindern zu verbergen. Aber die gedrückte Stimmung nach schwierigen Behördengängen, die Enttäuschung nach niederschmetternden Briefen, die Angst vor einer erneut angedrohten Abschiebung ließen sich nicht geheim halten.

Meist fassten sie wieder Mut, wenn Freunde ihnen versicherten, dass sie sich weiter für uns einsetzen würden.

Als in unserem Haus eine großzügige Dreizimmerwohnung frei wurde, zogen wir um: vom Dachgeschoss ins Erdgeschoss. Es war nicht nur ein Umzug in eine größere Wohnung, in der ich mein eigenes Zimmer bekam, es war auch ein Schritt, mit dem meine Eltern signalisierten: Seht her – wir bleiben!

Trotz der Sorgen meiner Eltern war es eine wunderbare Zeit für uns alle. Meine Eltern richteten die Wohnung nach ihrem Geschmack ein, kauften eine grüne Sitzgarnitur mit orangen Streifen und einen grünen Teppich, der mitten im Zimmer eine Welle schlug, weil der Boden leicht feucht war. Meine Eltern ärgerte dieser deutlich sichtbare Hügel im Teppich sehr, meine Freunde und ich fanden ihn dagegen großartig, war er doch eine ideale Rampe, um unsere Spielzeugautos darüberfahren und durch die Luft fliegen zu lassen. Wie die Autos in der Fernsehserie ›Ein Colt für alle Fälle‹, die wir alle liebten.

Ich erkundete mit meinem gelben Fahrrad das Dorf, fand irgendwann sogar Gefallen am Kindergarten, verlor meine Angst vor dem Alleingelassenwerden ein bisschen, liebte das Leben auf dem Land. Ich kann mir heute keine schönere Kindheit vorstellen als eine in Hollern-Twielenfleth.

Oma und Opa Truetsch von nebenan nahmen gänzlich die Rolle unserer Großeltern ein, Oma kam jeden Tag mit Schokolade oder ein paar Käseröllchen, die sie in ein Taschentuch wickelte, zu Besuch. Einmal in der Woche gab sie meiner Schwester und mir jeweils noch ein Fünfzigpfennigstück dazu und besserte damit unser Taschengeld von wöchentlich zwei Mark auf. Bei einem ihrer

Besuche versprach Oma mir eine Armbanduhr. »Sobald du die Uhr lesen kannst, bekommst du eine von uns«, sagte sie.

Kaum war sie gegangen, ließ ich mir von meinen Eltern erklären, was der große und der kleine Zeiger bedeuten. Ich übte und übte und etwa eine Stunde später klopfte ich bei Oma und Opa.

»Ich kann es jetzt«, verkündete ich stolz.

Am Abend, als Otti von der Arbeit kam, erzählten sie ihr die Geschichte. »Du glaubst es nicht, aber du musst jetzt los und dem Jungen eine Uhr kaufen.« Es war meine erste Uhr.

Otti besuchte uns fast jeden Abend nach der Arbeit für einen Moment, spielte mit uns ›Mensch, ärgere dich nicht‹ oder guckte sich mit uns eine Folge von ›Tom und Jerry‹ an. Im Sommer fuhr sie an den Wochenenden mit uns Kindern nach Stade zum Eisessen. Oder sie nahm uns mit ins Twielenflether Freibad, das ich schon vom Schwimmkurs kannte, an dem ich gemeinsam mit meiner Mutter teilgenommen hatte. Meiner Mutter war es egal, dass sie die einzige Erwachsene in der Gruppe war. Mir war es ein bisschen peinlich, wenn sie wie ich Schwimmflügel trug.

Als ich mein Seepferdchen machte, schenkte Otti mir als Belohnung vier Mark. Kurz danach machte auch meine Schwester ihr Seepferdchen, angetrieben von der Aussicht auf vier Mark.

Es fehlte uns an nichts.

Solange mein Vater noch arbeiten durfte, besuchten wir ihn oft auf seinem Schiff, wenn es mal in Bremen lag. Eine Zeit lang fuhr er als Erster Offizier auf einem Stückgutfrachter mit dem Namen »Bentainer«, meist nach Skandinavien, England und Frankreich.

Der Kapitän auf diesem Schiff hieß Konrad Frank, ein kleiner, kerniger Mann Anfang fünfzig mit Tätowierung auf dem Unterarm, die er sich in seiner Jugend hatte machen lassen und die er inzwischen bereute. Er lebte zufällig ganz in der Nähe, in Dornbusch, etwa eine halbe Stunde Autofahrt von Hollern entfernt.

Oft war auch seine Frau Wilma mit an Bord, eine Frohnatur mit blonden Locken. Gelegentlich begleiteten sie ihre beiden erwachsenen Kinder Torsten und Karina. Innerhalb weniger Tage wurden aus den Franks Tante Wilma und Onkel Konrad.

Die Kabine von Onkel Konrad war, seinem Rang an Bord entsprechend, deutlich größer als die meines Vaters. Wann immer meine Eltern es mir erlaubten, besuchte ich Tante Wilma und Onkel Konrad in der Kapitänskajüte. Ich klopfte an die Tür und fragte schüchtern: »Stör ich?«, woraufhin Tante Wilma herzlich lachte und mich aufforderte, hereinzukommen. Ich hockte mich aufs Sofa und guckte Tante Wilma bei ihrer Handarbeit zu. Sie strickte Pullover und Socken, häkelte, stickte Bilder und verzierte Tischdecken. Ich versuchte später, genau wie sie ein Bild zu sticken, scheiterte aber, weil es viel zu kompliziert für mich war. Tante Wilma vollendete es: ein Porträt von Pinocchio.

Nach Kochs in Rastede und Truetschens in Hollern wurden Franks für uns mit der Zeit zu unserer dritten deutschen Familie. Wir luden uns gegenseitig zu Geburtstagsfeiern, zu Ostern und zu Weihnachten ein. Franks waren für meine Eltern da, wenn sie Hilfe brauchten.

Auch ich beanspruchte ihre Hilfe: zum Beispiel, als ich Tante Wilma heulend erklärte, dass ich auch blonde Locken haben wollte wie mein Kindergartenfreund Christian und nicht blödes, schwarzes, glattes Haar.

»Wer weiß, ob dein Freund Christian nicht lieber schwarzes, glattes Haar haben möchte?«, tröstete mich Tante Wilma. »Du kannst dich wirklich glücklich schätzen, dass du so schönes Haar hast. Guck dir Onkel Konrad an, der hat bald gar keine Haare mehr.«

Später verbrachte ich regelmäßig meine Schulferien in Dornbusch. Onkel Konrad hatte seinen Beruf als Kapitän nach einem schweren Autounfall aufgeben müssen. Ein Betrunkener war ihm frontal in seinen Wagen gefahren. Danach verbrachte er Monate im Rollstuhl und später Jahre an Krücken. Als er wieder gehen konnte, widmete er sich seinem riesigen Garten, in dem er gemeinsam mit seiner Frau allerlei Obst und Gemüse anbaute.

Ich durfte mithelfen.

Es waren jedes Mal wunderbare Tage: Ich erntete zum ersten Mal in meinem Leben Kartoffeln, Karotten, Erbsen, Zucchini, Champignons, Salatköpfe, Erdbeeren, Himbeeren. Ich lernte, was ein Komposthaufen ist und wie bestimmte Abfälle sich mit der Zeit auf wundersame Weise in Erde verwandeln. Vor dem Haus stand, wie bei fast allen Seeleuten, ein Flaggenmast und Onkel Konrad hisste regelmäßig verschiedene Flaggen. Im Hausflur der Franks hing eine Holztafel mit Seemannsknoten, die ich bei jedem Besuch von Neuem bewunderte – Onkel Konrad hatte sie selbst gemacht.

Urlaub in Australien oder in Afrika hätte für mich nicht spannender sein können als Ferien in Dornbusch. Ich fing mit einem Marmeladenglas Kaulquappen im Graben hinterm Haus, beobachtete sie ein paar Stunden und entließ sie dann wieder. Wenn es regnete, kramte Tante Wilma alte Kinderbücher vom Dachboden und versorgte mich damit. Und bei jedem Ferienaufenthalt planten sie einen Ausflug ein: mal ins Schifffahrtsmuseum nach Bremerhaven, mal ins Wellenbad nach Cuxhaven.

Ich frage mich, wie es kam, dass wir so oft Familien begegneten, die uns so herzlich willkommen hießen und uns zu einem Teil ihres Lebens machten. Ob es so etwas überall auf der Welt gibt? Merkwürdig, in welchem Kontrast das Verhalten dieser Menschen stand zu dem der Behörden.

Mein Vater wurde im Sommer 1980 auf ein anderes Schiff versetzt, auf die »Achilles«. Meine Eltern wollten den Stress mit den Behörden vergessen und uns Kindern einen schönen Urlaub ermöglichen. Meine Mutter nutzte die Gelegenheit und schiffte sich deshalb im Juli 1980 mit meiner Schwester und mir auf die »Achilles« ein – wir begleiteten meinen Vater nach Norwegen.

Ich sah zum ersten Mal, wie er auf der Brücke stand und das riesige Holzsteuerrad und die Hebel zum Gasgeben bediente, beobachtete, wie er über ein Telefon mit dem Maschinisten sprach und sich nach irgendwelchen technischen Sachen erkundigte. Auf

See durfte ich sogar selbst mal das Steuer in die Hand nehmen. Dazu musste ich mich auf einen Hocker stellen, damit ich über das hölzerne Rad blicken konnte.

Ich war furchtbar stolz auf meinen Vater!

Angeln an Bord der »Achilles« in norwegischen Gewässern

Die Wellen ließen die »Achilles« kräftig schaukeln. Das ständige Auf und Ab machte meine Mutter fertig. Während ich mich auf der Brücke vergnügte, lag sie seekrank in der Koje, was vermutlich ein Fehler war, denn sich hinzulegen, macht die Sache nur noch schlimmer. Aber das wusste sie damals nicht.

Es sind intensive Kindheitserinnerungen: ein sonniger Sommer in Norwegen; wir gehen in Stavanger und in Bergen einkaufen; meine Schwester und ich bestaunen Trollfiguren, größer als wir selbst; meine Mutter, die einen kleinen Troll für die Wohnzimmervitrine kauft; Walderdbeeren am Wegesrand; mein Vater, der einen Kanister mitschleppt und mit Wasser aus einer Quelle füllt, die aus einem Felsen hervorsprudelt; meine Begeisterung darüber, dass ich hier Wasser direkt aus einem Flüsschen trinken darf; angeln zusammen mit dem Bordmaschinisten, Meister Block, er fängt einen Fisch, nimmt ihn aus und legt mir das immer noch klopfende Herz auf die Hand; mein Ekel davor.

Diese Zeit ließ meine Eltern den Streit mit den Behörden für eine Weile vergessen.

Nach dieser Reise fuhr mein Vater noch einmal ohne uns für ein paar Wochen zur See, ab Oktober 1980 durfte er, als wir nur noch geduldete Ausländer waren, nicht mehr arbeiten. Alle Bitten der Reederei an den Landkreis Stade, meinen Vater arbeiten zu lassen, er werde dringend benötigt, waren vergeblich – die Ausländerbehörde reagierte nicht.

Jetzt wurde allmählich das Geld knapp. Mein Vater hatte sein Patent längst erhalten und die Hansa-Reederei verlassen. Er war anschließend für eine kleinere Reederei im europäischen Raum gefahren. Nach Ansicht der Ausländerbehörde gab es aber keinen Grund mehr, ihm weiterhin eine Arbeit zu erlauben. Der Reederei blieb nichts anderes übrig, als ihn zu entlassen. Die Ersparnisse waren für die Wohnungseinrichtung und für das braune Auto draufgegangen, meine Eltern mussten nun einen Kredit bei ihrer Bank aufnehmen.

Der Anwalt meiner Eltern schrieb an die Ausländerbehörde, die Reederei habe *»Herrn Kazim wegen der angespannten Personallage in der Vergangenheit mehrfach händeringend gebeten, Schiffe zu übernehmen. Sie ist in einer äußerst schwierigen Situation und hat auch mich immer wieder bedrängt, das Verfahren zu beschleunigen.«*

Nichts passierte.

Einige Wochen später schrieb der Anwalt wieder an die Behörde:

Herrn Kazims Papiere und die seiner Familie werden nur jeweils für kurze Zeit verlängert, wodurch die Familie unnötig eingeschränkt wird. Insbesondere ist dadurch Herrn Kazim nicht möglich, weiterhin zu arbeiten und für den Unterhalt selber aufzukommen.

Sie bringen die Familie damit in die Notlage, sich demnächst bei Ihnen Sozialhilfe holen zu müssen.

Nur weil unsere Freunde Briefe an die Ausländerbehörde in Stade geschickt und sich für uns eingesetzt hatten und weil Doktor Gosch fleißig Atteste geschrieben hatte, waren wir bislang in Deutschland geblieben. Jetzt sah alles so aus, als würde nichts mehr unsere Ausweisung zum Ende des Jahres verhindern.

Dann kam wieder ein Hoffnungsschimmer. Einen Brief an Bundesinnenminister Gerhart Baum (FDP), in dem Freunde unseren Fall geschildert hatten, beantwortete der Leiter des Ministerbüros so:

Das Innenministerium des Landes Niedersachsen hat auf Anfrage fernmündlich bestätigt, daß eine zwangsweise Entfernung der Familie Hassan Kazim z. Zt. nicht beabsichtigt sei. Die Ausländerbehörde des Landkreises Stade habe dem Anwalt des Herrn Kazim vielmehr Gelegenheit gegeben, die Rechte des Ausländers vor Gericht wahrzunehmen. Im übrigen sei über die Anträge auf Aufenthaltserlaubnis bzw. -berechtigung noch nicht abschließend entschieden worden.

Meine Eltern waren gezwungen, solche Briefe als Lichtblick zu sehen. Die Duldung wurde verlängert – wir blieben über den 31. Dezember 1980 hinaus. Mein Vater aber durfte immer noch nicht arbeiten. Er saß zu Hause und verdiente nichts. Es waren bittere Monate.

Tante Wilma und Onkel Konrad liehen uns einige Tausend Mark, ohne jemals einen Vertrag aufzusetzen oder eine Unterschrift zu verlangen. Sie gaben einfach, ohne zu wissen, ob und wann sie das Geld zurückerhalten würden. Sie hätten ja auch sagen können: Was interessiert uns diese ausländische Familie mit ihren Problemen? Sollen die doch zurück nach Pakistan gehen, dort findet der Vater bestimmt Arbeit! Aber sie taten alles, damit wir bleiben konnten.

Mein Vater stand trotzdem kurz davor aufzugeben. Am 3. April 1981 schrieb er einen Brief an seinen Anwalt:

Sollte ein weiterer Verbleib in der BRD nicht mehr möglich sein, stellt sich die Frage, wer für die Reisekosten aufkommt. In diese Notlage hat uns der Landkreis Stade gebracht und ich halte ihn dafür verantwortlich. Die von meiner Bank eingeräumte Kreditmöglichkeit ist jetzt ausgeschöpft.

Mein Vater, ein immer optimistischer Mensch, muss sehr verzweifelt gewesen sein, dass er so einen Brief schrieb. Über seinem Kummer hatte er ganz vergessen, dass das deutsche Generalkonsulat in Karatschi immer noch zehntausend Rupien verwahrte, die meine Mutter im November 1977 hinterlegt hatte – davon hätte der Rückflug gezahlt werden können.

Auf Anraten seines Anwalts beantragte mein Vater Sozialhilfe. Ins Feld »Begründung« schrieb er: *»Verweigerung der Aufenthaltsgenehmigung (Gerichtsverfahren läuft).«*

Das Sozialamt lehnte ab – mein Vater habe noch Rücklagen, auf die er zurückgreifen könne.

Meiner Schwester, jetzt eineinhalb Jahre alt, ging es wieder schlecht, sie litt unter furchtbaren Magenschmerzen. Meine Eltern hatten ein paar Tage zuvor wieder den Amtsarzt aufgesucht. Doktor Gosch hatten sie nicht mehr um ein Attest bitten wollen, weil die Ausländerbehörde Vorbehalte gegen ihn hatte.

Am selben Tag, als mein Vater seinen Brief an den Anwalt schrieb, stellte der Amtsarzt, der mit »Dr. Holtschmidt, Medizinaldirektor a. D.« unterzeichnete, ein Attest aus, das für meine Schwester eine schlechte Nachricht, für uns alle aber einen Befreiungsschlag bedeutete:

Nach Untersuchung des o. g. Kindes und nach eingehender Rücksprache mit dem Chefarzt der Kinderklinik Dr. Wessolowski in Stade, wo das Kind stationär behandelt worden ist, komme ich zu der Beurteilung, daß eine Stoffwechselerkrankung vorliegt, die sich erst nach Ende des Kleinkindalters zurückbilden wird. Unter Berücksichtigung der vorliegenden Verhältnisse muß das Kind deswegen als nicht reisefähig für einen Zeitraum von 2 bis 3 Jahren beurteilt werden.

Der Beamte von der Ausländerbehörde reagierte prompt:

Sehr geehrte Frau Kazim!
Sehr geehrter Herr Kazim!
Angesichts des Ergebnisses der erneuten amtsärztlichen Untersuchung Ihres Kindes Zahra bin ich bereit, Ihren Aufenthalt in der Bundesrepublik Deutschland vorerst weiterhin zu dulden. Anliegend übersende ich 2 Bescheinigungen über die Aussetzung der Abschiebung, die zunächst für 1 Jahr gültig sind. Über eine evtl. Verlängerung dieser Bescheinigung werde ich zu gegebener Zeit entscheiden.

Meine Eltern waren glücklich, auch wenn es keinen Grund zum Jubeln gab – wir waren nach wie vor nur geduldet und von einer regulären Aufenthaltserlaubnis weit entfernt. Immerhin konnten sie den Antrag auf aufschiebende Wirkung zurückziehen, denn nun durften sie ja vorerst im Land bleiben. Um guten Willen zu zeigen, nahmen sie die Klage gegen die Ablehnung einer verlängerten Aufenthaltserlaubnis zurück und stellten einen neuen Antrag auf Verlängerung; auf diese Weise sollte ein Neuanfang gemacht werden.

Der Anwalt antwortete dem Landkreis Stade:

Sehr geehrte Damen und Herren,
im Verfahren zur Regelung des Aufenthaltes der Eheleute Kazim habe ich mit Ihrem Herrn W. [dem schnurrbärtigen Beamten] *kürzlich telefonisch besprochen, daß Ihre Behörde bereit ist, Herrn Kazim eine Duldung zu erteilen und ihm auch die Arbeitsaufnahme zu ermöglichen.*

Ich habe dagegen zwar prinzipielle Bedenken, weil ich befürchte, daß sich damit die aufenthaltsrechtliche Position der Eheleute Kazim deutlich verschlechtert – eine Duldung ist in der Systematik des Ausländergesetzes deutlich weniger als eine Aufenthaltsgenehmigung – und Ihre Behörde mir zukünftig dies versuchen wird, auch noch vorzuhalten. Ich bin besonders besorgt, weil die Stärke der Rechtsposition meiner Mandanten unter anderem an der langen Dauer des bisher geduldeten Aufenthaltes liegt.

Ich habe dieses Problem mit Herrn Kazim besprochen und dabei jedoch gemerkt, daß ich diese Bedenken hinten anstellen muß. Meine Mandanten befinden sich nämlich inzwischen in einer ausgesprochenen Notlage. Wie ich Ihnen bereits in meinen verschiedenen Schreiben zum Ausdruck gebracht habe, lehnt das Sozialamt Ihrer Behörde ab, den Eheleuten Kazim Sozialhilfe zu zahlen. Zur Begründung wird angegeben, sie könnten auf festgelegte Sparverträge zurückgreifen, obgleich dabei übersehen wird, daß bereits Schulden in gleicher Höhe bestehen und nach dem BSHG [Bundessozialhilfegesetz] *dies nicht zugemutet werden kann. Dessen ungeachtet sind meine Mandanten jedoch auch insbesondere durch die Weigerung Ihres Sozialamtes finanziell am Ende und nicht in der Lage, das Risiko eines weiteren langwierigen Verfahrens auf sich zu nehmen.*

Ich halte es zwar insgesamt gesehen für schwer erträglich, daß es Ihre Behörde in der Hand hat, meine Mandanten zu einer riskanten Entscheidung zu zwingen. Ich möchte Ihnen gegenüber dies jedoch deutlich zum Ausdruck bringen und hoffe, daß Sie diese erzwungene Annahme der angebotenen Duldung nicht späterhin im Verfahren zu Ihren Gunsten ausspielen.

Ich habe daher Herrn Kazim empfohlen, die angebotene Duldung anzunehmen und sich in den nächsten Tagen bei Ihnen zu melden. Herr Kazim ist darauf dringend angewiesen, weil er nur durch seine Arbeit die Familie ernähren kann.

Zur Erläuterung unserer Rechtsauffassung verweise ich jedoch darauf, daß die grundlegende Ansicht, daß den Eheleuten Kazim eine Aufenthaltserlaubnis zusteht, nicht aufgegeben wird. Die Unterschiede zwischen einer Duldung, die nach der Systematik des Ausländergesetzes für ganz andere Fälle gedacht ist, und der angestrebten Aufenthaltserlaubnis sind offenkundig.

Tatsächlich erlaubte die Behörde meinem Vater daraufhin wieder zu arbeiten: Er durfte, vorerst nur für vier Monate, zur See fahren. An seinem Aufenthaltsstatus als Geduldeter wollte die Behörde nichts ändern. In das Duldungspapier trug der Beamte wieder ein: »*Erwerbstätigkeit nicht gestattet!*« Gemeint war, dass er keine Arbeit an Land annehmen durfte, was er ohnehin nicht vorhatte.

Geduldet klingt nach: ausgehalten, ertragen. Nicht nach: herzlich willkommen.

Als ich diese Papiere entdeckte, die Briefe des Anwalts und der Ausländerbehörde, fragte ich meine Eltern noch einmal: Warum seid ihr trotz dieser Widrigkeiten geblieben? Warum habt ihr euch das gefallen lassen und seid nicht nach Pakistan zurückgekehrt, wo ihr ein viel besseres, materiell abgesichertes Leben gehabt hättet? Warum habt ihr nicht versucht, doch nach England oder in die USA auszuwandern?

»Wir mochten es hier«, sagte mein Vater. »Wir hatten so viele Freunde gefunden, die uns halfen.«

»Wir wollten euch Kinder nicht aus diesem Umfeld rausreißen. Ihr hattet hier eure Freunde und fühltet euch sehr wohl«, sagte meine Mutter. »Warum hätten wir woanders hingehen sollen?«

Auch der neue Antrag auf Aufenthaltserlaubnis wurde abgelehnt. Meinen Eltern blieb nichts anderes übrig, als wieder zu klagen. Jetzt blieb nur noch die Hoffnung auf die Richter, die zunächst über eine Aufenthaltserlaubnis für uns und damit auch über eine längerfristige Arbeitserlaubnis für meinen Vater entscheiden sollten.

Hätten meine Eltern zu diesem Zeitpunkt vorausgesehen, was

noch alles auf sie zukommen sollte, hätten sie, davon bin ich überzeugt, ihre Sachen gepackt und Deutschland für immer den Rücken gekehrt, egal, wie wohl sie sich in Hollern-Twielenfleth fühlten.

Von der Unmöglichkeit, ein Deutscher zu werden

Im Sommer 1981 wurde ich eingeschult. Schon Wochen vorher hatte ich mich auf die Schule gefreut, hatte mir meine Schulbücher angeschaut, meinen neuen Füllhalter ausprobiert und meinen Schulranzen in der Wohnung herumgetragen. Meine Eltern hatten mir, natürlich, einen braunen gekauft, weil ich vergessen hatte, ihnen zu sagen, was ich von dieser Farbe hielt.

Ich war das einzige Ausländerkind an der Grundschule Hollern-Twielenfleth. Eigentlich spielte das keine Rolle: Die meisten kannte ich aus dem Kindergarten und ich fühlte mich von ihnen akzeptiert. Trotzdem führte meine Hautfarbe gleich in einer der ersten Wochen zu einem Streit – und zur ersten und einzigen Prügelei in meinem Leben. Ein Klassenkamerad, ein etwas dicklicher Typ, warf mir nach einem verlorenen Fahrradwettrennen an den Kopf: »Du bist braun wie Scheiße!«

Wut stieg in mir auf. Ich starrte ihn an und überlegte, was ich erwidern konnte.

»Und du bist so fett, dass mein Vater dich auf seinem Schiff als Ballast verwenden kann!«

Ich glaube, das saß, auch wenn er das Wort Ballast bestimmt nicht kannte. Jedenfalls walzte er auf mich zu, packte mich am Hals und stieß mich um. Ich versuchte mich zu wehren, seinen Schlägen zu entgehen, aber da hockte er nun auf meinem Bauch und prügelte auf mich ein. Irgendwann hielt er meine Hände fest – ich lag da wie gekreuzigt – und schrie: »Nimm das zurück! Nimm das sofort zurück!«

Mir blieb nichts anderes übrig.

»Du bist nicht fett genug für Ballast.«

»Nein, nicht so!«, schrie er. »Nimm das richtig zurück!«

Selten habe ich mir mehr gewünscht, kein dürrer, schwächlicher Typ ohne ausgeprägte Muskulatur zu sein, sondern ein Kraftprotz wie der Boxchampion Rocky Balboa, den alle Jungen in meiner Klasse wie einen Heiligen verehrten. Aber das Schicksal wollte es anders: Ich war schwach und ein miserabler Sportler dazu. Wir Südasiaten sind da, glaube ich, genetisch benachteiligt. Ich zählte jedenfalls zu denjenigen, die als Letzte in eine Fußballmannschaft gewählt wurden.

Wir hatten eine junge Klassenlehrerin, Rosemarie Ferch, die wir mit »Frau Ferch« anredeten, aber duzten. Frau Ferch besaß einen Dackel, von dem sie uns regelmäßig Geschichten erzählte. In unserer Vorstellung sah ihr Hund so aus wie Charlie Browns Snoopy. Sie hätte uns auch von ihrem Garten oder ihrem Haus erzählen können – wir hätten es spannend gefunden. Sie fuhr einen mintgrünen Audi, über dessen Lenkrad sie nur mit Mühe schauen konnte, weil sie so tief in dem Sitz saß beziehungsweise weil sie so klein war. Alle Jungen in der Klasse wussten mehr über die Vorzüge und technischen Problembereiche dieses Autos als Frau Ferch selbst. Wir alle liebten sie.

Am Tag meiner Prügelei betrat Frau Ferch den Klassenraum, als ich auf dem Boden lag und mich längst ergeben hatte. Der Dicke saß noch auf mir und genoss seinen Triumph. Ein paar Mädchen hatten sich zu meiner Schande um uns herumgruppiert und himmelten den Sieger an. Frau Ferch zerrte den Jungen von mir runter, sie kannte ihn als Raufbold und ich freute mich, dass er nun ein Problem hatte.

Offenbar redete sie ihm ins Gewissen, denn am nächsten Tag entschuldigte er sich bei mir auf seine Weise: Er schenkte mir wortlos sein Feuerzeug, das er seit Tagen heimlich mit zur Schule brachte und um das ihn alle Jungen beneideten.

In der Grundschule lernte ich, pragmatisch zu sein. Ich erkannte, dass ich alleine nicht stark genug war, um mich gegen Angriffe zu wehren. Deshalb gründete ich eine Bande: Michael, der künftige Olympiasportler, war damals schon unglaublich kräftig, er wurde mein Beschützer und erledigte die Prügelarbeiten. Mit Thomas teilte ich eine Leidenschaft für Autos, Flugzeuge und Schiffe, er war immer für rasante Verfolgungsjagden auf dem Fahrrad zu haben. Sabine nahmen wir ebenfalls auf, schließlich haben alle Banden ein Mädchen dabei, so wie TKKG. Meine Aufgabe bestand darin, die Abenteuergeschichten auszudenken, die wir dann gemeinsam erlebten, und die anderen gelegentlich bei Hausaufgaben und Tests abschreiben zu lassen. Sabine verzichtete immer demonstrativ darauf, um mir zu zeigen, dass sie es nicht nötig hatte. Meiner Meinung nach war ich der Chef der Bande, aber ich glaube, die anderen haben das nie so gesehen.

Eines Tages kam Malcolm in unsere Klasse. Malcolm war neu nach Hollern gezogen. Seine Mutter war Deutsche, sein Vater Afrikaner oder Afro-Amerikaner, so genau wusste ich das nicht, jedenfalls war Malcolm etwas dunkler als ich und hatte schwarzes, krauses Haar. Malcolm und ich wurden Freunde und standen uns immer zur Seite, wenn uns jemand wegen unserer Hautfarbe beleidigte. Das kam immer nur dann vor, wenn wegen irgendeiner anderen Sache ein Streit entbrannt war und der gegnerischen Partei kein anderes Argument mehr einfiel als »Neger« oder »Kanaken«. Das waren die Momente, in denen wir dem einen oder anderen gerne eine Tracht Prügel verpasst hätten, aber leider war Malcolm auch nicht gerade kräftig. Ich riet ihm deshalb, sich in Fragen der gewaltsamen, aber effektiven Konfliktlösung an Michael zu halten. Ohne Michael wären wir bestimmt regelmäßig verprügelt worden. Nach nur ein paar Monaten zog Malcolm wieder weg. Wohin und warum, habe ich nie erfahren.

Kinder sind so: Sie identifizieren eine Schwäche – oder eine vermeintliche Schwäche – und hauen drauf. Das kann das Körpergewicht sein, ein Sprachfehler oder eben die Hautfarbe. Dort, wo es viele ausländische Kinder gibt, kann sich die Situation umkehren: Plötzlich ist da eine Gruppe stark genug, sich zu wehren und sogar die anderen zu dominieren. Aber unabhängig davon, wer das Sagen hat: Die körperlich Schwachen müssen mehr einstecken als die Starken. Solange die Schwachen geschützt und gestärkt werden, ist das erträglich. An meiner Grundschule, an der Malcolm und ich die einzigen Nichtweißen waren, ist das alles in allem ganz gut gelungen.

Eine Sozialarbeiterin vom Kreisjugendamt Stade schrieb Anfang 1982 auf Anregung von Gisela Laurich ein Gutachten über meine Schwester und mich, um es der Ausländerbehörde und den Gerichten vorzulegen und darin noch einmal auf die gelungene Integration hinzuweisen. Dort heißt es:

Hasnain (...) wurde von seinen Spielkameraden [im Kindergarten] *akzeptiert und hat nie Ablehnung erfahren, die zu Schwierigkeiten führte. In der Grundschule in Hollern setzt sich die gleiche problemlose Entwicklung und Integration des Jungen fort. Hasnain nimmt dort auch am evangelischen Religionsunterricht teil, da die Eltern keine strenggläubigen Moslems sind.*

Hasnain hat altersgleiche Spielkameraden, er besucht den örtlichen Spiel- und Bastelkreis, ist aktiv im Sportverein Hollern und erfährt eine Ausbildung in musikalischer Früherziehung.

Zahra, jetzt 4 Jahre alt, hat ebenfalls deutsche Spielgefährten. Sie besuchte zunächst den Spielkreis und anschließend fortlaufend den Evangelischen Kindergarten in Hollern-Twielenfleth.

Beide Kinder sprechen nur Deutsch. Ihre bisher positive Entwicklung wird einzig gestört durch den ständigen psychischen Druck, der – bewußt oder unbewußt – aus der Angst resultiert, die vertraute Umgebung und alle Freunde zu verlieren. Bei beiden Kindern soll sich dieser Tatbestand krankheitsfördernd ausgewirkt haben – bei Hasnain äußert sich das in Nervosität, bei Zahra durch Magenüberempfindlichkeit.

Wenn im Falle von Ehescheidungen viele Überlegungen darauf verwandt werden, wie und bei wem das Wohl von Kindern am besten gesichert werden kann, sollte im übertragenen Sinne auch hier das <u>*Wohl der Kinder*</u> *als vorrangig eingestuft und betrachtet werden.*

Die sonst häufig einer Integration von Ausländern entgegenstehenden Barrieren – Sprache, Religion und wirtschaftliche Abhängigkeit – entfallen hier alle. Sowohl Eltern als auch Kinder sprechen gut Deutsch. Die Kinder nehmen an evangelisch-religiöser Unterweisung teil. Herr Kazim verdient durch seine gesicherte Arbeit den Lebensunterhalt für seine Familie. Die deutschen Nachbarn der Kazims in Hollern haben die Familie akzeptiert und pflegen gesellschaftlichen Umgang mit ihr.

Diese gelungene Integration würde – mit unabsehbaren Folgen besonders für die Kinder, deren Heimat Deutschland ist – zerstört. Es wird dringend empfohlen, das Wohl der beiden betroffenen Kinder bei jeder zukünftigen Entscheidung primär zu bedenken.

Dieses Gutachten habe ich erst jetzt in den Unterlagen meiner Eltern entdeckt, ich wusste nichts von seiner Existenz.

Als Kind sah ich mein Wohl tatsächlich gefährdet, aber nicht durch die deutschen Behörden, sondern durch meine Tante Zahra, die für drei Wochen aus Pakistan zu Besuch kam. Es war jene Tante, die meiner Mutter Jahre zuvor angeboten hatte, mich in Karatschi aufzuziehen. Seitdem war ich ihr nicht wieder begegnet. Für mich war sie nur noch ein Name aus den Erzählungen meiner Eltern, ein Name ohne Gesicht.

Jetzt stand sie im Wohnzimmer unserer Dreizimmerwohnung mit dem grünen Teppich. Sie trug einen Sari, ihre Kleidung roch fremd und ständig kaute sie *Paan*, ein mit Betelnuss, Kalkpaste und Gewürzen gerolltes Blatt des Betelpfeffers. Mein Vater hatte mir erzählt, dass fast jeder Erwachsene in Südasien dieses Zeug kaut, nun sah ich es zum ersten Mal bewusst mit eigenen Augen: wie meine Tante aus ihrer Handtasche eine silberne Dose nahm, in der sich, in ein feuchtes Stofftuch gewickelt, saftig grüne Paanblätter befanden; wie sie ein Blatt aus dem Bündel hervorzog, aus einem weiteren Silberdöschen mit einem kleinen Spachtel eine weiße Paste draufstrich, zerhackte Betelnussstücke und Gewürze wie Kardamom, Anis, Kokosraspel und Koriandersamen aus weiteren Döschen darüberstreute und das Blatt anschließend, zu einem Dreieck gerollt und gefaltet, in den Mund schob. Dort beließ

Besuch der pakistanischen Verwandtschaft in der norddeutschen Provinz

sie es ein paar Minuten im Ganzen, was sie aber nicht hinderte, weiter mit uns zu reden. Dann begann sie, das gefüllte Blatt genüsslich zu zerkauen.

Paan wird in Pakistan und Indien als Munderfrischer und zur Anregung der Verdauung nach dem Essen genossen. Manche sagen ihm auch eine Wirkung als Heilmittel gegen Kopf-, Zahn- und Gelenkschmerzen und sogar als Aphrodisiakum nach. Was die Zahnschmerzen betrifft, so mag es die Qualen lindern – den Zähnen schadet es aber ganz bestimmt: Die Betelnuss verfärbt Speichel, Zähne und Zahnfleisch rot. Auf Dauer lässt sich die Verfärbung nicht mehr wegbürsten. Viele alte Inder und Pakistaner haben nur noch rote Stummel im Mund. Rote Flecken an Häuserwänden und auf Gehwegen in Südasien sind kein Blut, sondern Paanreste, die einfach ausgespuckt werden. Paan ist der Kaugummi des Ostens. Für Kinder gibt es eine süße Variante mit viel Kokos und Zucker, dafür ohne Betelnuss. Ich mag das Zeug sehr.

Meine Tante spuckte Gott sei Dank nichts auf die Straße, sie aß das Blatt samt Füllung auf. Ihre roten Zähne erschreckten mich. Merkwürdige Tante, dachte ich. Warum musste meine Tante ausgerechnet aus Karatschi kommen, nicht aus Kaiserslautern, wie die von Sabine?

Tante Zahra hatte von unseren Schwierigkeiten mit den Behörden gehört. Wahrscheinlich hat sie sich gewundert, dass ihr jüngster Bruder für dieses Leben kämpfte. Was um Himmels willen war es, das meine Eltern hier festhielt? Meine Tante konnte die engen Bindungen, die meine Eltern zu den Menschen hier eingegangen waren, die Idylle, die Schönheit dieser Region nicht nachempfinden. Sie sah das Offensichtliche: dass es uns hier materiell schlechter ging.

Ihr missfiel, dass ich mich weigerte, Urdu zu sprechen, obwohl ich es ihrer Meinung nach doch können musste; von meiner Schwester nahm sie an, dass sie es gar nicht erst gelernt hatte. Ständig forderte sie mich auf: *»Urdu bolo«* – »Sprich Urdu.«

Noch mehr missfiel ihr aber, dass wir viel zu wenig über den Islam wussten. Ich hatte nie gelernt, den Koran zu lesen, konnte nicht beten, wie Muslime es tun, selbst das kurze islamische Glaubensbekenntnis, die *Schahada*, war mir fremd und nie benutzte ich Worte wie »Inschallah«. Meine Eltern verschwiegen ihr lieber, dass ich mit Spaß am evangelischen Religionsunterricht von Frau Ferch teilnahm.

Es war ein unausgesprochener Vorwurf gegenüber meinen Eltern: *Ihr habt die Kinder von ihrer Kultur entfremdet.* Sie verlangte, dass das Versäumte nachgeholt werden müsse.

Thema meiner Tante war häufig der Islam. Und als Erstes musste meine Vorhaut dran glauben. Meine Tante bestand darauf, dass ich beschnitten werden müsse, wie es sich für einen muslimischen Jungen gehört – auch wenn das nirgends im Koran steht.

Ich bekam Angst – ich war acht Jahre alt, kein Säugling! Man beschnitt doch keine Achtjährigen! Da ich wusste, dass man in Pakistan und Indien auf ältere Personen hört und dass diese Tante die älteste Schwester meines Vaters und daher eine besondere Respektsperson war, befürchtete ich das Schlimmste.

Meine Eltern dachten über den Vorschlag nach.

Jetzt blieb mir nur noch die Hoffnung auf Doktor Gosch. Aber der fiel mir zu allem Übel in den Rücken. Er sagte, eine Beschneidung sei überhaupt nicht schlimm und aus medizinischer Sicht sinnvoll, er empfehle es daher sehr.

Zur Freude meiner Tante fanden meine Eltern in Stade einen Chirurgen mit ägyptischem Namen – wer wäre besser geeignet, die Beschneidung vorzunehmen als dieser wahrscheinlich muslimische Arzt? Schon wurde ein Termin ausgemacht. Als ich davon erfuhr, geriet ich in Panik: In wenigen Tagen sollte es so weit sein, denn meine Tante wollte unbedingt bei der Operation dabei sein. Sie war ja selbst Ärztin, Anästhesistin und daher daran interessiert zu sehen, wie in Deutschland operiert wird. Ihr Deutschlandurlaub war aber fast schon zu Ende.

Es war die Hölle.

Vor allem die Tage danach.

Meine Eltern, meine Tante und meine Schwester wollten am Tag nach der Operation zum Einkaufen nach Stade fahren. Unter keinen Umständen wollte ich mit meinen Schmerzen zu Hause allein gelassen werden. Meine Eltern holten den alten Buggy vom Dachboden und verfrachteten mich ins Auto. In der Stadt blieb mir nichts anderes übrig, als mich in dem Kinderwagen durch die Fußgängerzone schieben zu lassen. Es war einer der demütigendsten Momente meines Lebens. Meine Schwester kicherte ständig.

Oh Gott, was, wenn mir jemand aus meiner Schule über den Weg lief? Frau Ferch womöglich? Oder, schlimmer noch, meine Freunde? Wie sollte ich bloß erklären, warum ich im Kinderwagen hockte?

Als wir wieder zu Hause waren, fiel eine riesige Anspannung von mir – ich war unendlich dankbar, niemandem in der Stadt begegnet zu sein, den ich kannte. Ich schwor mir, die Wohnung erst zu verlassen, wenn ich wieder gehen konnte.

»Wir haben es getan, weil Doktor Gosch uns dazu aus medizinischen Gründen geraten hat«, sagt meine Mutter heute. »Mit Religion hatte das nichts zu tun.«

Mittlerweile lache ich über diese denkwürdige Episode aus meiner Kindheit. Und dann fällt mir ein, dass nicht nur muslimische Männer, sondern auch jüdische beschnitten sind. Merkwürdige Vorstellung: Muslime und Juden sehen sich oft als Feinde, aber splitternackt lässt sich ein jüdischer Mann von einem muslimischen nicht unterscheiden. Selbst auf viele meiner mehr oder weniger christlichen Freunde trifft zu, dass sie beschnitten sind. Aus medizinischen Gründen eben.

Meine Eltern hatten andere Sorgen als meine Schmerzen und meine Demütigung. Sie mussten sich auf die Gerichtsverhandlungen vorbereiten, die über unsere Zukunft entscheiden sollten.

Gisela Laurich hatte Petitionen an den Bundestag in Bonn und an den niedersächsischen Landtag in Hannover geschrieben. Jedes Mal verwies man sie an den Landkreis Stade – der sei dafür zuständig.

Aber der wollte uns ja nicht.

Wir waren ratlos. Gisela und weitere Freunde liefen im Januar 1982 in der Nachbarschaft von Haus zu Haus und sammelten Unterschriften. Gut hundert Namen kamen dabei zusammen. Anschließend schrieb Gisela einen Brief an den Landkreis Stade und schickte ihn, damit er nicht ignoriert wurde, in Kopie an die Bezirksregierung in Lüneburg, an das Stader Verwaltungsgericht, das sich gerade mit der Klage meiner Eltern befasste, und an das niedersächsische Innenministerium:

Sehr viele Bürger der Gemeinde Hollern haben sich bereit gefunden, sich für einen Verbleib der Familie Kazim in der Bundesrepublik Deutschland voll einzusetzen. Die Familie Kazim wohnt seit 1975 in der Gemeinde Hollern. Sie hat sich hier voll und ganz eingelebt. Die Eheleute Kazim mit ihren Kindern werden hier keinesfalls als »Fremde« empfunden. Viele Bürger der Gemeinde Hollern halten es für unzumutbar und jedem gesunden Menschenverstand widersprechend, daß Herr Kazim, der sich mit kurzen Unterbrechungen seit 1962 in der Bundesrepublik aufhält, hier auch aufgrund seiner Ausbildung die Möglichkeit hat, eine Tätigkeit auszuüben, nach so langer Zeit ›abgeschoben‹ werden soll.

Herr Kazim (...) lebt seit seinem 20. Lebensjahr fast ununterbrochen in der Bundesrepublik Deutschland. Es ist kaum vorstellbar, daß er nach so langer Zeit in seinem Heimatland Pakistan wieder Fuß fassen kann.

Wir meinen, daß durch eine Abschiebung der Familie Kazim diese in Verhältnisse geraten wird, die die Existenz dieser Familie aufs äußerste bedrohen können.

Anliegend übersende ich eine Ablichtung der Unterschriftenliste. Ich bitte sehr herzlich darum, bei allen Überlegungen hinsichtlich dieses ›Falles‹ auch die menschliche Seite nicht zu vergessen. Wenn hier nur nach §§ oder Bestimmungen entschieden werden soll, steht ohne Übertreibung das Leben und die Existenz dieser Familie auf dem Spiel.

Der Beamte mit dem Schnurrbart antwortete ihr vier Wochen später:

Sehr geehrte Frau Laurich!
Für das Engagement vieler Hollerner Bürger für die Familie Kazim darf ich mich bedanken. Zur Sache selbst kann ich Ihnen

mitteilen, daß die Kreisverwaltung Herrn Kazim bereits bei der Aufenthaltserlaubniserteilung zu Ausbildungszwecken durch großzügige Auslegung der ausländerrechtlichen Bestimmungen entgegengekommen ist. Darüber hinaus wurde die Einreise Frau Kazims zu einem Besuchsaufenthalt unter Zurückstellung ausländerrechtlicher Bedenken aus humanitären Gründen gestattet. Der Landkreis als Ausländerbehörde ist stets bemüht, die menschlichen Aspekte eines Falles zu berücksichtigen. Er ist jedoch an ausländerrechtliche Weisungen gebunden, wenn die Grenzen seines eigenen Ermessensspielraums erreicht sind.

Im vorliegenden Fall ist mir im Rahmen der geltenden ausländerrechtlichen Bestimmungen eine weitere Verlängerung der Aufenthaltserlaubnis nicht mehr möglich. Die endgültige Entscheidung in dieser Frage liegt jetzt bei den zuständigen Gerichten. Ich darf Ihnen versichern, daß ich weiterhin bemüht sein werde, der Familie Kazim im Rahmen der gesetzlichen Möglichkeiten entgegenzukommen. Angesichts der derzeit noch bestehenden Nichtreisefähigkeit des Kindes Zahra gehe ich davon aus, daß der Aufenthalt der Familie Kazim zumindest bis zu einer Entscheidung des Verwaltungsgerichts Stade ermöglicht werden kann.

Die Gerichtsprozesse waren allesamt ernüchternd. Meine Eltern verloren ab März 1982 jeden Rechtsstreit gegen den Landkreis Stade. Jedes Mal entschieden die Richter, dass die Ausländerbehörde den Gesetzen und Vorschriften entsprechend gehandelt hatte.

Wir blieben auf unabsehbare Zeit nur geduldete Ausländer, die alle paar Monate um eine Verlängerung der Duldung bitten mussten. Dass mein Vater mit Unterbrechungen schon seit immerhin zwanzig Jahren in Deutschland lebte beziehungsweise auf deutschen Schiffen zur See fuhr, dass meine Mutter seit bald acht Jahren hier war, dass wir Kinder hier geboren und aufgewachsen waren, all das zählte nicht.

Wenigstens erhielt mein Vater nun jedes Vierteljahr eine Arbeitserlaubnis, die ihm aber, ohne dass er je die Gründe erfuhr, oft entzogen wurde. Willkürlich, ohne Ankündigung. Juristisch war das korrekt, wie die Gerichte bestätigten. Dann durfte er ein paar Wochen lang nicht arbeiten, seine Reederei entließ ihn, schrieb

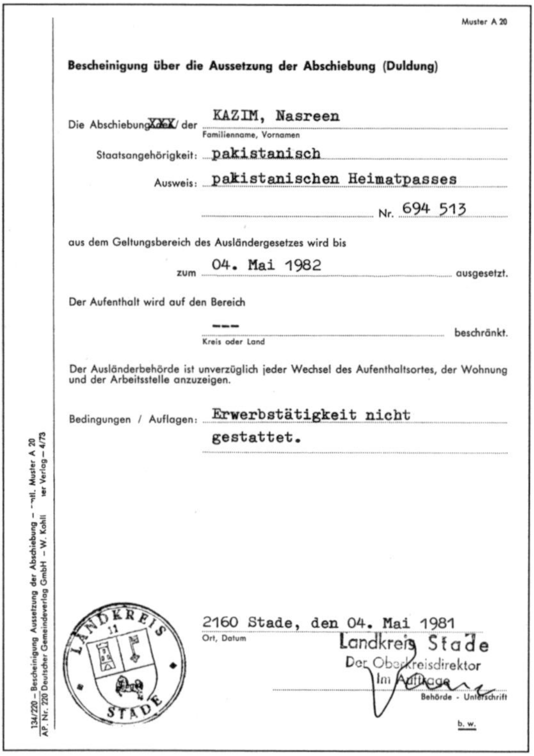

Muster A 20

Bescheinigung über die Aussetzung der Abschiebung (Duldung)

Die Abschiebung ~~XXX~~/ der KAZIM, Nasreen
Familienname, Vornamen

Staatsangehörigkeit: pakistanisch

Ausweis: pakistanischen Heimatpasses

Nr. 694 513

aus dem Geltungsbereich des Ausländergesetzes wird bis

zum 04. Mai 1982 ausgesetzt.

Der Aufenthalt wird auf den Bereich

--- beschränkt.
Kreis oder Land

Der Ausländerbehörde ist unverzüglich jeder Wechsel des Aufenthaltsortes, der Wohnung und der Arbeitsstelle anzuzeigen.

Bedingungen / Auflagen: Erwerbstätigkeit nicht gestattet.

2160 Stade, den 04. Mai 1981
Ort, Datum

Landkreis Stade
Der Oberkreisdirektor
Im Auftrage
Behörde - Unterschrift

b. w.

LANDKREIS STADE

134/220 – Bescheinigung Aussetzung der Abschiebung – amtl. Muster A 20
AP. Nr. 220 Deutscher Gemeindeverlag GmbH – W. Kohlhammer Verlag – 4/73

In Deutschland nur geduldet

Briefe an die Behörden, dass sie ihn dringend brauche, und nach einiger Zeit durfte er doch wieder arbeiten. Während dieser Zeit lebten wir von Ersparnissen. Meine Eltern fühlten sich behandelt wie Menschen zweiter Klasse. Geduldet, in die Armut gezwungen, verpflichtet, sich alle paar Wochen zu melden und um eine Verlängerung der Duldung zu bitten. Guten Tag, hier sind wir wieder, wir sind noch nicht untergetaucht in die Illegalität. Wir müssen Sozialhilfe beantragen, weil mein Mann nicht arbeiten darf, obwohl es

Arbeit bei den Reedereien gibt. Was? Keine Sozialhilfe? Wir haben zu viele Ersparnisse? Und was ist mit den Schulden?

Arbeitslosengeld wollte man ihm auch nicht zahlen. Anfang 1983 musste mein Vater dagegen klagen, um eine finanzielle Überlebenschance zu haben, seine Gewerkschaft übernahm die Kosten – er gewann den Prozess vor dem Arbeitsgericht.

Ging es um seine Arbeitserlaubnis, war ich hin- und hergerissen: Einerseits wünschte ich sie ihm, damit er Geld verdienen konnte und glücklich war. Andererseits wünschte ich mir einen Vater, der wie die Väter meiner Freunde morgens ins Büro ging und abends wieder nach Hause kam. Hatte mein Vater Urlaub, war er zwar zwei, drei Monate zu Hause. Aber wenn er aufs Schiff musste, verschwand er für vier, manchmal für sechs Monate aus meinem Leben. Als Kind war ich regelmäßig ein halbes Jahr lang vaterlos. Und die Trennung musste ich jedes Mal aufs Neue verkraften. Ich hasste die Abschiede. Ich hasste die Zeit, in der ich ihn nur einmal in der Woche mit Knistern und Rauschen in der Leitung für ein paar Minuten am Telefon hörte, mal aus Schweden, mal aus Frankreich, dann aus Portugal. Ich hasste den Beruf meines Vaters.

Für mich hatte er nur drei Vorteile: erstens die Berge an schönen Postkarten aus verschiedenen Ländern, zweitens die Sammlung an Münzen und Geldscheinen aus der ganzen Welt, die im Laufe der Jahre zusammenkam, und drittens die Tatsache, dass ich meinen Freunden immer die wildesten Geschichten aus entlegenen Gegenden der Erde erzählen konnte – vieles davon war freilich Seemannsgarn. Meine Freunde beneideten mich um meinen Seefahrervater. Sie dachten, ich konnte, wann immer es mir gefiel, mitfahren. Aber das ging nur vor meiner Einschulung – danach nicht wieder.

Heute füllen die Postkarten zwölf dicke Alben, meine Eltern haben sie alle aufbewahrt: Karten mit Flugzeug-, Schiffs- und Tiermotiven, und später, als ich älter geworden und mein Interesse an diesen Dingen geschwunden war, mit Bildern aus den jeweiligen

Ländern, außerdem Grußkarten zu Ostern, Weihnachten und diversen muslimischen Festen: »*Lieber Hansi, ich wünsche Dir ein schönes neues Jahr! In drei Monaten bin ich wieder zu Hause, das geht ganz schnell, dann drücke ich Dich! Grüße Mama und Zahra ganz doll von mir! Bis bald, Dein Bap.*«

Warum konnte mein Vater nicht Polizist sein, wie der von Sabine?

Trotz der finanziellen Schwierigkeiten sollte es uns Kindern an nichts fehlen. Meine Eltern meldeten meine Schwester zum Ballett an und mich zum Klavierunterricht, obwohl sie nur wenig Geld hatten.

Von den Einschränkungen spürte ich wenig: Markenklamotten spielten damals keine Rolle, außerdem war meine Mutter sehr modebewusst und konnte gut nähen. Später lernte sie zu stricken, und so kleidete sie uns Kinder immer gut mit selbst gemachten Sachen ein, die vor allem von den Müttern meiner Freunde bewundert wurden. Meine Mutter selbst machte alle schlimmen modischen Wandlungen der Achtzigerjahre mit, Frisuren eingeschlossen. Noch nie hatte die Modebranche, hatten die Designer so versagt wie in diesem Jahrzehnt. Kollektive Geschmacksverirrung.

Ein einziges Mal war es mir peinlich, dass wir nicht besonders viel Geld hatten: als Frau Ferch in der Schulklasse Gutscheine für Lehrbücher verteilte. Waren die fünfzig Mark wert? Ich weiß es nicht mehr genau. Jedenfalls gab es diese Unterstützung nur für sozial schwache Familien.

»Wer braucht so einen Gutschein?«, fragte Frau Ferch die Klasse und wedelte mit einem Stapel Papier.

Niemand meldete sich.

Meine Ohren glühten plötzlich. Meine Eltern hatten mir gesagt, dass ich einen Gutschein aus der Schule mitbringen soll. Sie hatten mir nicht erklärt, dass es ihn nur für Eltern mit wenig Geld gibt, auch Frau Ferch sagte jetzt nicht, für wen diese Gutscheine eigentlich gedacht waren, aber ich hatte das irgendwo aufgeschnappt.

Sollte ich mich jetzt melden?

»Niemand?«, hakte Frau Ferch nach.

Wir brauchten doch so einen Schein! Was, wenn ich jetzt keinen bekam, weil ich mich nicht traute, etwas zu sagen? Könnte ich später zu Frau Ferch gehen und doch um einen bitten? Aber das wäre ja noch peinlicher.

Zögerlich meldete ich mich. Frau Ferch kam zu mir, legte einen Gutschein auf meinen Tisch und ging wieder an ihr Pult.

»Noch jemand?«

Es meldeten sich vier, fünf weitere Schüler.

Ich glaube, keinem meiner Freunde war bewusst, dass wir wenig Geld hatten. Ich erzählte niemandem von den Schwierigkeiten, die meine Eltern mit den Behörden hatten – ich bekam sie ja selbst nur bruchstückhaft mit. Ich wusste, dass es Probleme gab, dass meine Eltern oft besorgt waren, dass sie manchmal nächtelang mit Freunden diskutierten, wie es weitergehen solle. Aber kaum war ich auf dem Schulhof oder spielte mit Freunden in der Vorderstraße, waren für mich diese Probleme vergessen.

»Die wollen euch zermürben«, sagten die Freunde meiner Eltern.

»Niemals werden sie das schaffen«, antwortete meine Mutter. »Niemals.« Es war ihr unbedingter Wille, in Hollern zu bleiben, ihr Stolz, der sie das sagen ließ.

Ob sie sich selbst geglaubt hat? Sie ist eine starke Person. Aber ob sie immer stark genug war, um diesen Druck auszuhalten, ob sie nicht manchmal doch kurz vor dem Zusammenbruch stand – ich weiß es nicht. Wenn, dann hat sie es verdrängt. Auf meine Frage, ob sie mal daran gedacht hat aufzugeben, sagt sie: »Doch, ja. Manchmal habe ich überlegt, in die USA zu gehen, wo inzwischen fast alle meine Geschwister lebten. Aber dann wollte ich doch in Hollern bleiben, weil ich dachte: Ich habe genauso ein Recht, in diesem Teil der Erde zu leben, wie jeder andere! Oft habe ich auch meine Familie und meine Freunde in Karatschi vermisst. Aber dorthin zurück wollte ich auf gar keinen Fall.«

Ich glaube, wenn es nach meinem Vater gegangen wäre, hätten wir uns längst anderswo in der Welt eine neue Heimat gesucht. Aus heutiger Sicht könnte ich das verstehen.

Die Urteilsbegründungen der Richter des Verwaltungsgerichts Stade und später des Niedersächsischen Oberverwaltungsgerichts in Lüneburg, im Dezember 1983, waren entmutigend. Die juristischen Ausführungen boten meinen Eltern kaum Hoffnung auf einen guten Ausgang.

Ein gewisser Lichtblick war, was die Lüneburger Richter zur Argumentation der Ausländerbehörde zu sagen hatten, mein Vater müsse aus entwicklungspolitischen Gründen zurück nach Pakistan: »*Das entwicklungspolitische Interesse der Bundesrepublik Deutschland ist nicht gewichtig genug, um die Ablehnung einer weiteren Aufenthaltserlaubnis selbständig zu rechtfertigen. Den entwicklungspolitischen Belangen widerstreiten hier die Interessen der deutschen Handelsschiffahrt an der Gewinnung qualifizierten Personals und der in dem Rechtsstaatsprinzip verwurzelte Verhältnismäßigkeitsgrundsatz.*«

Weiter hieß es aber: »*Der Beklagte* [der Landkreis Stade, vertreten durch den Oberkreisdirektor] *hat aber die weitere Aufenthaltserlaubnis aus Ermessensgründen ablehnen können. (...) Beiden Klägern* [meiner Mutter und meinem Vater] *ist der Aufenthalt im Inlande nur für einen seiner Natur nach vorübergehenden Zweck erlaubt worden.*«

Damit zielten die Richter auf die Ausbildung meines Vaters zum Kapitän ab.

»*Die anschließenden mehrfachen Verlängerungen der Aufenthaltserlaubnis beider Kläger folgten aus humanitären Gründen, da durch ärztliche Bescheinigungen die Reiseunfähigkeit entweder der Klägerin oder des neugeborenen Kindes Zahra Kazim belegt worden war. (...) Die vorübergehenden Aufenthaltszwecke sind inzwischen weggefallen.*« Lediglich die »*mangelnde Reisefähigkeit der Tochter*« sei noch gegeben, aber dem sei »*hinreichend dadurch Rechnung getragen, daß die Abschiebung der gesamten*

Familie bis zu diesem Zeitpunkt [der Wiederherstellung der Reisefähigkeit] *ausgesetzt worden ist«.*

Unter diesen Umständen, schrieben die Richter, hätten meine Eltern *»zu keinem Zeitpunkt auf eine weitere Aufenthaltserlaubnis vertrauen dürfen«.*

So weit verstehe ich die Begründung: Es hatte mal einen Grund gegeben, meinen Eltern den Aufenthalt hier zu gestatten. Es war ihnen klargemacht worden, dass sie nur befristet bleiben durften. Mein Vater hatte seine Ausbildung beendet und daher gab es aus Sicht der Ausländerbehörde keine Notwendigkeit mehr, uns ein Leben in Deutschland zu erlauben.

Die weitere Urteilsbegründung verwunderte meine Eltern und ihre Freunde sehr – und mich heute ebenfalls. Es wurde so getan, als sei es verwerflich, als Ausländer dauerhaft in Deutschland bleiben zu wollen. Jahrelang holte Deutschland Ausländer ins Land, damit diese mit anpackten – und jetzt wunderte man sich, dass diese Leute bleiben wollten?

Wie die Kläger nicht verhehlen, erstreben sie nunmehr einen Aufenthalt auf unabsehbare Zeit und damit entgegen den Zwecken, deretwegen er erlaubt worden ist, einen Daueraufenthalt. (...) Nach der neueren Rechtsprechung des Bundesverwaltungsgerichts läuft es regelmäßig Interessen der Bundesrepublik Deutschland zuwider, wenn ein seiner Natur nach nur vorübergehender Aufenthaltszweck dazu benutzt wird, einen Aufenthalt auf unabsehbare Zeit und damit im praktischen Ergebnis eine Einwanderung zu erwirken.

Warum lief das deutschen Interessen zuwider? Obwohl mein Vater eine gesuchte Arbeitskraft war? Der Beamte mit dem Schnurrbart hatte meinen Eltern mehrfach gesagt, Deutschland sei kein Einwanderungsland. Aber meine Familie wollte genau das: einwandern. Nacheinander bestätigten mehrere Arbeitgeber meinem Vater, dass sie ihn benötigten. Warum also war Einwanderung nicht möglich?

Die Richter am Oberverwaltungsgericht begründeten das folgendermaßen:

Die Bundesrepublik hat seit vielen Jahren Ausländer in großer Zahl aufgenommen und ihnen einen Daueraufenthalt ermöglicht. Hierdurch sind erhebliche wirtschaftliche und soziale Probleme erwachsen. Insbesondere bereitet es Schwierigkeiten, die hier dauernd lebenden und zum Teil aus fremden Kulturkreisen stammenden Ausländer mit ihren Familien angemessen zu integrieren. Die seit langem hohe Arbeitslosigkeit erfaßt vorwiegend die ausländische Bevölkerung. Dies alles verdeutlicht, daß die Fähigkeit der Bundesrepublik Deutschland, Ausländer für dauernd aufzunehmen, begrenzt ist und eine solche Aufnahme nur unter besonderen Voraussetzungen gerechtfertigt werden kann. Wenn auch nicht jeder Daueraufenthalt von Ausländern eine Belangbeeinträchtigung darstellt, läuft doch der – gewissermaßen schleichende – Übergang von einem unbedenklichen vorübergehenden Aufenthalt zu Ausbildungszwecken zu einem Daueraufenthalt den Belangen der Bundesrepublik Deutschland zuwider. Gerade diesen ausländerrechtlich nicht gestatteten Übergang betreiben die Kläger.

Die Richter wiesen außerdem noch darauf hin, dass meine Mutter 1977 nur zu Besuchszwecken nach Deutschland gereist sei und nur deshalb ein Visum erhalten habe.

Aber was genau war so unerhört daran, dass sie ihre Meinung geändert hatte und nun nicht mehr nur zu Besuchszwecken, sondern für immer bleiben wollte? Sie mochte, genau wie mein Vater, das Land – wo war das Problem? Lag es daran, dass nicht jeder dort bleiben darf, wo es einem gefällt, selbst dann nicht, wenn man einen Job hat und sich in die Gesellschaft einfügt? Dass man verhindern wollte, einen Präzedenzfall zu schaffen? Dass man vergessen hatte, eine Regelung für all jene »Gastarbeiter« zu finden, die in Deutschland bleiben wollten? Dass es in Deutschland keine Einwanderungsregelung gab? Hatte die Politik verschlafen?

Vor allem die Anmerkung, es gebe Probleme bei der Integration und Ausländer seien stärker von Arbeitslosigkeit betroffen als Deutsche, traf auf meine Eltern ja nun nicht zu.

Die Richter sahen es im Falle meiner Eltern so:

Inzwischen mag zwar eine gewisse tatsächliche Integration in die Lebensverhältnisse ihres Aufenthaltsortes erreicht worden sein. Diese schließt aber nicht aus, daß die Kläger sich nach einer Rückkehr in ihre Heimat alsbald wieder in die dortigen Verhältnisse einfinden. Der Kläger ist derzeit ohne Arbeit. In seinem Beruf als Seemann ist er ohnehin darauf angewiesen, sich jeweils neuen Lebensumständen anzupassen.

Natürlich war mein Vater ohne Arbeit, schließlich war es der Landkreis, der ihm keine dauerhafte Arbeitserlaubnis erteilen wollte. Darauf gingen die Richter aber mit keinem Wort ein. Die Arbeitslosigkeit meines Vaters zu erwähnen, war daher geradezu absurd. Offensichtlich fanden die Richter auch, dass man einen Seefahrer bedenkenloser abschieben kann als zum Beispiel einen Lehrer oder einen Ingenieur, weil ein Seemann sich ja ohnehin schnell umgewöhnen kann.

In einer früheren Urteilsbegründung hatten die Richter in Stade eine Formulierung über meinen Vater gefunden, die in unserer Familie und in unserem Freundeskreis bis heute in Erinnerung geblieben ist: *»Er ist Seemann. Die Heimat eines Seemannes ist das Meer.«*

Ob die Heimat eines Piloten die Luft ist?

In derselben Urteilsbegründung hieß es ein paar Absätze später: *»Die Versagung einer gemeinsamen Aufenthaltserlaubnis für beide Kläger bleibt ohne Einfluß auf den Familienzusammenhalt. Sie zerstört keine gemeinsamen Zukunftsvorstellungen und Erwartungen, die für die Kläger bei der Eheschließung im Januar 1974 grundlegend gewesen sind.«*

Ich frage mich, woher die Richter die Zukunftsvorstellungen

und Erwartungen meiner Eltern kennen wollten. Wussten sie, dass meine Mutter schon immer ins Ausland, in den Westen wollte?

Zu diesem Zeitpunkt war der Kläger bereits Seemann und unterlag berufsbedingt gelockerten Familienbindungen. Die Klägerin hat sich mit Eheschließung die berufstypisch notwendige überwiegende Trennung von ihrem Ehemann selbst zugemutet. Diese Lebensverhältnisse treffen die Kläger in der Bundesrepublik und in Pakistan gleichermaßen. Insoweit bietet ihnen ein gemeinsamer Aufenthalt in der Bundesrepublik wegen der Beschäftigung des Klägers bei einem deutschen Reeder nur einen Standortvorteil zur besseren Ausnutzung der Urlaubszeiten. Diesem verständlichen Wunsch der Kläger ist nicht zwingend durch eine Aufenthaltserlaubnis Geltung zu verschaffen, sondern mag durch den Kläger selbst erreicht werden, indem er in Pakistan anheuert.

Über meine Mutter schrieben die Lüneburger Richter weiter: »*Die Klägerin hat, von ihrem ersten Besuchsaufenthalt in Deutschland während des Lehrganges des Klägers an der Seefahrtschule abgesehen, Pakistan erst im November 1977 verlassen.*«

Jetzt zählten die ersten eineinhalb Jahre meiner Mutter in Deutschland ab 1974 plötzlich nicht mehr.

Sie ist ihrer Heimat nicht so entfremdet, daß sie sich nicht alsbald wieder dort eingewöhnen könnte. Von beiden Klägern kann darüber hinaus erwartet werden, daß sie in Erfüllung ihrer Betreuungs- und Erziehungsaufgabe ihren Kindern den Übergang in die Verhältnisse ihrer Heimat erleichtern und auf diese Weise die befürchteten »schweren psychischen Schäden (Schockwirkung)« der Rückkehr in das noch unbekannte Heimatland vermeiden.

Der Einholung eines Sachverständigengutachtens zu diesem Komplex bedarf es nicht. Da alle Familienangehörige pakistanische Staatsangehörige sind und gemeinsam in die Heimat zurückkeh-

ren werden, gebietet auch der mit Grundrechtsrang ausgestattete Schutz von Ehe und Familie (Art. 6 GG) nicht eine Verlängerung der Aufenthaltserlaubnis.

Das Fazit: »*Die Versagung der Aufenthaltserlaubnis erweist sich als ermessensfehlerfreie Entscheidung.*«

Klage abgewiesen.

Bereits nach der ersten Niederlage vor Gericht rieten Freunde meinen Eltern, sich an den Pastor von Lühekirchen, Wolf-Dietrich Lochte, zu wenden. »Jetzt kann nur noch er euch helfen«, meinten sie. Lochte sei ein sehr einflussreicher Mann mit guten Kontakten zur Kommunalpolitik. Es hieß, er sei zwar kein allzu frommer Typ und mindestens genauso sehr Politiker wie Geistlicher, trinke außerdem gern Whisky, habe aber einen direkten Draht zu Gott. Und das könne uns in unserer Lage ja nur dienlich sein.

Lochte lebte in dem Pastorenhaus gegenüber der Grünendeicher Kirche, nur wenige hundert Meter von der Seefahrtschule entfernt, die mein Vater ein paar Jahre zuvor besucht hatte.

Ich weiß nicht, wann meinen Eltern erstmals der Gedanke kam zu konvertieren. Es war jedenfalls vor der Begegnung mit Pastor Lochte. Meine Mutter kannte das Christentum ja schon aus der Zeit in ihrer Klosterschule. Nun waren fast alle Freunde meiner Eltern in Deutschland evangelische Christen, viele von ihnen sehr gläubig. Und viele standen den Christdemokraten nahe. Ich weiß nicht, wie oft ich den Spruch gehört habe, Kanzler Helmut Schmidt sei ja ein guter Kanzler, aber leider in der falschen Partei. Die meisten wählten später Helmut Kohl. Vielleicht war es Zufall, dass meine Eltern in erster Linie konservativ denkende Leute kennenlernten, vielleicht lag es aber auch daran, dass Menschen in ländlichen Regionen eben so sind.

Für meine Eltern blieb das nicht ohne Folgen.

Man mag meinen, dass ein konservatives deutsches Umfeld und Ausländer nicht zusammenpassen. Aber es passte bestens.

Denn Muslime aus Karatschi und Christen aus Hollern-Twielenfleth sind sich ähnlicher, als man annehmen mag. Das gilt ganz grundsätzlich für tendenziell konservative Menschen: Sie haben Familiensinn, lieben ihre Heimat, sind im Glauben verwurzelt und gastfreundlich. Sie erwarten Toleranz gegenüber ihren Werten und mögen es, wenn man ihre Traditionen annimmt. Fremdem stehen sie zwar eher kritisch gegenüber, aber konfrontiert man sie behutsam mit dem Andersartigen, sind sie doch ganz aufgeschlossen. Respekt erwidern sie mit Respekt, Großherzigkeit mit Großherzigkeit und Wärme mit Wärme. Womöglich ist das die größte Stärke und die größte Schwäche des Konservatismus: dass er Gleiches mit Gleichem beantwortet.

Glücklicherweise hat die harte konservative Schale oft einen weichen, durchaus liberalen Kern.

Vielleicht war es dieses Umfeld, vielleicht waren es die vielen Gespräche mit Freunden, wahrscheinlich alles zusammen, das den Wunsch meiner Eltern wachsen ließ, der evangelischen Kirche beizutreten. Sie wollten, dass meine Schwester und ich so normal wie möglich in Deutschland aufwuchsen.

Hinzu kam, dass meine Mutter sich zunehmend über islamische Politiker und Mullahs ärgerte, die Religion als Machtmittel missbrauchten, die von den Menschen unbedingten Gehorsam forderten, ohne sich selbst an die Regeln zu halten, die Religion dazu benutzten, andere zu unterdrücken. Die Bilder von der islamischen Revolution im Iran hatten sie schockiert. »Der Islam ist eine vernünftige Religion, aber viele Muslime tun in seinem Namen Dinge, die in Wahrheit einzig und allein ihrem eigenen Interesse dienen«, sagte sie.

In Hollern-Twielenfleth machten die Überlegungen meiner Eltern die Runde. Die Leiterin der Grundschule, Erdmute Pape, sprach meine Eltern auf einem Dorffest an.

»Sie wollen konvertieren, höre ich.«

»Wir denken darüber nach, ja, warum fragen Sie?«, erkundigte sich meine Mutter.

»Ich dachte nur, falls Sie für Hasnain nach einer Patin suchen – ich stehe gerne zur Verfügung.«

Meine Eltern waren überrascht. Sie kannten diese Frau nur flüchtig, aber sie bot an, meine Patentante zu werden. So stark war die Bereitschaft im Dorf, uns zu helfen. Meine Eltern fühlten sich geehrt. Sie erzählten beiläufig Tante Wilma und Onkel Konrad davon. Tante Wilma sagte sofort, sie wolle auch Patin werden. Ihre Tochter Karina äußerte sich genauso.

Meine Eltern konnten sich aber noch nicht zu diesem großen Schritt entschließen. Wer wechselt schon so leicht seine Religion?

Was würden die muslimischen Verwandten sagen? Würden sie es verstehen? Oder wäre es das Aus der verwandtschaftlichen Beziehungen? Aber was wäre so schlimm daran zu konvertieren? Wir würden doch dieselben Menschen bleiben, mit denselben Ansichten und denselben Werten.

Meine Mutter telefonierte mit ihrer Mutter. Irgendwie lenkte sie das Gespräch auf das Thema Religion, sie sprachen ganz allgemein darüber. Sie mochte ihr nicht direkt sagen, was in ihr vorging. Aber meine Großmutter muss es gespürt haben.

»Es ist egal, welcher Religion du angehörst. Alle Religionen haben die gleiche Botschaft. Hauptsache, du bist glücklich und ein guter Mensch«, sagte Qamar Jehan weise.

Mit ihrem Vater Manzoor Ali Naqvi redete meine Mutter lieber nicht darüber – es hätte ihm, dem sehr gläubigen Muslim, vermutlich das Herz gebrochen, hätte er von ihren Gedanken erfahren. Er akzeptierte, dass meine Mutter in einem christlich geprägten Land lebte und christliche Freunde hatte, schließlich hatte er selbst seine Kinder an eine katholische Schule geschickt. Aber er war zu tief im Islam verankert, als dass er den Wechsel eines seiner Kinder zum Christentum verwunden hätte. Sicher ist sich meine Mutter zwar nicht, aber sie wollte ihm den Schmerz ersparen.

Im Sommer 1982 besuchten wir Pastor Lochte zum ersten Mal. Ein fülliger Mann Mitte fünfzig mit schütterem Haar und langen, grauen Strähnen an einer Seite, die er sich über den Kopf legte, und mit dicker Brille, die seine Augen wie eine Lupe vergrößerten, öffnete die Tür.

»Kommen Sie herein, ich habe schon von Ihnen gehört«, begrüßte er uns. Mit kleinen Schritten schlurfte er in sein Büro voraus, wir folgten ihm. Im Flur hingen Bilder von Menschen aus verschiedenen Ländern, der Pastor war in seinem Leben viel in der Welt umhergereist und hatte dabei fotografiert.

Meine Eltern erzählten ihm ihre Geschichte: wie sehr sie sich ein dauerhaftes Bleiberecht in Deutschland und eine permanente Arbeitserlaubnis für meinen Vater wünschten; wie gern sie im Alten Land lebten; wie sehr sie hofften, dass ihre Kinder in Deutschland groß würden.

Lochte hörte sich alles aufmerksam an, ohne etwas zu sagen. Dann fing er an zu telefonieren.

Pastor Lochte war der erste Mensch mit zwei Telefonen auf einem türgroßen Schreibtisch, den ich kennenlernte: zwei grüne Apparate mit ratternder Wählscheibe. Es hätte auch der Arbeitsplatz des amerikanischen Präsidenten sein können, mit Standleitung nach Moskau. Ich sah ihn später oft, wie er beide Hörer gleichzeitig in Händen hielt, in der einen Leitung eines seiner Gemeindemitglieder, für das er sich in irgendeiner Sache einsetzte, in der anderen ein Kommunalpolitiker oder ein Behördenmitarbeiter, den er anschrie, um seinem Willen Nachdruck zu verleihen.

Auch die Gottesdienste, die er hielt, waren nicht frei von Politik: Jeden Sonntag betete er für ein »einiges Vaterland«. Als Kind dachte ich, dass diese Formulierung genauso zur Liturgie gehört wie das Vaterunser, schließlich kam sie in Lochtes Gebeten regelmäßig vor. Gleichzeitig wunderte ich mich, was er damit eigentlich meinte. Er erlebte noch, dass seine Gebete erhört wurden, bevor er 1991 starb.

Pastor Lochte setzte Gott und die Welt in Bewegung, um uns zu helfen. Er schrieb Briefe und sprach mit Politikern und Leuten in der Landkreisverwaltung. Manchen redete er gut zu, andere rief er in unserer Gegenwart von seiner Schaltzentrale aus an und brüllte sie dermaßen zusammen, dass die Wände zitterten. Dann knallte er den Hörer auf das Telefon und sagte in der nächsten Sekunde seelenruhig zu meinen Eltern: »Machen Sie sich mal keine Sorgen, mit Gottes Hilfe bekommen wir das schon hin. Es gibt keine Barrikaden – und wenn, bin ich bereit, sie zu erklimmen.«

Bis zu einer endgültigen Entscheidung, ob wir bleiben durften oder nicht, sollten viele weitere Jahre vergehen. Aber Pastor Lochte schenkte meinen Eltern die Zuversicht, dass die Sache gut für sie ausgehen könnte. Lochte war eine beeindruckende Erscheinung, körperlich wie stimmlich, und er wusste seine Fähigkeiten einzusetzen, um Dinge in seiner Gemeinde zu bewegen.

Spätestens jetzt stand für meine Mutter fest, dass sie sich taufen lassen wollte. Sie war überzeugt, richtig zu handeln. Ihre Mutter hatte ihr ihren Segen gegeben, wenn auch indirekt. Es mag für diese Entscheidung eine Rolle gespielt haben, auf diese Weise Pastor Lochte für sein Engagement und den vielen Freunden für ihre Hilfe zu danken. Sicher ging es ihr auch um ein Zeichen der Integration. Aber niemand drängte sie, diesen Schritt zu tun. Sie sagt, sie tat ihn freiwillig und aus ihrem Glauben heraus – gemeinsam mit meiner Schwester und mir. Wir waren damals vier und acht Jahre alt.

Meinem Vater kamen nun doch Zweifel, ob er konvertieren sollte. Er hatte nichts dagegen, dass meine Mutter diesen Weg ging, aber er selbst wollte nicht. Er hatte mit Religion, ob Christentum oder Islam, nicht viel am Hut.

Am 26. Dezember 1982 ließen meine Mutter, meine Schwester und ich uns in der St.-Marien-Kirche in Grünendeich taufen, nur wenige hundert Meter von der Seefahrtschule entfernt, mit der vor Jahren alles begonnen hatte. Erdmute Pape, die ich nun Tante Ute nannte, wurde tatsächlich meine Patentante, Tante Wilma und Karina übernahmen diese Aufgabe für meine Mutter und meine Schwester. Jetzt konnte wirklich niemand mehr sagen, wir würden uns nicht integrieren.

Aber wie viel Integration ist eigentlich nötig? In welchem Gesetz steht, was man tun muss, um in Deutschland leben zu dürfen? Und wie wird man Deutscher? Wenn man auf deutschem Boden geboren wird? Oder nur, wenn man von einem Deutschen abstammt? Auf Antrag?

Und kann man zwei Welten miteinander vereinen? Kann man Christ und Muslim zugleich sein? Kann man es seinen deutschen Freunden und seiner islamischen Verwandtschaft zugleich recht machen? Den Sohn beschneiden lassen, weil die islamische Tante das erwartet, und wenig später taufen lassen, um eine größtmögliche Integration zu vollziehen?

Sicher doch: Wer in einem anderen Land leben will, sollte mit den Einheimischen feiern und trauern und die dortigen Gepflogenheiten respektieren – aber inwieweit muss er sein eigenes Leben danach ausrichten? Was ist mit der alten Heimat, den zurückgebliebenen Verwandten, den Wurzeln?

Meine Eltern haben versucht, uns Kindern die Antworten zu geben. Wir feiern christliche Feste in Deutschland und islamische, wenn wir in Pakistan sind. Wir essen an einem Tag Grünkohl mit Pinkel, am anderen Curry. Hören Bach und *Bhangra*. Wir leben in beiden Welten, mal mehr in dieser, dann wieder mehr in jener. Wir sitzen nicht zwischen den Stühlen, sondern springen von einem Stuhl zum anderen und wieder zurück. Ich fühle mich als Deutscher. Und Europäer. Und Inder. Und Pakistaner. Und Südasiat.

Einfach ist das nicht. Wie deutsch kann man als braunes Kind in Hollern-Twielenfleth sein? Wie pakistanisch in Karatschi, wenn man nur als Kleinkind eineinhalb Jahre dort gelebt hat?

Das Dilemma, in das wir Einwandererkinder geraten, ist, dass es so viele Fragen, aber kaum Antworten gibt. Fragen, die sich den anderen Menschen nicht stellen. Die Antworten, die uns unsere Eltern geben, sind nicht unsere Antworten. Wir müssen uns neu definieren. Sicher, jeder Jugendliche muss das, aber für uns ist es viel schwieriger. Wohin gehören wir?

»Klar, du bist Deutscher, was für eine blöde Frage«, sagen meine Freunde.

Wenn es nur so einfach wäre.

In der Grundschule fragte mich mal ein Klassenkamerad: »Wenn Deutschland Fußball gegen Pakistan spielt, für wen bist du dann?« Gott sei Dank spielen Pakistaner miserabel Fußball.

Mit meiner Schwester Zahra

Ein Cousin zweiten Grades in Indien wollte vor einigen Monaten wissen: »Wenn es zum Krieg zwischen Indien und Pakistan käme, wo liegen da deine Loyalitäten?«

Für uns Einwandererkinder, die wir unsere Wurzeln nicht kappen wollen, gilt: Unsere alte Heimat fordert, auch wenn wir nie dort gelebt haben, genauso unsere Loyalität wie die neue. Das ist das Problem. Wir müssen einen Spagat vollbringen: es beiden Seiten recht machen, uns selbst und anderen beweisen, wohin wir gehören. Ein Spagat, der gelingen muss, auch wenn die Beine alles andere als biegsam sind. Wenn das Kunststück gelingt, ist es eine Bereicherung: ein Leben in zwei Kulturen, mehrsprachig, weltläufig, bewundert. Wenn es scheitert, ist man arm dran: in keiner Welt zu Hause, in keiner Sprache richtig gut.

Wir hatten verdammtes Glück.

Meine Eltern kämpften, um in ihrer selbst gewählten Heimat bleiben zu dürfen. Sie lernten die Sprache, passten sich an. Sie fanden Freunde, beteiligten sich an Dorfaktivitäten, zahlten Steuern und Sozialabgaben.

»Warum beantragen Sie nicht Asyl?«, riet ihnen der schnurrbärtige Beamte Anfang 1983, als meine Mutter wieder einmal die Verlängerung ihrer Duldung beantragte.

Die Termine in der Ausländerbehörde hatten ihr immer Unbehagen bereitet, oft begleiteten sie daher Freunde. Einmal kam Otti mit, sie hatte sich schick angezogen, damit der Beamte sah, dass meine Mutter Freunde aus ordentlichen Kreisen hatte.

»Meine Güte, jetzt bringt sie schon wieder jemand anders mit«, murmelte der Beamte laut genug, als die beiden den Raum betraten. Otti war sprachlos. In diesem Moment wusste sie, dass all die Beschreibungen dieses Mannes, die sie von meinen Eltern und anderen Leuten gehört hatte, zutrafen.

An diesem Tag sprach der Beamte, anders als sonst, Englisch mit meiner Mutter.

Otti sagte ihr nach dem Termin: »Nächstes Mal solltest du wieder Deutsch mit ihm reden. Du sprichst viel besser Deutsch als er Englisch.«

Mit der Bekanntschaft von Pastor Lochte verschwand die Angst vor diesem Beamten. Meine Mutter kannte Lochte inzwischen gut genug, um zu wissen, wie der sich den Beamten vorknöpfen konnte.

Den Beamten ärgerte das wachsende Selbstbewusstsein meiner Mutter. »Glauben Sie nicht, dass sich irgendjemand über Gesetze hinwegsetzen kann! Auch Ihr Freund Lochte nicht!«, tobte er.

Lochte rief ihn ein paar Tage später an. Die Ausländerbehörde muss gebebt haben. Seit diesem Telefonat war der Beamte die Freundlichkeit in Person, wenn er meine Mutter sah.

Sie ahnte, dass sein Rat, Asyl zu beantragen, vergiftet war. Wer würde meinen Eltern nach dieser ganzen Vorgeschichte glauben, sie seien politisch Verfolgte? Sie waren in Pakistan weder unterdrückt noch misshandelt worden, ein Antrag auf Asyl wäre unehrlich gewesen. So sehr meine Mutter bereits als Jugendliche in den Westen gewollt hatte, hatte sie Pakistan Derartiges doch nicht vorzuwerfen. Ganz abgesehen davon stand schon der Vorwurf im Raum, die deutschen Behörden mit der Angabe, nur für begrenzte Zeit in Deutschland bleiben zu wollen, belogen zu haben. Noch so einen Vorwurf wollten meine Eltern sich nicht gefallen lassen.

Als Ingrid und Ingnot uns in Hollern besuchten, sagten sie im Spaß, meine Eltern könnten sich doch scheiden lassen und jeweils einen deutschen Partner heiraten – damit wären alle Probleme gelöst. Meine Eltern lachten. Ich bekam die Unterhaltung zufällig mit und geriet in Panik. Dass es als Witz gemeint war, verstand ich erst Jahre später.

Der Oberkreisdirektor von Stade versicherte Pastor Lochte im Februar 1983 in einem Brief, dass wir bis zur endgültigen gerichtlichen Klärung nicht ausgewiesen würden.

Lochte antwortete ihm im März 1983:

Sehr geehrter Herr Oberkreisdirektor,
Frau Kazim und ihre Kinder sind inzwischen durch die Taufe in unsere Kirche aufgenommen worden. Ich habe keinen Zweifel, daß der Prozeß der Integration in unsere Gesellschaft für Kinder und Eltern einen erfolgreichen Verlauf nimmt.

Schwierigkeiten hat Herr Hasan Kazim jetzt aber mit seiner beruflichen Tätigkeit als Steuermann [seemännisch für Erster Offizier]. *Als es im Dezember so lange nicht gewiß war, daß die Familie hier noch bleiben kann, ist er von seiner Firma leider kurzfristig entlassen worden. Die Sache liegt natürlich noch beim Arbeitsgericht, wie auch die Gewerkschaft ÖTV sich eingeschaltet hat.*

Wünschenswert wäre es jedoch nun im Interesse der Familie,

wenn die »Duldung bis zur Abschiebung« in eine – eventuell länger befristete – Aufenthalts- und Arbeitserlaubnis umgewandelt werden könnte. Läßt sich so etwas machen?
Ich danke Ihnen sehr für Ihr Verständnis.
W. Lochte

Offensichtlich ließ sich das nicht machen, denn der Beamte mit dem Schnurrbart, ein Untergebener des Oberkreisdirektors, schrieb im Sommer an den Landwirtschaftsstaatssekretär in Bonn, Wolfgang von Geldern, der ebenfalls beim Landkreis Stade interveniert hatte:

Lieber Herr von Geldern!
Ich bleibe bei meiner Zusage, sobald es rechtlich möglich ist, die Duldung des Aufenthaltes für die Familie Kazim in eine Aufenthaltserlaubnis umzuwandeln. Leider kann ich dies gegenwärtig noch nicht tun, da Erteilung bzw. Nichterteilung einer Aufenthaltserlaubnis Gegenstand eines Verwaltungsstreitverfahrens beim Oberverwaltungsgericht Lüneburg ist.

Wir sind uns sicher einig, daß schon viel zu viel unnötige Aktivitäten zur Unzeit von der Familie Kazim in Gang gesetzt worden sind. Denn inzwischen hat der MI [der niedersächsische Minister des Inneren] *der Bezirksregierung Weisung erteilt, daß auf jeden Fall das Urteil des Oberverwaltungsgerichts Lüneburg abgewartet werden soll.*

Ich wäre Ihnen sehr verbunden, wenn Sie den an Sie herantretenden Persönlichkeiten, die sicher alle in guter Absicht handeln, Behutsamkeit empfehlen würden. Ich selbst empfange in dieser Angelegenheit niemanden, weil es der Sache Kazim nicht dienlich ist. Wenn die Angelegenheit an die Öffentlichkeit kommen sollte, können alle Behörden nur nach geltendem Recht verfahren und Kompromißmöglichkeiten sind verbaut.

Sobald sich Entscheidungen vorbereiten und vollziehen lassen, werde ich Sie unaufgefordert unterrichten.

Im Dezember 1983 entschied auch das Oberverwaltungsgericht gegen uns. Es sah wieder einmal so aus, als hätten wir keine Chance mehr zu bleiben.

Pastor Lochte hatte fest damit gerechnet, dass das Gericht irgendwo einen Verfahrensfehler entdecken und eine neue Entscheidung über eine Verlängerung unserer Aufenthaltserlaubnis durch den Landkreis verlangen würde. Dann hätte er all seinen Einfluss geltend machen können. Aber diese Chance bekamen wir nicht.

Lochte rief den Beamten mit dem Schnurrbart an und beharrte darauf, dass die Richter mit ihrer Aussage, es handele sich um eine »ermessensfehlerfreie Entscheidung«, immerhin festgestellt hatten, dass es eine Ermessensentscheidung war.

»Warum haben Sie also die Aufenthaltserlaubnis für die Familie Kazim nicht verlängert?«, fragte er ihn.

Der Beamte sagte etwas von Grenzen, die ihm die Vorschriften setzten, brachte dieselben Formulierungen, die schon in der Urteilsbegründung standen, und versprach, sich die Sache noch einmal anzuschauen. Er wollte weiteren Ärger mit Lochte vermeiden. Deshalb bestellte er meinen Vater zu einem Gespräch ein und machte einen Vorschlag: Wenn sich mein Vater weiter ausbilden ließe und das Patent für die Große Fahrt machte, damit qualifiziert wäre, nicht mehr nur in europäischen Seegebieten, sondern weltweit zu fahren, dann sei man durchaus bereit, ihm und seiner Familie eine neue Aufenthaltserlaubnis für die Zeit der Ausbildung zu geben. Bedingung sei allerdings, dass er sich für den nächstmöglichen Lehrgang an einer Seefahrtschule anmelde, egal wo diese Schule sei.

Mein Vater hörte sich den Vorschlag an und erzählte Pastor Lochte davon. Er erklärte ihm, dass diese Ausbildung eineinhalb Jahre dauern würde – eineinhalb Jahre, in denen er keinen Pfennig verdienen würde, in denen meine Mutter wie immer nicht arbeiten dürfte, in denen wir aber auch keine staatliche Unterstützung bekommen würden; wir müssten also von der Hand in den Mund leben.

Lochte überlegte und telefonierte. Dann sagte er meinen Eltern: »Ich befürchte, dass es keine Alternative zu dem Angebot der Ausländerbehörde gibt.«

Er hatte eine Idee: Meine Eltern sollten den Vorschlag akzeptieren, allerdings von vornherein klarstellen, dass sie nicht nur eine Aufenthaltserlaubnis für die Zeit des Lehrgangs wollten – sondern die deutsche Staatsbürgerschaft.

Meine Eltern waren sprachlos.

Deutsche Staatsbürgerschaft? Wir waren nur geduldete Ausländer, mit Mühe und Not sollten wir eine befristete Aufenthaltserlaubnis bekommen, von einer Aufenthaltsberechtigung gar nicht zu reden, da lief noch der Prozess – und Pastor Lochte redete von einer Staatsbürgerschaft?

»Wir werden sehen«, sagte Lochte.

Mein Vater erkundigte sich bei den Seefahrtschulen. Der nächste Lehrgang begann im März 1985 in Cuxhaven, knapp zwei Stunden Autofahrt von Hollern entfernt.

»Meinen Sie, dass Sie es schaffen, dort Ihr Patent zu machen?«, fragte Pastor Lochte meinen Vater.

»Was bleibt mir anderes übrig?«

»Wir werden Ihnen helfen«, versprach der Pastor ihm. »Mit Gottes Hilfe schaffen wir das.«

Meine Eltern baten um einen Termin beim Vorgesetzten des Beamten mit dem Schnurrbart. Sie wollten ihn fragen, ob mein Vater nicht auch einen späteren Lehrgang machen könnte. Im Frühjahr 1986, also ein Jahr später, begann die Ausbildung in Grünendeich, und bis dahin könnte er ein bisschen Geld sparen, um damit unseren Lebensunterhalt während der Zeit des Kurses zu finanzieren. Auf eindringliches Bitten seiner Reederei hatte ihm die Ausländerbehörde gerade eine Arbeitserlaubnis erteilt, diesen Job wollte er ungern wieder aufgeben.

»Leider können wir Ihnen nur dann eine Aufenthaltserlaubnis erteilen, wenn Sie sich zum nächstmöglichen Lehrgang entschließen«, wurde meinem Vater beschieden. »Wir wollen Sie nicht zwingen, etwas zu tun, was Sie nicht wollen. Die Entscheidung liegt ganz bei Ihnen.«

Was für eine Entscheidung: ein Leben in Armut oder das Verlassen unserer Heimat. Was tun? Aufgeben? Nach all den Jahren? Nach all der Unterstützung von den vielen Freunden?

Das Geld würde nur noch für das Lebensnotwendige reichen, wir müssten extrem sparsam leben. Meine Mutter rief bei meiner Klavierlehrerin an. Sie wollte mich vom Unterricht abmelden. Doch Frau Cappeller wollte davon nichts wissen, sie akzeptierte die Abmeldung nicht. Stattdessen sagte sie, meine Eltern könnten die Stunden wieder bezahlen, wenn sie ein Einkommen hätten. Aber ich müsse unbedingt weiter unterrichtet werden – vorerst kostenfrei.

Die Ballettlehrerin meiner Schwester in Stade reagierte genauso.

Meine Eltern waren für solche Unterstützung dankbar. Sollte mein Vater sich entscheiden, die Seefahrtschule in Cuxhaven zu besuchen, könnten wir Kinder trotz dieser finanziellen Extremsituation unter möglichst normalen Umständen leben.

Pastor Lochte fuhr mit meinen Eltern zum Büro der Kommunalverwaltung in Grünendeich. Er wollte die Gemeinde um einen Kredit für meine Eltern bitten, ihre Ersparnisse reichten kaum für die gesamte Zeit. Eine Sachbearbeiterin und der Samtgemeindedirektor Hans Lorenzen empfingen sie. Lorenzen lebte selbst in Hollern-Twielenfleth und begegnete uns seit Jahren mit Wohlwollen.

»Wir brauchen Geld für Familie Kazim«, sagte Lochte. »Einen Kredit von, sagen wir mal: fünftausend Mark. Möglichst zinslos.«

Die Sachbearbeiterin begann, hektisch in ihren Akten zu wühlen.

»Das Problem ist, das wir keine Möglichkeit haben, der Familie Geld zu geben«, antwortete sie, während sie weiter auf ihre Papiere guckte. »Stellen Sie sich vor, das kommt an die Öffentlichkeit, dann will jede ausländische Familie einen Kredit von uns haben. Wir können da leider keine Unterschiede machen.«

Lochte saß da und schwieg. Meine Eltern sagten auch nichts, Lorenzen guckte in die Luft. Peinliche Stille.

Die Sachbearbeiterin kannte Pastor Lochte nicht.

Man sah, wie sein Kopf rot wurde. Dann schlug er mit der Faust auf den Schreibtisch, dass es krachte.

»Sie müssen Unterschiede machen!«, schrie er sie an.

Schwerfällig erhob er sich von seinem Stuhl. »Kommen Sie!«, forderte er meine Eltern auf. Sie folgten ihm.

Die Sachbearbeiterin wollte etwas sagen, aber Lorenzen unterbrach sie: »Lassen Sie mal, ich regele das schon.«

Ein paar Tage später bekamen meine Eltern einen zinslosen Kredit über fünftausend Mark. Tante Ute, meine Patentante, lieh meinen Eltern weitere zweitausend Mark.

Mein Vater meldete sich für den Lehrgang zum Großen Patent an der Seefahrtschule in Cuxhaven von Anfang März 1985 bis Ende Juli 1986 an. Als Zeichen des guten Willens gegenüber dem Landkreis Stade und als Signal für eine einvernehmliche Lösung nahm er die Klage wegen der Aufenthaltsberechtigung zurück – Lochte hatte ihm dazu geraten und gesagt, man werde schon auf anderem Wege dafür sorgen, dass wir in Deutschland bleiben dürften.

Die ersten Wochen fuhr mein Vater täglich mit dem Auto nach Cuxhaven, bis er merkte, dass es so nicht ging – schließlich musste er nach der Schule noch lernen. Er nahm sich, gemeinsam mit einem Kollegen, eine Wohnung nahe der Seefahrtschule.

Immerhin sah ich meinen Vater so jedes Wochenende. Wir hatten zwei Haushalte, einen in Hollern, einen in Cuxhaven, aber null Einkommen. Das war der Preis, um in Deutschland bleiben zu dürfen. Meine Eltern waren bereit, ihn zu zahlen.

Ganz offensichtlich hatte die Ausländerbehörde nicht damit gerechnet. Im Sommer 1985 versuchte sie deshalb, uns auf ganz andere Weise loszuwerden.

Tausche pakistanischen Pass gegen deutschen

Drei Wochen Pakistan im Sommer 1985: meine erste bewusste Reise in dieses Land. Vor gut einem Jahr war Kazim Ali Khan, mein Großvater, gestorben. Ich hatte ihn zuletzt als Dreijähriger gesehen, konnte mich also kaum an ihn erinnern. Er war damals schon ein alter Mann gewesen. Die anderen Großeltern lebten noch, auch sie waren alt und fragten ständig, wann wir sie endlich besuchen kämen. Meine Schwester, bald sieben Jahre alt, hatten sie noch nie gesehen.

Mein Vater hatte vier Wochen Schulferien. Seine Schwester Zahra ahnte, dass es uns finanziell schlecht ging, sie schickte Geld für vier Flugtickets. Wir sollten nach Karatschi fliegen.

Mein Vater hatte inzwischen, wie vom Landkreis Stade versprochen, eine Aufenthaltserlaubnis für die Zeit seiner Fortbildung bekommen. Meine Mutter, meine Schwester und ich waren nach wie vor geduldet, doch sollten wir bald eine reguläre Aufenthaltserlaubnis erhalten, hieß es. Meine Eltern erkundigten sich in der Ausländerbehörde, ob sie mit der Duldung für einen dreiwöchigen Urlaub nach Pakistan fliegen konnten.

»Das ist überhaupt kein Problem«, versicherte der Beamte.

Meine Eltern buchten einen Flug nach Karatschi.

Wir fuhren mit dem Zug von Stade nach Frankfurt, es gab noch keine Hochgeschwindigkeitszüge, die Fahrt dauerte eine halbe Ewigkeit. Wir kamen zu spät am Flughafen an, mussten daher rennen, um unser Gepäck abzugeben. Aus einem Fenster entdeckte ich die Maschine von Pakistan International Airlines, mit der wir schon bald abheben sollten – ich war der glücklichste Junge der Welt!

An der Passkontrolle dauerte es ewig. Der Beamte musterte aufmerksam unsere Tickets und unsere Pässe, dann verschwand er. Ich wollte ins Flugzeug, warum dauerte das alles nur so lange? Der Beamte kam wieder und bat uns in ein Nebenzimmer.

»Hören Sie, Sie haben Hin- und Rückflugtickets für die gesamte Familie, aber nur Sie, Herr Kazim, dürfen mit Ihrer Aufenthaltserlaubnis wieder in die Bundesrepublik einreisen. Ihre Papiere, Frau Kazim, und die Ihrer Kinder lassen eine Wiedereinreise nicht zu.«

Mein Vater musste sich setzen. Er sagte kein Wort.

»Aber wir haben doch in der Ausländerbehörde nachgefragt«, merkte meine Mutter an. »Dort sagte man uns, dass unsere Papiere in Ordnung seien.«

»Dann hat man Ihnen etwas Falsches gesagt.«

Meine Mutter hakte nach. »Ist das vielleicht nur ein kleiner Fehler, den man mit einem Anruf klären kann? Möglicherweise hat der Beamte in Stade sich nur vertan?«

Der Frankfurter Grenzbeamte guckte uns der Reihe nach an. Mein Vater sagte immer noch nichts, meine Schwester quengelte auf seinem Schoß und ich war in Sorge, in letzter Minute könnte mein Traum vom Fliegen platzen.

»Vertan? Also, aus Versehen wird er Ihnen sicher nicht gesagt haben, dass Sie wieder einreisen dürfen. Er müsste schon wissen, dass das mit einer Duldung nicht geht.«

Jetzt bemühte er sich, uns zu helfen. »Wenn Sie trotzdem reisen wollen, sollten Sie in Karatschi schnellstens zum Generalkonsulat gehen, falls es dort eins gibt, und ein Visum für sich und Ihre Kinder beantragen.«

Jetzt war auch meine Mutter am Rande eines Nervenzusammenbruchs. Sie erinnerte sich daran, wie schwierig es war, dort ein Visum zu bekommen.

Der Beamte sah, wie verzweifelt meine Eltern waren.

»Ich kann Ihnen nur raten, nicht zu fliegen, wenn Sie in drei Wochen wieder zu Hause sein müssen. Nur Sie, Herr Kazim, können bedenkenlos reisen.«

Nicht fliegen, sagte er. Ich heulte jetzt. Meine Mutter schimpfte mit mir.

Meine Eltern schauten sich an, verabschiedeten sich von dem Beamten, packten uns und rannten zurück zum Schalter. Sie ließen das Gepäck wieder aus dem Flugzeug holen.

Dann suchten sie eine Telefonzelle. Mein Vater war erleichtert, dass er genügend Zehnpfennigstücke in der Tasche hatte. Sie riefen Pastor Lochte an.

»Wie bitte, Sie dürfen nicht wieder einreisen? Wer sagt denn so etwas?«

Meine Mutter erklärte ihm die Lage.

»Warten Sie, bleiben Sie dran«, beschied Lochte. Mit dem zweiten Telefon rief er jemanden an. Ich stand neben meiner Mutter und selbst ich hörte ihn brüllen. Ein paar Minuten später war er wieder da.

»Also, ich kann im Moment nichts tun. Aber reisen Sie! Reisen Sie und genießen Sie Ihren Urlaub! Ich werde dafür sorgen, dass Sie in drei Wochen wieder hier sind.«

Lochtes Wort hatte Gewicht für meine Eltern, sie vertrauten ihm. Wenn er sagte, er würde dafür sorgen, dass wir in drei Wochen wieder einreisen durften, dann war das auch so. Ganz bestimmt.

Wieder rannten wir zum Schalter von Pakistan International Airlines. Die Mitarbeiter sahen uns entsetzt an. Unseretwegen hatte der Flug Verspätung, die Maschine war endlich abflugbereit.

»Wir wollen doch fliegen!«, verkündete mein Vater.

Er stellte die Koffer wieder auf das Band, während die Mitarbeiter der Fluggesellschaft uns immer noch anstarrten.

»Sind Sie sicher?«

Wir liefen zur Grenzkontrolle, der Beamte erkannte uns und winkte uns durch.

»Sie reisen also doch?«

»Ja, ein Freund regelt die Angelegenheit in Stade.«

»Wie Sie meinen«, sagte der Beamte. »Dann gute Reise!«

In letzter Minute bestiegen wir die Maschine, eine DC 10, wie ich in meinem Flugzeugbuch nachgeschlagen hatte, das ich unterm Arm trug.

Die ersten Tage in Pakistan waren schrecklich. Diese vielen Menschen, die alle irgendwie mit mir verwandt waren und mich behandelten, als wäre ich ein kleines Kind. Ich konnte mir ihre Namen kaum merken. Und sie lebten so anders als wir: Drei Generationen unter einem Dach, alle schliefen gemeinsam in einem großen Raum, in dem nachts der Ventilator die heiße Luft herumwirbelte. Sie kleideten sich anders, rochen anders, außerdem brachten mich die Mücken fast um. Und ich mochte das Essen nicht. Südasiatische Gerichte gab es zwar auch bei uns zu Hause in Hollern, Currys, Reis und Fladenbrot, aber hier schmeckte alles anders – nicht so, wie ich es gewohnt war. Besonders eklig fand ich, dass im Curry immer Knochen und Fettstücke schwammen, wie es in Südasien eben üblich ist; trotzdem macht man sich dort gerne über die Chinesen lustig, die sogar Hühnerfüße essen und es mit der Verwertung von Tieren doch etwas übertreiben würden. Die Milch war viel dünner als zu Hause und hatte einen eigenartigen Geschmack, selbst Kakaopulver half da nichts. Mir war ständig schlecht. Trotzdem sagten meine Verwandten alle fünf Minuten »*Khana khao, khana khao, khana khao!*« – »Iss etwas!« zu meiner Schwester und mir. Ihrer Meinung nach aßen wir viel zu wenig und waren deshalb so dünn und schwächlich. Die Aufforderung zu essen war ihre Art der Sympathiebekundung.

Wir wollten so schnell wie möglich wieder zurück nach Hause.

Auch bei meinen Eltern war die Stimmung gedrückt: Sie hatten ihre Eltern lange nicht mehr gesehen und mussten feststellen, dass die vergangenen Jahre ihre Spuren hinterlassen hatten. Qamar Jehan war stiller geworden, das Alter hatte ihr ihre lebenslustige Art genommen und das Gehen fiel ihr schwer. Aber was sollte man erwarten, sie hatte vierzehn Kinder zur Welt gebracht. Manzoor Ali Naqvi war inzwischen ein alter Mann, der am Stock ging und sein

Haar mit Henna färbte. Ihr schönes, weißes Haus wurde nun von jenen Geschwistern meiner Mutter gepflegt, die bei ihren Eltern geblieben waren. Auch im Haus meines Vaters hatte eine andere Generation übernommen: Afsar Begum saß nur noch auf ihrem Charpoy, dem Bett, und kommentierte von dort aus die Ereignisse in der Welt und in der Familie. Für meinen Vater war es der erste Besuch nach dem Tod seines Vaters.

Sorge bereitete meinen Eltern auch die Frage, ob wir in drei Wochen wieder gemeinsam nach Deutschland reisen könnten. Würde Pastor Lochte es schaffen, die erforderlichen Papiere zu besorgen? Sie hatten beschlossen, dass mein Vater auf jeden Fall wieder zurückfliegen sollte, um rechtzeitig in der Seefahrtschule zu sein. Wir würden dann notfalls nachkommen.

Meine Eltern sahen Verwandte und Freunde nach vielen Jahren wieder, aber bei aller Freude waren sie in Gedanken schon bei der Abreise. Würde alles klappen?

Schon am zweiten Tag rief meine Mutter im deutschen Generalkonsulat an und fragte, ob es Neuigkeiten für uns gebe. Nichts. Auch am dritten und vierten Tag – nichts Neues aus Stade.

Die erlösende Nachricht kam nach fünf quälenden Tagen: Wir alle würden wieder in Deutschland einreisen dürfen! Pastor Lochte hatte Wort gehalten und eine Einreiseerlaubnis erwirkt. Erst jetzt genossen meine Eltern ihren Pakistanurlaub richtig, feierten und besuchten Hunderte von Leuten.

Für mich dagegen wurde es wirklich schlimm: Ausgerechnet in unsere Zeit in Karatschi fiel das höchste islamische Fest *Id ul-Adha*. Es kennzeichnet den Höhepunkt der Hadsch, der Wallfahrt nach Mekka, und findet jedes Jahr, je nach Stand des Mondes, etwa zehn Tage früher als im Vorjahr statt.

Die Muslime gedenken mit diesem Fest des Propheten Ibrahim und seiner bestandenen Prüfung durch Gott, der von ihm verlangt hatte, seinen Sohn Ismael zu opfern. Ibrahim ist bereit, erst im letzten Moment gebietet ihm Allah Einhalt. Voller Dankbarkeit, seinen Sohn am Leben lassen zu dürfen, opfert Ibrahim Gott einen Widder.

Diese Geschichte findet sich in ähnlicher Version auch in der Bibel, wo Ibrahim Abraham heißt und nicht seinen Sohn Ismael, sondern dessen Bruder Isaak opfern soll, was aber die Botschaft der Geschichte nicht verändert. Im Gegensatz zum biblischen Isaak, der nichts von seinem drohenden Schicksal ahnt, ist Ismael dem Koran zufolge bereit, sich zu opfern: »*Als er* [Ismael] *alt genug war, um mit ihm* [Ibrahim] *zu arbeiten, sprach er: O mein lieber Sohn, ich habe im Traum gesehen, daß ich dich schlachte. Nun schau, was meinst du dazu? Er antwortete: O mein Vater, tu, wie dir befohlen; du sollst mich, so Allah will, standhaft finden.*« (Sure 37, 103). Isaak dagegen weiß bis zuletzt nichts: »*Da sprach Isaak zu seinem Vater Abraham: Mein Vater! Abraham antwortete: Hier bin ich, mein Sohn. Und er sprach: Siehe, hier ist Feuer und Holz; wo ist aber das Schaf zum Brandopfer? Abraham antwortete: Mein Sohn, Gott wird sich ersehen ein Schaf zum Brandopfer.*« (1. Mose, 22).

Ich erwähne das, weil mich vor ein paar Jahren, ich arbeitete da schon als Journalist, ein Islamkritiker anrief und sagte: »Das ist der Unterschied zwischen Christen und Muslimen: dass Muslime bereit sind, für ihre Religion zu sterben. Habe ich recht? Was meinen Sie dazu?«

Aber was sollte ich schon sagen? Und welche Rolle spielte meine Meinung? Dieser Mann tat so, als müsste ich, nur weil ich einen muslimisch klingenden Namen habe und in Deutschland lebe, eine Brücke schlagen zwischen islamischer und christlicher Welt. Womöglich erhoffte er sich in mir auch einen Kronzeugen gegen den Islam. Aber darauf ließ ich mich nicht ein. Ich kenne viele Muslime, auch viele sehr religiöse, aber ich kann mir nicht vorstellen, dass jemand von ihnen sein Leben opfert. Warum stellte er also ausgerechnet mir diese Frage?

»Was genau wollen Sie von mir hören?«, wollte ich wissen.

»Ich frage mich, warum Muslime wie Sie sich nicht ausdrücklich von Selbstmordanschlägen und Terror distanzieren. Es müsste einen Aufstand der anständigen Muslime geben. Aber nichts dergleichen passiert!«

Muslime wie ich? Er schloss tatsächlich von meinem Namen auf meine Religion. Ich war verärgert. Wieso sollte ich mich im Namen des Islam von irgendetwas distanzieren? Ich verurteile Terror und Selbstmordanschläge, aber das sage ich als Privatperson, von mir aus auch als Journalist, aber ganz bestimmt nicht als Anwalt irgendeiner Religionsgemeinschaft.

Ein in Deutschland lebender Muslim, dem ich von diesem Vorfall erzählte, geriet in Wut. »Viele Christen denken so, dabei müssten die nur mal ihr Altes Testament lesen! Da fließt das Blut in Strömen!«

»Na, ganz so einfach ist es nun auch wieder nicht. Immerhin sind die Zeiten, in denen Christen sich mit Verweis auf die Bibel gegenseitig umbrachten, Gott sei Dank vorbei«, sagte ich. »Verrückte, die im Namen des Islam töten, gibt es dagegen immer noch.«

Er musterte mich und erwiderte in einem mitleidigen Ton: »Sie verstehen das nicht, Sie sind in Deutschland aufgewachsen, Sie kennen den Islam nicht. Muslime sind friedliebende Menschen.«

Aber das hatte ich doch gar nicht in Frage gestellt!

Menschen wie ich, mit islamischen Wurzeln, aufgewachsen im Westen, geraten häufig zwischen die Fronten.

Ich hatte damals in Karatschi an so etwas wie Ostern oder Weihnachten gedacht, mit vielen Geschenken, als meine Verwandten mir etwas von »ganz tollem Fest« und »heiligem Tag« erzählten. Aber als sie an diesem Feiertag zwei Ziegen anschleppten, schwante mir bereits Böses. An Leinen gebunden, führten sie die Tiere in den Garten und stellten ihnen einen Eimer Wasser hin. Ich streichelte sie.

Dann kam ein Mann, dessen knielanges Hemd ursprünglich mal weiß gewesen war, nun aber vor lauter Tierblut eine tiefrote Farbe hatte. In einem Metallkoffer hatte er eine Menge Messer dabei. Zwei junge Männer, ebenfalls in blutgetränkten Klamotten, begleiteten ihn.

»Geht jetzt ins Haus!«, befahl man uns Kindern. »Ihr könnt später wieder draußen spielen.«

Aber ich wollte nicht. Meine Neugier war größer als meine Furcht vor dem, womit ich rechnete. Und meine Ahnung wurde bestätigt: Diese zwei niedlichen Ziegen sollten geschlachtet werden, eine schreckliche Vorstellung. Ich blieb draußen und folgte dem Schlachter hinters Haus. Einer meiner Cousins, etwa so alt wie ich, schlich mir nach. Der Familienälteste nahm nun das größte Messer aus dem Koffer, hielt es sich an die Stirn und begann, ein Gebet zu murmeln. Der Schlachter und seine beiden Gehilfen legten währenddessen die Ziege auf die Seite, das Tier zappelte und versuchte zu entkommen, vergeblich, die drei Männer knieten nun auf dem armen Vieh. Staub wirbelte auf. Nachdem mein Großonkel sein Gebet beendet hatte, setzte er das Messer am Hals der Ziege zum ersten Schnitt an. Ich hielt mir die Hände vor die Augen, wollte nicht sehen, was jetzt passierte. Mein Cousin stand gelangweilt neben mir, als habe er so etwas schon tausendmal erlebt. Er guckte mich an und musste lachen, weil ich jetzt ab und zu durch einen Spalt zwischen den Fingern blinzelte. Mein Großonkel war wohl zu alt und zu schwach, jedenfalls geschah nichts. Der Schlachter nahm ihm vorsichtig das Messer aus der Hand und schnitt dem Tier mit einer schnellen Bewegung die Kehle durch. Die Ziege verblutete.

Die zweite Ziege erlitt dasselbe Schicksal. Aber das bekam ich nicht mehr mit – ich war im Haus und übergab mich.

Gut, dass man an der Fleischtheke im Supermarkt nicht sieht, was den Tieren widerfahren ist, deren Teile da vor einem liegen.

In aller Welt opfern Muslime, die es sich leisten können, an diesem Tag ein oder mehrere Tiere. Meist sind es Ziegen, seltener Schafe oder Rinder. Es können auch Kamele sein, wobei das eher in arabischen Ländern der Fall ist. Das Fleisch sollen sie unter den Armen und Hungrigen verteilen und einen Teil davon selbst verzehren. Zu dem Fest besucht man nach dem Opfer Verwandte und Freunde oder bekommt selbst Besuch und bietet ihnen von dem Fleisch an.

»Und unter den Zeichen Allahs haben Wir für euch die Op-

ferkamele bestimmt. An ihnen habt ihr viel Gutes. So sprechet den Namen Allahs über sie aus, wenn sie gereiht dastehen. Und wenn ihre Seiten niederfallen, so esset davon und speiset den Bedürftigen und den Bittenden. Also haben Wir sie euch dienstbar gemacht, daß ihr dankbar seiet«, spricht Gott im Koran zu den Menschen (22. Sure, 37).

An diesem Tag lagen überall in den Straßen vor den Häusern die nicht verwertbaren Reste der Tiere: Köpfe, Mägen, Gedärme. Die Leute warfen die Kadaver einfach dorthin, und was die Straßenhunde übrig ließen, wurde Tage später von einem Müllsammler abgeholt. Bis dahin hatte die Sonne das Blutrinnsal, das die Wege entlang geflossen war, zu einer braunen Linie ausgetrocknet.

Das also sollte das Land sein, aus dem ich stammte? Hier hatte ich mal als Kind gelebt und mich nach einiger Eingewöhnung wohlgefühlt? Ich konnte es mir nicht vorstellen.

Meine Schwester und ich ernährten uns in den verbleibenden zwei Wochen ausschließlich von Pommes frites, die meine Mutter eigenhändig aus frischen Kartoffeln zubereitete. Alles andere, insbesondere Fleisch, rührten wir von nun an während unseres Urlaubs nicht mehr an, da konnten unsere Verwandten noch so oft »*Khana khao!*« sagen.

Ab dem Moment, in dem wir uns mit unserem eintönigen Essenswunsch durchgesetzt hatten, gefiel es uns in Karatschi. Mittlerweile hatte ich mich so weit an die neue Umgebung gewöhnt, dass ich meine Cousins und Cousinen richtig wahrnahm. Ich fand endlich Zugang zu ihnen – und für sie war ich der zwar etwas eigenartige, aber doch bewunderte Cousin aus Deutschland, dessen Erzählungen sie gebannt zuhörten. Eigenartig deshalb, weil ich merkwürdig Urdu sprach, mit meinen Eltern in einer fremdem Sprache redete, sonderbare Essgewohnheiten an den Tag legte und überhaupt so anders war als alle anderen pakistanischen Kinder in meinem Alter. Von all den Cricketstars, die sie toll fanden, hatte ich noch nie gehört.

Auch meine Eltern wurden von den Verwandten über Deutschland befragt. Gefällt es euch wirklich so gut in Deutschland? Dürft ihr denn ohne Probleme bleiben? Wollt ihr für immer dort leben? Ja. Nein. Auf jeden Fall.

Am Ende war ich sogar richtig begeistert von Karatschi: die Affen in den Straßen! Die knatternden Rikschas! Der verrückte Verkehr mit diesem sinnlosen Gehupe! Die schönen, lauten Märkte mit all den bunten Waren, Tüchern, Kleidern, Obst- und Gemüsesorten! Ich hatte vor der Reise meine erste Kamera geschenkt bekommen und machte nun Fotos von meinen Verwandten, ihren Häusern und von Eselskarren, die auf den Straßen fuhren. Als wir nach drei Wochen gehen mussten, fiel uns der Abschied schwer.

Während des Rückflugs waren meine Eltern etwas angespannt, sie fragten sich, ob bei der Einreise wirklich alles problemlos verlaufen würde. Doch in Frankfurt winkte man uns ohne Weiteres durch die Passkontrolle. Nicht einmal der Zoll wollte etwas von uns.

Pastor Lochte erkundigte sich bei dem Beamten mit dem Schnurrbart, weshalb er uns diese falsche Auskunft gegeben hatte.

Später berichtete er uns: »Der Mann erklärt, er habe nicht gewusst, dass Sie mit einer Duldung nicht wieder einreisen dürfen. Wir wollen ihm das mal glauben.«

Einige Tage später wurde der Beamte in ein anderes Amt versetzt, für Ausländerfragen war er nun nicht mehr zuständig. Ob er strafversetzt wurde? Ich weiß es nicht. Meine Eltern haben sich offiziell nicht über ihn beschwert. Wahrscheinlich war es nur ein Zufall, dass er einen neuen Posten bekam. Meine Eltern und Pastor Lochte jedenfalls waren glücklich, nichts mehr mit ihm zu tun zu haben.

Kurz vor unserer Reise nach Pakistan hatte Jutta Pape, die Tochter meiner Patentante, einen Brief an Bundespräsident Richard von Weizsäcker geschrieben. Der war gerade ein Jahr im Amt und hatte in seiner Antrittsrede davon gesprochen, man solle Ausländer in Deutschland integrieren und nicht in einen Staat im Staate abdrängen, solle mit ihnen leben und sie kennenlernen, anstatt sie von vornherein zu isolieren.

Jutta nahm ihn beim Wort und forderte in unserem Fall, was auch Pastor Lochte schon angedeutet hatte und was meine Eltern noch nicht auszusprechen wagten: Es gehe *»nur noch um Formalien wie die Möglichkeit, deutsche Papiere zu erlangen, das Wahlrecht auszuüben und die allgemein üblichen Versicherungsverträge abzuschließen«*. Sie bat den Bundespräsidenten deshalb, all die Gerichtsbeschlüsse nach dem Begnadigungsrecht aufzuheben und *»der Familie Kazim den Daueraufenthalt in der Bundesrepublik zu ermöglichen oder, sollte dies nicht möglich sein, zumindest auf die zuständigen Institutionen im Sinne der Familie Einfluß zu nehmen. Wir empfänden es als schwerwiegenden Verlust für das Dorf Hollern-Twielenfleth und auch für die Bereicherung unseres gesellschaftlichen Lebens, sollte die Familie Kazim tatsächlich das Land verlassen müssen«*.

Dieser Brief blieb zwar ohne direkte Wirkung, aber immerhin bekamen jetzt auch meine Mutter und wir Kinder die seit Langem versprochene Aufenthaltserlaubnis. Wieder musste meine Mutter alle paar Monate zum Amt und um Verlängerung bitten, aber das war jetzt nur noch eine Formsache.

Beim Einkaufen in Stade hatten meine Eltern zufällig eine Familie aus Bangladesch kennengelernt, ein Ehepaar mit einem Sohn, etwas jünger als ich. Diese Menschen waren neu in Deutschland und fühlten sich einsam und fremd. Die Frau hatte in meiner Mutter jemanden aus Südasien erkannt und einfach angesprochen. Sie gab ihr ihre Telefonnummer und lud sie zum Tee ein.

Über diese Familie machten wir Bekanntschaft mit Indern, die in Stade lebten. Manche von ihnen trugen ausschließlich Sari und Shalwar Kameez und fielen in der Stader Innenstadt damit auf. Andere hatten sich einen deutschen Lebensstil angewöhnt, es gab darunter auch Hindus, die Fleisch – sogar Rind- und Schweinefleisch – aßen. Mit vielen von ihnen freundeten sich meine Eltern an – und sprachen schon bald über ihren gemeinsamen Bekannten. »Gott sei Dank ist dieser Beamte jetzt weg!«, sagte einer der Inder. Bei vielen keimte nun, wie bei meinen Eltern, die Hoffnung, dass es vielleicht doch noch mit einer längerfristigen Aufenthaltsgenehmigung klappen könnte. Für die Familie aus Bangladesch kam diese Nachricht jedoch zu spät. Sie war, entnervt vom ewigen Streit mit den Behörden, wieder nach Dhaka gezogen.

Manche der Inder hatten ihre Kinder in Großbritannien zur Welt gebracht, die nach dortigem Recht von Geburt an britische Staatsbürger waren. Damit durften auch die Eltern in Großbritannien bleiben und erhielten nach einer gewissen Frist den britischen Pass. Später waren sie aus beruflichen Gründen nach Deutschland umgezogen und erhielten als britische Staatsbürger, im Gegensatz zu uns Pakistanern, ein Bleiberecht.

Warum habe ich nicht gleich von Geburt an die deutsche Staatsbürgerschaft erhalten? Es hätte mir das Gefühl erspart, von offizieller Seite in diesem Land unerwünscht zu sein, hätte mich in einem anderen Bewusstsein aufwachsen lassen.

Für meine Mutter waren die Treffen mit den Indern die ersten Begegnungen mit Hindus.

»Als Kind hörte ich die Erwachsenen darüber reden, dass Hindus schmutzig sind und Muslime hassen. Sie sprachen auch über die Kriege, die Pakistan gegen Indien geführt hat. Indien war unser Erzfeind. Jetzt saß ich plötzlich in Stade mit Indern, mit Hindus an einem Tisch. Komisch, oder? Als ich noch in Pakistan lebte, hätte ich mir das nie vorstellen können. Erst jetzt wurde mir klar, dass wir jahrelang mit Vorurteilen gelebt hatten und dass diese Menschen sich, abgesehen von der Religion, nur wenig von uns unterscheiden.«

Bei Besuchen von Verwandten in Pakistan und Indien habe ich die kuriose Erfahrung gemacht, dass die Vorurteile immer noch tief sitzen. Meine pakistanische Familie spricht oft abfällig über Indien, über »Hindus mit ihren merkwürdigen Göttern und Bräuchen« und über die »feindselige Haltung indischer Politiker gegenüber Pakistan«. Wenn ich ihnen sage, dass doch viele Millionen Muslime in Indien leben, antworten sie voller Überzeugung, dass das nur diejenigen seien, die es sich nicht leisten konnten, nach Pakistan auszuwandern. »Nur der Schrott ist in Indien geblieben«, sagte mal ein Bekannter meiner Familie in Pakistan. Umgekehrt finden meine indischen Verwandten, obwohl sie Muslime sind, für Pakistan nur kritische Worte. Sie halten das Land für einen »Terrorstaat« und eine »schlimme Militärdiktatur« und sprechen mit Blick auf die Teilung 1947 von einem »großen Fehler«. Bei Cricketspielen zwischen Pakistan und Indien feuert meine Familie, natürlich, jeweils das Land an, in dem sie lebt.

Die Besuche bei den indischen und bengalischen Freunden in Stade wurden zu einem Stück Südasien mitten in Deutschland. Meine Eltern hatten diese Kontakte nicht gesucht, sie ergaben sich mit der Zeit einfach. Mir machten diese Treffen viel Spaß. Diese Familien hatten Kinder in unserem Alter, gemeinsam spielten wir Verstecken oder probierten neue Spielsachen aus. Abends, nach einem traditionellen südasiatischen Essen mit mindestens drei verschiedenen Currys – ganz ohne Knochen! –, gegrillten Kebabs, Bergen an Reis und *Chapatis*, dünnen Fladenbroten, wurde ein großer, klobiger Fernseher eingeschaltet, ein Bollywood-Film in den Videorekorder gelegt und stundenlang wie gebannt auf den Bildschirm gestarrt. Das waren die Momente, in denen mir langweilig wurde, weil diese Filme einfach nie enden wollten und zwischendurch die Schauspieler an den unsinnigsten Stellen plötzlich zu singen und zu tanzen anfingen. Meine Eltern freilich liebten damals diese Filme, die auch ein Stück Heimat bedeuteten. Selten waren wir vor Mitternacht zu Hause.

An solchen Tagen wurde nur Urdu beziehungsweise Hindi gesprochen, zwei sehr ähnliche Sprachen, fast wie Deutsch und Österreichisch, nur mit zwei gänzlich unterschiedlichen Schriften und ein paar verschiedenen Wörtern. Es wurde viel über Pakistan und Indien, über Schauspieler, Politiker und über die Daheimgebliebenen geredet – und über die Zukunft in Deutschland.

Alle hatten vor allem mit der deutschen Sprache zu kämpfen. Sie bewunderten meine Eltern für ihre Deutschkenntnisse. Aber selbst meine Mutter kam nach so vielen Jahren in Deutschland und mehreren Sprachkursen hier und da durcheinander. »Warum heißt es ›das Mädchen‹ und nicht ›die Mädchen‹? Das ist doch verrückt!«, beschwerte sie sich manchmal.

Eines Tages kam sie von einem Kaffeetrinken bei Hollerner Freundinnen nach Hause und kriegte sich kaum ein vor Lachen. »Die haben über eine Frau aus dem Dorf gelästert, die verheiratet ist und einen Geliebten hat. Sie sagten, sie wäre jetzt durchgebrannt. Ich war schockiert, wie sie so schlecht über diese Frau reden konnten, wo sie doch nur noch Asche war.« Die Freundinnen klärten sie dann auf.

Meine Mutter sprach aber gut genug Deutsch, um längst alleine den Schriftverkehr mit den Ämtern zu erledigen oder zu Terminen mit der Ausländerbehörde zu fahren. Sie war *verhandlungssicher*.

Die Behörde signalisierte meinen Eltern, dass sie durchaus bereit wäre, unsere Aufenthaltserlaubnis längerfristig zu verlängern – vorausgesetzt, mein Vater schließe die Seefahrtschule erfolgreich ab und finde im Anschluss Arbeit.

Mein Vater stand unter unglaublichem Druck: Er machte sich Gedanken darüber, wie wir finanziell über die Runden kommen sollten und musste in dieser angespannten Situation lernen – abends nach dem Unterricht und an den Wochenenden, an denen wir ihn in seiner Wohngemeinschaft in Cuxhaven besuchten.

»Ich *musste* die Prüfungen bestehen«, erinnert er sich. Denn davon hing nicht nur ab, ob er das Kapitänspatent für die Große Fahrt bekam, sondern auch, ob wir alle in Deutschland bleiben durften. »Eigentlich hatte ich keine Zweifel, dass ich es schaffe. Aber nichts zu verdienen, kein Einkommen zu haben, das war schwer.«

Meine Mutter bat den Landkreis um eine Arbeitserlaubnis – sie wollte mit einem Teilzeitjob wenigstens ein bisschen zum Lebensunterhalt beitragen. Sie hatte sich überlegt, Englisch an der Volkshochschule zu unterrichten. Auch Pastor Lochte sprach mit den zuständigen Beamten. Doch die Behörde lehnte ohne Nennung von Gründen ab.

Im Sommer 1986 bestand mein Vater sämtliche Prüfungen, er erhielt das Kapitänspatent für Große Fahrt.

»Ich bewundere Sie, Herr Kazim«, sagte Pastor Lochte. Es war seine Art zu gratulieren.

Unerwartet tat sich 1986 eine neue Chance auf: Ein Bruder meiner Mutter, der als Ingenieur bei der NASA in Houston, Texas, arbeitete, hatte eine Greencard für uns beantragt und für uns gebürgt. Er bot uns an, in die USA umzuziehen, da er gehört hatte, dass meine Eltern es in Deutschland schwer hatten. Meine Mutter hatte zugestimmt, ohne damit zu rechnen, dass es klappen könnte. Jetzt kam die Nachricht, dass wir die Erlaubnis erhalten würden, in den USA zu leben. Und beide, mein Vater und meine Mutter, dürften arbeiten. In einigen Jahren wären wir amerikanische Staatsbürger.

»Hier in Amerika kann niemand den Finger auf euch richten und sagen: Ihr seid nicht von hier. Außer den Indianern ist niemand von hier«, meinte mein Onkel.

Meine Eltern überlegten mehrere Tage, was sie tun sollten. Wollten wir weiter in Deutschland leben, aber die Greencard nicht verfallen lassen, mussten wir einmal im Jahr in die USA reisen und unseren Anspruch auf dieses Dokument erneuern. Sollten wir das machen? Lohnte sich der Aufwand? Wollten wir überhaupt in die USA?

Pastor Lochte hatte uns versprochen, so lange zu kämpfen, bis wir die deutsche Staatsbürgerschaft erhalten würden. Sollten wir ihm und all unseren Freunden, die uns geholfen hatten, sagen: Das war's, wir gehen jetzt doch in die USA?

»Sie müssen einige Jahre in Deutschland leben, bis Sie einen Antrag auf Einbürgerung stellen können«, hatte Lochte gesagt. »Aber Sie sind schon seit so langer Zeit hier, da machen ein paar weitere Jahre nichts aus. Warten Sie ab, eines Tages werden Sie Deutsche sein.«

Aber die USA waren doch der ursprüngliche Traum meiner Mutter! Sollten sie wirklich die deutsche Staatsbürgerschaft der amerikanischen vorziehen?

Sie dachten an uns Kinder. Wir hatten hier unseren Freundeskreis, gingen hier zu Schule, wollten auf keinen Fall weg. Nach langem Hin und Her entschieden sie sich, die Greencard nicht anzunehmen. Sie entschieden sich für Deutschland.

Dabei war noch völlig unsicher, ob ihr Plan aufgehen würde. *Deutschland ist kein Einwanderungsland!* Dieser Satz klang noch nach. Selbst Lochtes Bemühungen und Gebete waren keine Garantie.

Mein Vater fand gleich nach Abschluss seines Lehrgangs eine Anstellung bei einer Reederei im Alten Land und fuhr, da er kein Deutscher war, nicht als Kapitän, sondern als Erster Offizier zur See – jetzt weltweit. Ich bekam Postkarten aus Venezuela, Indonesien, Japan und Indien von ihm. Nun war ich alt genug, um den Beruf meines Vaters nicht mehr zu hassen. Er fuhr zur See, na und?

Im Sommer 1987 zogen wir um. Wir verließen das schöne Haus, in dem wir so viele Jahre gelebt hatten. Der Abschied fiel uns schwer, es steckten so viele Erinnerungen in diesem Haus. Otti war besonders traurig, dass wir gingen. Unser neues Zuhause lag jedoch in derselben Straße, etwa einen Kilometer vom alten entfernt: ein kleines Einfamilienhaus zur Miete mit schönem Garten. Meine Eltern kauften ein größeres Auto und neue Möbel – endlich ging es uns auch finanziell wieder gut! Nur die Unsicherheit, ob und wann wir die Staatsbürgerschaft beantragen dürften, machte uns Sorgen.

Meine Mutter verlangte nun noch einmal, arbeiten zu dürfen. Ein Übersetzungsbüro hatte sie gebeten, in Gerichtsprozessen, für Behörden und die Polizei zu übersetzen, in den Sprachen Urdu, Hindi, Englisch und Deutsch. Diese Chance wollte meine Mutter sich nicht entgehen lassen. Jetzt, da es auch im Interesse der Behörden war, kam ihr der Landkreis endlich entgegen. In ihre Aufenthaltserlaubnis schrieb nun ein Beamter: »*Erwerbstätigkeit nicht gestattet mit Ausnahme von Übersetzertätigkeit.*« Meine Mutter lernte viele Menschen aus Pakistan, Indien und Bangladesch kennen, für die sie übersetzte: Leute, die ihre Dokumente ins Deutsche übertragen lassen mussten, Asylbewerber, die ihr Schicksal einem Beamten vortrugen, Menschen, die wegen irgendeiner Sache angeklagt waren. Ohne die Hilfe meiner Mutter hätten die Richter, Polizisten, Behördenmitarbeiter diese Leute nicht verstanden. Das verschaffte ihr ein wenig Genugtuung. Sie war sprachliche – und ein bisschen auch kulturelle – Mittlerin.

Meine Vermittlungsfähigkeit war gefragt, als Tante Zahra uns im Sommer 1988 wieder besuchte. Das letzte Mal, vor sechs Jahren, hatte sie mir Unheil gebracht. Was sollte nun kommen?

Diesmal wollte sie mir einen Wunsch erfüllen. Sie versprach mir gleich am Tag ihrer Ankunft, sie wolle mir etwas kaufen, was ich schon immer haben wollte. Ich musste lange überlegen, bis mir einfiel, dass ich ein Diktiergerät brauchte. Ich besuchte inzwischen das Vincent-Lübeck-Gymnasium in Stade und schrieb dort für die Schülerzeitung. So ein Aufnahmegerät, wie es die richtigen Reporter hatten, wünschte ich mir.

Wir fuhren nach Stade zu einem Elektronikladen. Meine Tante trug einen gelben Sari, darüber einen braunen Strickpullover, weil es für ihre Verhältnisse an diesem sonnigen deutschen Sommertag zu kalt war. Sie sah merkwürdig aus und fiel extrem auf. Mir war das ein bisschen peinlich.

Der Verkäufer zeigte uns ein Gerät, das mir gefiel. Es sollte neunundneunzig Mark kosten.

Meine Tante sagte auf Urdu: »In Ordnung, sag ihm, wir nehmen es für fünfzig.«

Ich schaute sie an. »Für fünfzig? Es kostet aber neunundneunzig Mark. In Deutschland kann man nicht handeln.«

»Okay, sag ihm, wir zahlen siebzig.«

Der Verkäufer warf mir einen fragenden Blick zu.

»Äh, meine Tante möchte nur siebzig Mark dafür zahlen.« Ich verschwieg, dass sie bei fünfzig Mark eingestiegen war.

Der Verkäufer lachte.

»Es kostet neunundneunzig, ich kann Ihnen leider keinen Rabatt geben.«

»Was sagt er?«, fragte meine Tante. Ich übersetzte für sie.

»Sag ihm fünfundsiebzig Mark«, war ihre Reaktion.

Mir wurde die Situation immer peinlicher.

»Man kann in Deutschland nicht handeln. Du musst die Summe zahlen, die auf dem Preisschild steht.«

»Neunzig Mark?«

»Bitte, kauf es nur, wenn du bereit bist, neunundneunzig Mark zu zahlen. Wir können hier nicht mit dem Händler über den Preis streiten.«

Der Verkäufer stand sichtlich genervt mit dem Aufnahmegerät in der Hand da.

»Also, wollen Sie es haben oder nicht?«

Meine Tante überlegte eine Minute lang, dann entschied sie sich.

»Gut, wir nehmen es. Aber kann er uns nicht wenigstens die Batterien dazugeben und vielleicht eine Packung mit Kassetten?«

Meine Mutter stand die ganze Zeit gelassen daneben. Sie mischte sich in das Gespräch nicht ein, sondern lächelte nur – als wollte sie sagen: Na sieh mal an, jetzt stoßen also westliche und östliche Welt in diesem kleinen Elektroladen aufeinander.

Der Verkäufer hatte die Begriffe »Batterie« und »Kassette« verstanden und sagte, bevor ich ihm die Frage meiner Tante übersetzen konnte: »Ja, ja, Sie bekommen Batterien und Kassetten dazu.«

Sich in eine neue Kultur einzufinden, ist mehr, als eine neue Sprache zu lernen, sich an anderes Essen zu gewöhnen, sich mit einer fremden Religion, ungewöhnlichen Bräuchen und Traditionen vertraut zu machen. Es gehören viel alltäglichere Dinge dazu wie: Heißt ja wirklich ja und nein nein? Wie verbindlich sind Einladungen? Wie pünktlich muss man zu Terminen erscheinen? Gibt man sich zur Begrüßung die Hand? Muss man die Schuhe ausziehen, wenn man ein Haus betritt? Darf man sich in der Öffentlichkeit die Nase putzen, soll man nach dem Essen rülpsen, kann man Hand in Hand mit dem Partner durch die Stadt bummeln, muss man auf bestimmte Kleidung achten? Und, in diesem Fall: Ist Feilschen in Geschäften erlaubt? Es gibt unendlich viele Möglichkeiten, Fehler zu machen.

Das Aufnahmegerät benutze ich immer noch, und bei jedem Einsatz muss ich daran denken, wie meine Tante es mir gekauft hat: diese kleine Frau im Sari in dem Stader Elektronikladen. Heute freue ich mich über diese Szene. Es war eine Lehrstunde in marktwirtschaftlicher Preisbildung und in Kulturwissenschaften. Es war ein Stück Globalisierung.

Damals habe ich mich für das Verhalten meiner Tante geschämt. Damals wollte ich nur Deutscher sein, am liebsten blond und blauäugig. Ich wollte nicht Hasnain heißen, keine braune Haut und keine asiatischen Wurzeln haben. Für mich war das Anderssein eine Belastung, keine Bereicherung.

Der Wunsch meiner Eltern nach deutscher Normalität wurde auch zu meinem. Bis auf das südasiatische Essen, das es bei uns oft gab, die englischen oder Urdu-Wörter, die sich in ihr Deutsch verirrten, und die gelegentlichen Treffen mit den indischen Freunden lebten wir ein deutsches Leben in Hollern-Twielenfleth. Mit Wohnzimmerschrankwand und Sonntagnachmittagskaffee. Der Altländer Apfelkuchen meiner Mutter unterschied sich inzwischen nicht mehr von dem der Nachbarinnen.

Aber immer noch waren da unsere grünen pakistanischen Pässe. Sie wurden meinen Eltern bewusst, wenn sie wieder einmal um eine Verlängerung der Aufenthaltserlaubnis bitten mussten. Mir machte meine pakistanische Staatsbürgerschaft nur einmal Ärger: als es darum ging, dass wir eine Klassenfahrt nach Dänemark organisieren wollten. Plötzlich fiel mir ein, dass ich ja ein Visum brauchte und es eine Ewigkeit dauern könnte, bis ich es bekäme. Ich meldete mich zu Wort und erklärte mein Problem. Meine Klasse entschied sich daraufhin ohne große Diskussion, ein Ziel in Deutschland zu suchen – eine Geste, deren Großartigkeit mir erst viele Jahre später bewusst wurde.

Die Ausländerbehörde ließ meine Eltern fortan in Ruhe. Bis auf die Termine alle paar Monate dort hatten wir kaum noch mit ihr zu tun. Keine Aufforderungen mehr, ein Attest vorzulegen. Keine Streitereien mehr mit übel gelaunten Beamten.

Im Frühjahr 1989 rief Pastor Lochte bei uns an.

»Wir brauchen dringend eine Abstammungsurkunde von Ihnen beiden«, sagte er meinen Eltern. Abstammungsurkunde? In Pakistan wurde nicht einmal das Geburtsdatum amtlich festgehalten, wie sollte es so etwas wie eine Abstammungsurkunde geben?

Meine Großmutter Afsar Begum und meine Großeltern Manzoor Ali Naqvi und Qamar Jehan suchten ein Gericht in Karatschi auf und gaben eidesstattliche Erklärungen über die Abstammung ihrer Kinder ab. Kaum waren diese per Luftpost in Hollern angekommen und übersetzt worden, bat Pastor Lochte meine Eltern zu sich.

»Wir werden jetzt die deutsche Staatsbürgerschaft für Sie beantragen«, erklärte er.

Deutsche Staatsbürgerschaft? Davon war gelegentlich die Rede gewesen, aber sollte es jetzt so weit sein? Welche Erfolgsaussicht hatte ein Antrag zu diesem Zeitpunkt? Und wie lange würde es bis zu einer Entscheidung dauern?

»Ich kann Ihnen keine weiteren Informationen geben, es wird einige Monate dauern. Aber Sie leben jetzt lange genug in Deutschland, dass wir es versuchen sollten.«

Am 23. Mai 1989 reichten meine Eltern den Antrag auf deutsche Staatsbürgerschaft, den Pastor Lochte vorbereitet hatte, beim Landkreis Stade ein.

Nicht einmal sechs Monate später fiel die Mauer. Es schien, als würde die Welt sich verändern. Aber auch für uns?

Lochte fragte meinen Vater beiläufig, ob auch er daran denke, sich taufen zu lassen. Es war keine Forderung, nur eine Frage. Zweifel plagten meinen Vater. Was sollte er tun? Er wollte Lochte, der so viel für uns tat, nicht wehtun. Gerade jetzt. Musste mein Vater ihm den Wunsch erfüllen – oder war es gar kein Wunsch? Mein Vater sprach mit niemandem darüber, er versuchte, für sich eine Lösung zu finden.

»Was sollte ich machen, ich konnte Pastor Lochte ja nicht sagen: ›Nein, ich will das nicht.‹ Es hätte ihn bestimmt enttäuscht.«

Er überwand seine Bedenken. Am 25. Dezember 1989, sieben Jahre nach meiner Mutter, meiner Schwester und mir, ließ er sich taufen.

Offensichtlich plagten ihn aber immer noch Zweifel: War das nicht Verrat an seiner Familie, an seinen Wurzeln, an seiner Kultur? Im Gegensatz zu meiner Schwester und mir war er ja nicht in Deutschland aufgewachsen, hatte keine so enge Bindung zum Westen. Er löste das Dilemma auf seine Weise: Drei Jahre nach der Taufe – und ein Jahr nach dem Tod von Pastor Lochte – trat er aus der Kirche aus.

Man könnte ihm Undankbarkeit oder Unaufrichtigkeit vorhalten, aber wer das tut, hat diese Lücke zwischen zwei Welten nicht selbst gespürt.

Nicht einmal ein Jahr nach der Taufe meines Vaters hörte die DDR auf zu existieren. Deutschland war vereint. Die Bundesrepublik bekam gut sechzehn Millionen neue Staatsbürger. Da sollten doch vier mehr auch nichts ausmachen. Wie lange mussten wir noch warten, bis unser Antrag bearbeitet würde? Eineinhalb Jahre waren schon vergangen.

* * *

Ich kam aus der Schule geradelt, am 12. November 1990, gut einen Monat nach der Wiedervereinigung, und fand jenen Brief vor, der unser Leben veränderte. Er war an meine Eltern adressiert. Ich weiß bis heute nicht, was mir sagte, dass er wichtig sei und ich ihn unbedingt sofort öffnen müsse. Ich legte ihn zunächst weg und wärmte mein Mittagessen auf. Dann, nach dem Essen, nahm ich den Umschlag, er war mir nicht aus dem Sinn gegangen. Ein graues Ding auf der Holztruhe im Flur. Ich öffnete den Brief, wobei mir natürlich bewusst war, dass er nicht für mich war.

In der Betreffzeile stand: »*Erwerb der deutschen Staatsangehörigkeit durch Einbürgerung gem. § 8 des Reichs- und Staatsangehörigkeitsgesetzes.*«

Die Acht hinter dem Paragraphenzeichen war in Handschrift eingefügt worden. Hinter einem maschinell geschriebenen »*Sehr geehrte*« hatte jemand handschriftlich »*Frau Kazim, sehr geehrter Herr Kazim!*« geschrieben.

Mit Verfügung vom 26.10.90 [das Datum ist wieder handschriftlich eingetragen] *hat die Bezirksregierung Lüneburg Ihrem/Ihren Antrag/Anträgen auf Erwerb der deutschen Staatsangehörigkeit stattgegeben.*

Ich bitte Sie, in den nächsten Tagen bei mir wegen Aushändigung der Urkunde(n) über den Erwerb der deutschen Staatsangehörigkeit persönlich vorzusprechen.

Für eine vorherige fernmündliche Terminvereinbarung wäre ich dankbar.

Darunter stand eine Unterschrift im Auftrag des Oberkreisdirektors, und zwar so, dass sie jeden Namen der Welt hätte bedeuten können. Ein hingekritzeltes Etwas. Es war die Unterschrift einer Sachbearbeiterin mit dem Namen Frauenkron. Dieser Brief war eigentlich ein Formular, in das nur die entsprechenden Daten eingetragen worden waren.

Da führten meine Eltern einen jahrelangen Streit mit dem deutschen Staat, sollten ausgewiesen werden, waren eine Ewigkeit geduldet und mussten permanent um eine Verlängerung des Bleiberechts bitten, und da gab dieser Staat einfach per Formblatt auf.

Fast war ich ein bisschen enttäuscht: Wie sehr hatte sich meine Familie nach solch einem Bescheid gesehnt – und dann war er nicht einmal vom Chef persönlich unterschrieben worden, sondern nur von einer Sachbearbeiterin, die meine Eltern nicht kannten.

Der Brief war das, worauf wir so lange gewartet hatten: die Nachricht, dass die vielen sorgenvollen Jahre für meine Familie vorbei waren. Nichts hatte darauf hingedeutet, dass ausgerechnet jetzt unserem Antrag stattgegeben würde. Meine Eltern hatten mit einer viel längeren Wartezeit gerechnet.

Früher hatte ich mir immer vorgestellt, dass der Tag, an dem wir diese Nachricht erhalten würden, einer der schönsten Momente in meinem Leben sein würde. Es würde der Tag sein, ab dem ich endlich keine Sorge mehr haben müsste, abgeschoben zu werden.

Jetzt hatte ich noch vier Jahre bis zum Abitur und ich wusste, ich kann in dem Land bleiben, studieren und arbeiten, in dem ich die meiste Zeit meines Lebens verbracht hatte.

Es war schön, diesen Brief in Händen zu halten. Nicht weniger, aber auch nicht mehr. Eben schön. Kein Jubelgefühl. Plötzlich schoss mir zum allerersten Mal der Gedanke durch den Kopf: Irgendwann hatte es so kommen müssen. Wozu die Aufregung all die Jahre, die Streitereien mit den Behörden, die Gerichtsprozesse, der ganze Quatsch? Die hätten es nie gewagt, uns abzuschieben. Oder doch?

Ich rief meine Mutter an und erzählte ihr von dem Schreiben. Sie sagte nur: »Ach so. Na ja, gut. Dann bis später.«

An diesem Tag kam sie eine Stunde früher als sonst nach Hause. Sie nahm sofort den Brief und überflog ihn.

»Na endlich, das ist ja schön«, war überraschenderweise alles, was sie sagte.

Dann rief sie der Reihe nach bei den Freunden an, die uns in all den Jahren zur Seite gestanden hatten. Am Abend meldete sich mein Vater von seinem Schiff aus, er war irgendwo in Küstennähe und rief zufällig genau an diesem Tag per Schiffstelefon an. Meine

Mutter erzählte ihm von dem Brief. Ich weiß nicht, wie er reagiert hat.

Heute sagt er, er sei damals sehr glücklich gewesen, diese Nachricht zu hören.

Es war eine Erlösung. Endlich keine psychischen Belastungen mehr für meine Eltern, keine Angst mehr davor, alles zurücklassen zu müssen, keine Sorgen vor einem Entzug der Arbeitserlaubnis, vor finanziellen Schwierigkeiten. Mein Vater dürfte nun endlich als Kapitän zur See fahren.

Meine Eltern hatten versucht, all ihre Probleme so gut wie möglich vor uns Kindern zu verbergen. Meine Schwester sagt, sie habe kaum etwas mitbekommen, sie war zu klein. Aber ich erinnere mich noch gut an die beklemmenden Gespräche meiner Eltern mit Freunden, an die Geldsorgen, an die Ängste, die ich mit zunehmendem Alter deutlich spürte und die sich auf mich übertrugen.

Nicht alles ließ sich geheim halten.

Beim Lesen der Akten, die ich auf dem Dachboden meiner Eltern fand, stellte ich fest, dass mir doch einiges entgangen war. Ich wusste zum Beispiel nicht, dass meine Eltern schon drei Wochen vor der Nachricht im grauen Umschlag über den guten Ausgang der Geschichte informiert worden waren. Denn am 26. Oktober 1990 hatte die Bezirksregierung Lüneburg meinen Eltern geschrieben:

Sehr geehrte Dame! Sehr geehrter Herr!
Sie haben für sich die Einbürgerung beantragt. Ihrem Einbürgerungsbegehren ist stattgegeben worden. Die Gebühr für die Einbürgerung habe ich gemäß §§ 1, 2 der Staatsangehörigkeitsgebührenverordnung (StAGebV) vom 28.03.1974 (BGBl. I S. 809) und den Richtlinien für die Gebührenbemessung in Einbürgerungsangelegenheiten (EinbGebR 1974) (Gem. MBl. Nr. 12 v. 31.05.1974 S. 184) festgesetzt auf insgesamt 3918,– DM. Der bereits entrichtete Vorschuß i. H. v. insgesamt 1400,– DM wird

angerechnet. Somit ist noch eine Restgebühr i. H. v. 2518,– DM zu zahlen.

Weiter unten ließ uns der Beamte von der Bezirksregierung wissen:

Die Einbürgerungsurkunde(n) habe ich heute ausgefertigt und dem Landkreis Stade übersandt. Die Aushändigung wird dort bei Nachweis der Gebührenentrichtung erfolgen.

An diese Rechnung ist eine Überweisungsquittung geheftet, der zufolge meine Eltern am 1. November 1990 die noch offenen 2518 Mark überwiesen haben. 1400 Mark hatten sie schon mit Beantragung der Staatsbürgerschaft gezahlt.

All das war mir nicht bewusst.

Meine Eltern haben mich nie über diese Vorgänge informiert. Vielleicht glaubten sie nach all den schlechten Erfahrungen mit den Behörden selbst noch nicht an das gute Ende. Solange sie die bordeauxroten Pässe nicht in Händen hielten, war alles möglich.

Im Nachhinein erkläre ich mir so ihre verhaltene Freude an jenem 12. November. Sie wussten schon, dass es so kommen würde.

Meine Mutter rief also bei Frau Frauenkron an und verabredete einen Termin für den 20. November. Die sagte irgendetwas von einer »Deutschprüfung«.

Als Pastor Lochte das hörte, schimpfte er und rief bei Frau Frauenkron an. »Das ist doch albern. Herr Kazim fährt als Offizier auf deutschen Schiffen, Frau Kazim arbeitet als Übersetzerin. Also werden sie ja wohl Deutsch lesen und schreiben können, oder?«

Kurze Zeit später meldete sich Frau Frauenkron bei meiner Mutter: »Ich glaube, auf eine Deutschprüfung und eine Überprüfung Ihrer Kenntnisse der deutschen Verfassung können wir verzichten«, sagte sie am Telefon. »Die pakistanischen Pässe bringen Sie dann bitte mit.«

Dieser Tag im November ist an mir vorbeigegangen. Meine Schwester und ich waren in der Schule, als meine Mutter alleine zum Landkreis Stade fuhr und die deutschen Pässe erhielt sowie vier grüne Einbürgerungsurkunden.

BUNDESREPUBLIK DEUTSCHLAND

Einbürgerungsurkunde

Vorname(n), Familienname, Geburtsname
Hasnain Niels Kazim
geboren am 19.10.1974 in Oldenburg/Niedersachsen
Wohnort 2161 Hollern-Twielenfleth

hat mit dem Zeitpunkt der Aushändigung dieser Urkunde die deutsche Staatsangehörigkeit durch Einbürgerung erworben.

Die Einbürgerung hat sich nicht auf Kinder des/der Eingebürgerten erstreckt.

Ort, Datum
Lüneburg, den 26.10.1990

Bezirksregierung Lüneburg
301.2 - 11020/N

Im Auftrage
Dawe

(Dienstsiegel)

Landkreis Stade
Der Oberkreisdirektor
Im Auftrage:

Ausgehändigt am 20 NOV. 1990

Art.-Nr. 10 001

© Bundesdruckerei

Meine Einbürgerungsurkunde – Ergebnis eines jahrelangen Kampfes

Hasnain Niels Kazim, geboren am 19.10.1974 in Oldenburg/Niedersachsen, Wohnort 2161 Hollern-Twielenfleth, hat mit dem Zeitpunkt der Aushändigung dieser Urkunde die deutsche Staatsangehörigkeit durch Einbürgerung erworben. Ausgehändigt am 20. November 1990.

Das ist das Papier, für das meine Eltern jahrelang gekämpft haben. Es ist das Papier, das wir nach dem Willen des Landkreises

Stade und der Bezirksregierung Lüneburg wohl niemals hätten erhalten sollen. Jetzt bekam meine Mutter es überreicht, unterschrieben von zwei Beamten – vom Landkreis Stade und von der Bezirksregierung Lüneburg. Für dreitausendneunhundertachtzehn Mark.

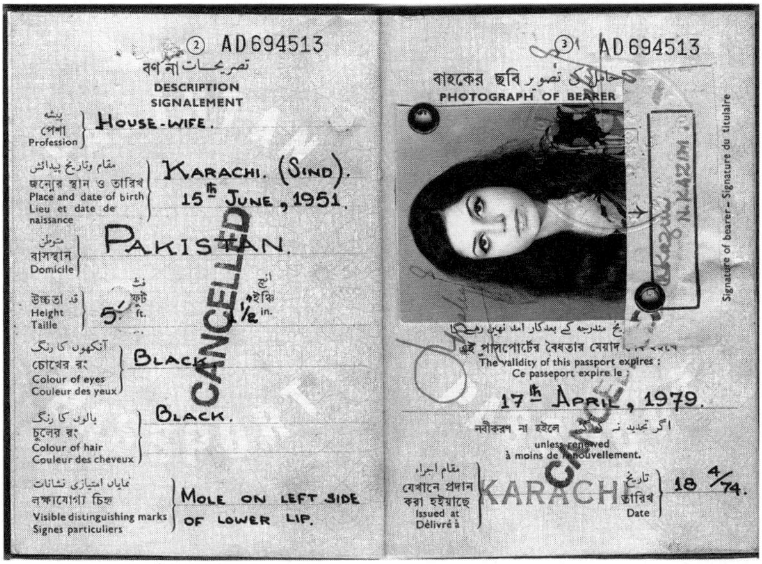

»Und unsere pakistanischen Pässe habt ihr einfach abgegeben?«, frage ich.

»Wir hatten überlegt, sie zu behalten, aber wer weiß, ob das möglich gewesen wäre. Die pakistanische Botschaft teilte uns mit, dass das kein Problem sei«, sagt mein Vater. »Aber wir hatten Bedenken, dass sich unsere Einbürgerung dann wieder um mehrere Monate verzögert.«

»Wir haben uns gesagt: Was sollen wir jetzt für die pakistanische Staatsbürgerschaft kämpfen, wenn wir endlich die deutsche bekommen«, ergänzt meine Mutter.

Für meinen Vater war es das zweite Mal, dass er eine neue Staatsbürgerschaft annahm und eine alte abgab. 1947 hatte er die indische gegen die pakistanische eingetauscht. Damals war es die Entscheidung seiner Eltern gewesen.

Was wohl gewesen wäre, wenn meine Eltern tatsächlich nach Schweden oder Frankreich oder Japan gegangen wären, nicht nach Deutschland? Oder doch nach Amerika oder Großbritannien? Wäre der Weg ebenso beschwerlich gewesen?

Meine Eltern haben den Weg, den sie gegangen sind, selbst gewählt. Es war ein langer, steiniger Weg, ein Weg, den zu gehen viele Lebensjahre gedauert und viel Kraft gekostet hat.

Er war länger als erwartet.

Aber unterwegs haben sie auch viele tolle Menschen kennengelernt und ins Herz geschlossen. Sie haben Ersatzfamilien gefunden und Erfahrungen gemacht, die die meisten Menschen nie machen. Am Ende, und das ist doch die Hauptsache, sind sie an ihrem Ziel angekommen.

Epilog

Zwei Welten, drei Heimaten

Warum sind meine Eltern in dieses Land gekommen? Was hat sie bewegt, hierzubleiben, obwohl sie den Behörden unerwünscht waren? Weshalb haben sie sich nicht ein neues Ziel gesucht?

Früher, als Kind und Jugendlicher, stellten sich mir diese Fragen überhaupt nicht. Es war für mich unvorstellbar, woanders zu leben. Im Landkreis Stade hatte ich meine Freunde, mein Zuhause. Ich fühlte mich als Deutscher, bemühte mich, Deutscher zu sein.

Ich engagierte mich als Jugendlicher kommunalpolitisch in Stade, entschied mich nach der Schule sogar für eine Laufbahn als Offizier bei der Bundeswehr, Teilstreitkraft Marine. Eine Schulfreundin sagte mir damals, ich sei deutscher als die Deutschen. Ich glaube, sie meinte das als Kritik. Ich fasste es als Lob auf.

Erst als ich die angestaubten Dokumente meiner Eltern las und mit ihnen über ihren Lebensweg sprach, bekam ich die Antworten auf meine Fragen. Ich verstand, dass meine Eltern dort angekommen waren, wo sie immer hingewollt hatten. Aber mir kamen auch Zweifel: Wieso hatten sie so viele Demütigungen ertragen? War es das wert gewesen?

Natürlich war es das. Wir hatten unsere Heimat in Hollern-Twielenfleth gefunden. So etwas gibt man nicht einfach auf. Niemand von uns wollte weg. Meine Schwester und ich nicht und meine Eltern auch nicht. Was hätten meine Eltern anderes tun sollen, als den Kampf aufzunehmen?

Viele Menschen haben uns dabei geholfen. Aber mir war nicht bewusst, mit welchem Einsatz – bis ich die Briefe und Petitionen und Unterschriftenlisten gesehen habe. Seither empfinde ich noch größere Nähe zu diesen Menschen. So gesehen ist meine Nähe zu diesem Land gewachsen.

Als Kind und Jugendlicher bekam ich die Sorgen meiner Eltern zwar mit. Aber mir war nicht klar, welche Dimension das hatte: das Bitten um Verlängerung der Duldung bei der Ausländerbehörde, die Gerichtsprozesse, die sorgenvollen Gespräche mit den Freunden. Die Tragweite ist mir erst beim Lesen der Briefe, Artikel, Gutachten und Urteile deutlich geworden. Die meisten Papiere hielt ich während der Recherche zum ersten Mal in Händen. Heute frage ich mich: In was waren wir da bloß geraten?

Es gibt Momente, da kommt in mir ein Gefühl der Entfremdung auf. Wenn meine Familie über viele Jahre so von den Behörden behandelt wurde – ist das dann wirklich mein Land?

Wir bekamen zwar deutsche Pässe, aber das schützte uns nicht vor rassistischen Anrufen Anfang der Neunzigerjahre, als die Stimmung nach zum Teil tödlichen Angriffen auf Ausländer in Hoyerswerda und Rostock, Hünxe, Mölln, Solingen und vielen anderen Orten in der Republik derart kippte, dass wir uns leise fragten, ob wir nun, mit unseren neuen Pässen, nicht doch in ein anderes europäisches Land gehen sollten.

»Heil Hitler! Euch dreckiges Pack kriegen wir auch noch!«, brüllte eine Männerstimme in den Hörer. »Deutschland den Deutschen!« Klick. Aufgelegt. Keine Chance zu reagieren. Wir wussten nicht, wer das war. Woher der unsere Nummer hatte. Ob er uns überhaupt kannte oder einfach wegen unseres fremden Namens anrief.

Es kamen auch Drohbriefe.

In dieser Zeit vergewisserte ich mich abends, dass die Tür abgeschlossen und der Weg zur Hintertür, raus auf die Terrasse, frei war – für den Fall, dass jemand einen Brandsatz durch das große Wohnzimmerfenster werfen sollte. Auch das hatte uns jemand bei einem der Anrufe angedroht. Es war eine merkwürdige, von Angst bestimmte Zeit.

In der Schule vertraute ich mich einer Lehrerin an, Manon Maliszewski, selbst Ausländerin, Französin. Ich erzählte ihr von den Anrufen und von meiner Sorge, meine Eltern könnten sich für einen Wegzug aus Deutschland entscheiden. In ihr fand ich eine Verbündete.

Das Thema wurde plötzlich in der ganzen Schule diskutiert. Der Unterricht fiel aus, stattdessen sprachen wir stundenlang über Ausländerfeindlichkeit und was man dagegen tun kann. Die Solidarität meiner Mitschüler und Lehrer half mir über diese Situation hinweg.

Die Anrufe hörten irgendwann von alleine auf.

Ist es mein Land, wenn es Regionen gibt, wo Rechtsradikale sich rühmen, »national befreite Zonen« geschaffen zu haben? Wenn Politiker sich deswegen zwar betroffen zeigen und mit allerlei Erklärungen kommen, aber offenbar kaum etwas dafür tun können, dass dunkelhäutige Menschen sich wieder in diese Gegenden trauen, ohne Angst haben zu müssen, beschimpft, bedroht, gejagt zu werden?

Dann, im nächsten Moment, fallen mir die Menschen ein, die mir viel bedeuten. Die, die zu meiner deutschen Ersatzfamilie geworden sind. Ich denke an meine Kindheit in Hollern, an meine Kindergarten- und Schulfreunde. Ja, natürlich ist es mein Land!

Ich reise durch Indien und trage meinen alten Shalwar Kameez. Mir fällt auf, dass ich nicht auffalle. Niemand starrt mich an, niemand achtet auf meine Haut- und Haarfarbe, ich bin wie alle anderen.

Small Talk im Taxi in Neu-Delhi. Ich erzähle dem Fahrer, wie sehr mir die Veränderungen in der Stadt bewusst werden: neue Geschäfte, saubere Straßen, der fröhlich-optimistische Blick der Menschen in die Zukunft. Er fragt mich: »Sir, woher kommen Sie?«

»Aus Deutschland.«

»Deutschland?«

»Ja, meine Familie kommt zwar ursprünglich aus Indien, aber ich wurde in Deutschland geboren.«

Er mustert mich aufmerksam im Rückspiegel seines klapprigen Ambassadors, während er mit unvermindertem Tempo über die holprige Straße brettert.

»Aber Sie sind doch kein Deutscher!«

Er mustert mich weiter.

»Na ja, ich habe einen deutschen Pass, keinen indischen«, sage ich. »Also bin ich Deutscher. Oder wie sehen Sie das?«

Wieder betrachtet er mich im Rückspiegel, diesmal mit einem Blick, der mir bedeutet, ich hätte gerade die dümmste Aussage meines Lebens gemacht. Er wackelt abwägend mit dem Kopf.

»Sir, Ihr Pass mag deutsch sein, aber Ihr Blut ist indisch. Das ist, was zählt!« Als er das sagt, hält er sich die rechte Hand an sein Herz. »Sie fühlen sich doch nicht als Deutscher, oder? Ihre Identität ist indisch, nicht wahr?«

Ich lächle ihn im Rückspiegel an und sage nichts. Ich weiß die Antwort in diesem Moment selbst nicht.

Einige Tage später fahre ich zum Taj Mahal nach Agra. Ich kaufe eine Eintrittskarte für Inder, sie kostet zwanzig Rupien. Ausländer müssen achthundert Rupien zahlen.

An der Sicherheitskontrolle am Eingang durchsucht ein Mann in Uniform meine Kameratasche und fischt meinen Reisepass heraus. »Sie sind kein Inder«, sagt er und zeigt auf meine Eintrittskarte. »Warum kaufen Sie dann ein Ticket für Inder? Gehen Sie bitte zurück und kaufen Sie eins für Ausländer.«

In diesem Moment fällt mir der Taxifahrer aus Neu-Delhi ein. Ich gucke den Uniformierten an, als hätte er den dümmsten Satz seines Lebens gesagt. »Hören Sie, mein Pass mag deutsch sein, aber mein Blut ist indisch. Das ist, was zählt, oder?« Als ich das sage, halte ich mir die rechte Hand ans Herz.

Der Uniformierte lächelt und wackelt zustimmend mit dem Kopf.

»Wie wahr, wie wahr!«, sagt er. Er klopft mir freundschaftlich auf die Schulter. »Na, gehen Sie schon rein.«

Ich besuche Verwandte in Karatschi, Pakistan. Sie sagen zu mir: »Willkommen in deinem Zuhause!«

Die beiden riesigen Häuser meiner Großeltern, in denen ich in meiner Kindheit viel Zeit verbracht habe, sind verkauft. Fremde Menschen wohnen jetzt darin. Ich spüre einen Stich, weil ich weiß, dass ich nicht einfach hineingehen und mich umschauen kann. Jene Tanten und Onkel, die in Karatschi geblieben und nicht nach England, in die USA oder nach Kanada ausgewandert sind, haben sich neue, schickere Häuser in angesagten Stadtteilen gekauft – und die wechseln auch in Karatschi alle paar Jahre. Eine Tante lebt direkt neben der Politikerfamilie Bhutto. An der Straßenecke vor ihrem Haus stehen immer Sicherheitsleute. Nach zwei, drei Tagen kennen mich die Polizisten. Wenn ich an ihnen vorbeispaziere, nicken sie mir freundlich zu.

In den neuen Häusern meiner Verwandten fühle ich mich schnell wohl. Mein Zuhause.

Der Muezzin ruft zum Gebet. Der Gesang des Vorbeters hat eine beruhigende Wirkung, wie das Läuten von Kirchenglocken. Meine drei ersten Begegnungen mit dem Islam waren blutig: Ich wurde beschnitten, sah, wie beim Fest Id ul-Adha Ziegen geschlachtet wurden, und wurde ein paar Jahre später, bei einem Familienbesuch in Karatschi, Zeuge einer Selbstgeißelungsprozession von Schiiten: Männer schlugen sich mit Ketten, zum Teil mit Messerklingen gespickt, auf den Rücken. Sie hinterließen auf ihrem Zug eine blutige Spur und betrauerten auf diese Weise den Tod des von ihnen verehrten Imam Husain, der im Jahr 680 in der Schlacht von Kerbela umkam.

Trotzdem fühle ich mich dieser Religion verbunden. Ich kenne viele Muslime in Pakistan und Indien, deren Ansichten und Werte sich kaum von denen in westlichen Gesellschaften unterscheiden. Muslime, die ihre Söhne vor allem aus medizinischen Gründen beschneiden lassen. Die keine Tiere im Garten schlachten. Die Selbstgeißelung bis zur Ohnmacht für gefährlichen Unsinn halten.

Meine Cousins und Cousinen sind solche Menschen. Sie sind moderne Muslime, beruflich erfolgreich, leben ein glückliches Leben in Pakistan.

Islam ist eben nicht nur so, wie er häufig außerhalb der islamischen Welt dargestellt wird – als bringe er nur Intoleranz und Terrorismus hervor. Es ist die Religion meiner Verwandten, meiner Vorfahren. Dieses Erbe habe ich zu tragen.

Ich habe mich taufen lassen, weil meine Eltern das so entschieden haben. Im Frühjahr 1988 ließ ich mich konfirmieren, weil alle meine Freunde es taten und weil Pastor Lochte anrief und meine Eltern fragte, wo denn meine Anmeldung zum Konfirmandenunterricht bliebe. Klar ging es um die Feier, um Geschenke, aber vor allem darum, dass ich so sein wollte wie alle anderen. Ich bin mir nicht sicher, ob ich mich heute wieder so entscheiden würde. Wahrscheinlich nicht. Ich bin kein religiöser Mensch. Müsste ich meine Religion angeben, würde ich sagen: Schätzungsweise sechzig Prozent evangelischer Christ, vierzig Prozent schiitischer Muslim. Vielleicht sogar siebzig zu dreißig.

Ich habe mich für konfessionslos entschieden. Das macht die Sache einfacher.

Für westliche Verhältnisse sind meine pakistanischen und indischen Verwandten sehr religiös. Die meisten von ihnen lesen regelmäßig im Koran und sprechen das Glaubensbekenntnis, sie beten mehrmals täglich, spenden den Armen, halten den Fastenmonat ein und pilgern einmal im Leben nach Mekka. Für südasiatische Verhältnisse ist meine Familie dagegen nicht sonderlich religiös. Im Gegensatz zu manchen strenggläubigen Menschen dort kreist ihr Leben nicht nur um die Religion. Rede- und Pressefreiheit sind ihnen wichtig. Mohammed-Karikaturen mögen sie trotzdem nicht.

Spaziergang durch Hollern-Twielenfleth. Die Kirschen sind reif, Obstbauern fahren mit ihren Traktoren durch das Dorf. Jeder nickt mir freundlich zu. Alle paar Häuser treffe ich alte Bekannte.

Ich besuche Gisela Laurich, die Frau, die vor Jahren Unterschriften für uns gesammelt und Petitionen geschrieben hat. Wir sprechen über alte Zeiten.

»Mensch, was haben wir durchgemacht«, sagt sie.

Sie sagt »wir«.

Ich gehe an unserem alten Haus vorbei. Es sieht noch genauso aus wie vor dreißig Jahren: dunkelrote Ziegelsteine, schwarzes Dach, der Weg zur Eingangstür aus Waschbetonplatten. Der riesige Garten mit den Kirschbäumen ist etwas kleiner geworden: Dort stehen jetzt neue Einfamilienhäuser. Die Bevölkerung von Hollern-Twielenfleth wächst offensichtlich.

Ich freue mich, dass Otti nach wie vor in diesem Haus lebt. Durch sie habe ich das Gefühl, dass da noch etwas von uns ist in diesem Haus.

»Komm rein, mein Junge«, sagt sie, wenn ich sie besuche. Dann serviert sie den Zitronenkuchen, den ich immer bei ihr bekomme. Ein Stück Kindheit.

Ich bin glücklich, dass meine Eltern uns hier haben aufwachsen lassen, mitten in der Natur, nahe am Wasser. Sie selbst leben inzwischen in Stade, wo sie sich kurz nach der Einbürgerung ein Haus gekauft haben. Wenn ich sie besuche, fahre ich gern nach Hollern-Twielenfleth. Ich streife durch das Dorf, spaziere die Vorderstraße entlang, unterhalte mich mit den Menschen, die hier leben. Dann verstehe ich, weshalb meine Eltern nicht mehr weg wollen aus diesem Teil Deutschlands.

Indische Identität, pakistanisches Zuhause, integriert in Deutschland – manchmal zerren viele Kräfte an mir. Und egal, wo ich bin, immer vermisse ich etwas. Meine Eltern sind an ihrem Ziel angekommen. Aber wohin gehöre ich?

Nach Deutschland, sicher.

Aber mir kommen wieder Zweifel, wenn ein Fremder zu mir

sagt: »Sie sprechen aber gut Deutsch!« Oder wenn mir jemand versichert, wie toll es doch sei, dass ich als Einwandererkind es so weit gebracht habe in meinem Leben. Und mich spüren lässt, eigentlich müsste ich dankbar dafür sein, Pakistan und Indien entkommen zu sein. Als wäre das die Hölle.

Dann habe ich das Gefühl: Ich kann mich noch so sehr anstrengen, mich anpassen, die Sprache beherrschen, gute Leistungen bringen – so ganz gehöre ich nicht hierher, sobald ich mich aus dem Kreis meiner Freunde und Bekannten und Kollegen hinausbewege. Obwohl ich in Deutschland geboren und aufgewachsen bin, gehe ich immer noch eher in Indien als Inder, in Pakistan als Pakistaner und wahrscheinlich in Amerika als Amerikaner durch als in Deutschland als Deutscher.

Und doch mag ich dieses Land. Es war ein Zufall, der meine Eltern hierher geführt hat: eine Anzeige einer deutschen Reederei in einer pakistanischen Tageszeitung. Hier zu bleiben, hier zu leben, war dagegen ihre bewusste Entscheidung. Auch das ist mein Erbe.

Vielleicht hat der Taxifahrer aus Neu-Delhi recht: Der Pass ist völlig egal. Zuhause ist, wo das Herz gerade ist. Mein Herz schlägt in zwei Welten, in drei Heimaten.

Danksagung

Was wäre dieses Buch ohne Kai Gathemann? Er war Geburtshelfer, Mutmacher und erster Leser in einem – viel mehr, als ein Literaturagent sein muss. Ihm gebührt ein großes Dankeschön. Ebenso meiner Lektorin Katharina Festner von dtv, die den Text behutsam geschliffen hat und deren Anmerkungen eine Freude waren. Danke all den Menschen, die meiner Familie in all den schwierigen Jahren zur Seite gestanden, ihnen den Rücken gestärkt und sie dazu gebracht haben, nicht aufzugeben. Manche von ihnen sind in diesem Buch erwähnt – aber auch die nicht Genannten, wie zum Beispiel die vielen Bewohner von Hollern-Twielenfleth, sind nicht vergessen; sie alle aufzuzählen würde mehrere Seiten einnehmen. Danke meiner Schwester für ihre wertvollen Hinweise, ihre Sicht der Dinge und dafür, dass sie damals ganz unfreiwillig dazu beigetragen hat, dass wir bleiben durften. Meine Eltern sind die Helden dieses Buches: Für das, was sie geleistet (und ertragen) haben, danke! Und schließlich gilt mein Dank meiner Frau, die mir die Kraft gegeben hat, dieses Buch zu schreiben.